◆华东师范大学共享交叉基金"中国开发区可持续发展能力建设及对城市竞争力提升的影响研究"研究成果

◆温州大学浙江省温州人经济研究中心资助项目

城市边缘开发区"区镇割裂"演化与机理

以温州经开区为例

李一曼 著

ZHEJIANG UNIVERSITY PRESS

浙江大学出版社

前　言

20 世纪 70 年代以降，人文地理学研究在省思将空间固化为空洞日常生活背景、容器和"场"的传统空间观中，开始马克思主义以及制度、文化、关系与尺度等多维转向。紧随这一学术思潮变迁，我个人的研究方法也更多从运用逻辑实证主义去描述空间中的"自然"现象和追求普适性的空间法则，逐渐过渡到采用（后）结构主义、人本主义、后现代主义等开展兼具批判精神和人文关怀的分析，而近些年脑中的"钉子户"字词净是"空间生产"；与此同时，研究领域也从之前对城市空间扩张、区域交通可达性的测度转向对城市边缘开发区及其与周边乡镇社会空间关系的深描。至于为何关注我国城市边缘开发区，主要原因有二：一则，在城市"核心—边缘"结构体系中，边缘作为"现代性的另类地理"虽然在过去三十年里经全球化而获重组，且呈现日益多样性，但其依旧是获取研究核心的重要视角，也是理解与界定社会空间存在的基本参照。二则，目前，国内选址在城市边缘处的开发区普遍处于"第二次创业"向"第三次创业"演进阶段，其与周边乡镇的社会空间协调发展是城市边缘区在高质量发展中促进共同富裕的重要议题。

自 1984 年第一批国家级经济技术开发区设立以来，走过三十余年发展历程的我国开发区虽然成为对外开放的重要窗口、工业化和城镇化的重要空间载体，然而作为与产业和经济增长有关的战略性制度空间，开发区与周边乡镇却一直存在紧张关系，当然这是因为开发区实施特殊优惠政策和管理体制且带有明确界线，而周边乡镇则更多时候被边缘化为外围区域，由此造成开发区与周边乡镇的"区镇割裂"现象,而其显著存在于我国城市边缘开发区实例上。诚然,城市边缘开发区"区镇割裂"给开发区"示范、引领、辐射、带动"区域特别是周边乡镇发展和自身实践"第三次创业",以及与周边乡镇共构和谐人地关系等诸多方面带来负面影响。从理论层面讲,城市边缘开发区"区镇割裂"是马克思主义地理学者们所批判的不平衡地理发展,而从实践层面说,其又与国家在新时代倡导的区域平衡发展战略不相协调。有鉴于此,对城市边缘开发区"区镇割裂"议题开展全面且深入的研究尤显必要。

本书在既有研究基础上,立足理论推导与实证分析结合,践行现实问题意识、空间批判思维与人文关怀精神并重,按照"文献综述—理论框架—实证研究—形成机理—对策建议"总体思路探讨我国城市边缘开发区"区镇割裂"的演化特征及其形成机理。具体框架内容从以下四个方面逐步展开。

第一,综述空间生产理论及其新近研究,并梳理开发区相关文献与研究脉络,厘清既有开发区研究中存在的本体认知固化、方法应用单一、多元尺度缺乏等不足之处,以及可能的补充与创新方向。再则,借由空间生产理论,剖析新自由主义全球化下我国开发区独特的生产逻辑,即其是中央—地方政府试图通过地域重构与尺度重组方式,将地方纳入全球生产网络的战略性制度空间,亦是全球流动性中的资本征服地方空间并使之成为获取剩余价值、实现增殖的场域。进一步的,界定城市边缘开发区"区镇割裂"的内涵为:经地域重构与尺度重组,以切块方式植入城市边缘处且经济管理独立于原有行政区的开发区,因在发展进程中更多聚焦于自身增长、边缘化周边乡镇而形成"区镇割裂",这种割裂可谓政经力量参与重构的结果。据此,基于"概念三元组"方法论,构建融合资本循环、权力景观、地方融入、地方感等多学科交叉知识的分析框架来理解这一现象。

第二,以批复时间较早、联系全球较为紧密且处于城市边缘区的温州国家级经济开发区(简称"经开区")为案例进行实证研究,识别其"区镇割裂"呈现空间三元辩证演化特征。其一,在空间的表征方面,地方政府主导温州经开区"三次创业",也即空间功能由单一经济指标功能工业区向多功能综合性产业区并进一步向创新型科技新城演进,以此迎合资本三重循环对空间属性的动态要求,而周边街道被规制为辅助性功能区域,未得到资本的青睐。

其二，在空间的实践方面，经开区与周边街道的地理景观被重置为"核心—边缘"空间结构，即前者原有自然空间经创造性破坏成为"前沿地带"，后者被边缘化为城乡混杂的半城市化"功能性景观"。其三，表征的空间方面，经开区流动人口于周边街道存在地方融入困境，周边街道本地居民对经开区存在地方感消弭。

第三，从权力、资本、社会与空间这四者间的错综复杂关系出发，解析城市边缘开发区"区镇割裂"形成机理。也就是说，在经济与政治倾向于汇合的新自由城市主义中，城市边缘开发区"区镇割裂"基本问题嵌套在权力、资本与社会三者构成的复杂矩阵之中。具体来说，为达成政治任务中的经济增长目标，企业化地方政府以准市场主体身份通过土地资源垄断、管委会治理和城市与产业规划等空间管理与政策方式，与需要在稳定性空间中进行积累的资本缔结成城市增长联盟，共促开发区空间生产。如此，开发区成为前沿的全球化空间，而周边乡镇囿于开发区发展需要，被权力规制、资本抛弃为外围区域；而进一步的，这一空间结构与机制影响周边居民的地方情感。

第四，在新时代共同富裕强调区域协调发展语境下，探索提出我国城市边缘开发区"区镇割裂"响应对策。城市边缘开发区"区镇割裂"可谓空间不协调或不平衡地理发展的类型之一，而不平衡地理秩序是资本积累内在矛盾在空间的表现，可以说不可避免，因此促进空间"在集聚中走向平衡发展"是解决问题的关键。城市边缘开发区与周边乡镇协调发展需要正确处理"资本逻辑"和"空间逻辑"之间关系、城市空间权利分配、发展成果共享等相关议题，而涉及具体对策时，则包括树立城市空间正义发展观、整合管理体制、优化开发区与乡镇之间功能分工与要素配置、促进流动人口地方融入、营造本地居民全球地方感。

本书首先从空间政治经济与日常生活实践两者辩证统一的视角，条分缕析我国城镇化进程中的城市边缘开发区"区镇割裂"现象，某种程度弥合了人文地理学中空间政治经济和日常生活实践两种研究范式的二元分野；其次，探索性构建多面向的城市边缘开发区"区镇割裂"分析框架，一方面弥补了既有开发区相关研究偏重经济维度、相对忽视社会文化面向的缺憾，另一方面可为其他小尺度空间的不平衡地理发展研究提供可鉴模板；最后，对温州经开区的案例研究，恰巧为 2022 年新年伊始获浙江省政府批复的温州湾新区（空间范围包括温州经开区、温州高新区、空港片区等）发展提供实践指导，亦能为全国城市边缘开发区"区镇协调"提供政策着力点和规划协同性方面的有益探索。

目　录

图　录

表　录

第一章 绪 论

1.1 研究背景

新自由主义全球化以来，全球流动性呈现加速特征，"地方空间"（space of place）不断被重构为"流动空间"（space of flow），但也由此带来了两者之间的矛盾张力，不平衡地理发展（uneven geographical development）即为问题之一。我国城市边缘开发区作为地方链接全球的制度空间，其空间生产存在不平衡地理发展问题，其中形态之一即"区镇割裂"现象。诚然，城市边缘开发区"区镇割裂"现象与国家在新时代倡导的区域平衡发展战略不相协调，且也影响到开发区自身"第三次创业"，因此对此开展研究就尤为必要；而与此同时，人文地理学研究多维转向下，"区镇割裂"研究应该说与马克思主义地理学（又称新马克思主义城市学派、批判地理学）中的空间生产理论存在对接契合性。城市边缘开发区"区镇割裂"现象，在温州经济技术开发区（下面简称"温州经开区"）案例上体现得甚为明显，且空间治理需求迫切。

1.1.1 经济全球化背景下"流动空间"地方化的呼唤

伴随着全球化浪潮及信息革命推动网络社会崛起，资本、物资、信息、技术和人等与日俱增的流动性，将一个"社会性的社会"建构为"流动性的社会"（Urry，2000）；而在这之中，空间与地方被不断地重塑，由此形成传统的

"地方空间"和全球化、网络化与信息化促成的"场所空间"或曰"流动空间"（艾少伟和苗长虹，2010），这两者的辩证关系成为目前学界探讨的焦点。其中，卡斯特（2001）深谙"网络社会中的全球经济力量动摇了以固定空间领域为基础的民族国家或组织的既有形式"，空间取代地方并居于支配地位，地方走向终结。哈维则从资本范畴的社会建构视角，揭橥流动中的全球盈余资本不断征服具备垄断地租的地方并使其成为固定资本形式，或者说实现无止境积累的场域，由此衍生同质空间产品等问题。一言以蔽之，学界特别是马克思主义地理学关切地方如何在全球化的不平等权利关系脉络中由社会所建构，以及地方表现出何样的被支配与被剥削关系，而这也从侧面映射出人们对经济全球化背景下"流动空间"地方化的呼唤。

为了在新自由主义全球化中保持或增强竞争力，地方政府通常借由地域重构和尺度重组方式将地方空间嵌入流动空间之中，以使像开发区这类战略性制度空间形成"地方—全球"经济连接，成为全球流动性的"驻点"，满足资本积累对空间的特定喜好。然而，在"超地域"空间征服地方空间成为全球化基础的过程中，与之相伴随的是相对固定静止的地方空间在历史特定的、多尺度的去地域化（deterritorialization）与再地域化（reterritorialization）辩证运动中被不断地创造性破坏。因此，作为我国城市中的"零距离和无界限沟通"的制度空间，开发区的生产过程也势必存在流动性的空间与经验性的地方之间的张力，而其突出表现形态之一，即作为"流动空间"的开发区与更多时候还是"地方空间"的周边乡镇（街道）出现社会空间连续体的断裂。鉴于此，从"地方"和"空间"两者关系出发，探究开发区与周边乡镇的社会空间割裂的内在逻辑、多维特征及其机理具有重要意义，能更好地推动开发区辐射带动周边区域发展。

1.1.2 新时代国家聚焦区域协调发展的要求

当前，我国社会主要矛盾已经转化为人民日益增长的美好生活需要和不平衡不充分的发展之间的矛盾。在这一矛盾的辩证关系中，不平衡即指横向层面诸多要素配置失衡导致的过程、结果和机会不平衡现象，而其中的不平衡地理发展（区域不协调发展）可谓不平衡不充分发展在空间上的重要表现形式之一，而不平衡地理发展这一存在将深刻影响人民日益增长的美好生活需要的实现。诚然，不平衡地理发展表现为区域间经济社会的发展水平、发展能力与福利水平等维度的差距扩大，并伴生潜在的社会风险等问题，其存在非常不利于区域经济社会的可持续发展（孙志燕和侯永志，2019）。因而，自党的十八大以来，特别是在实施区域（空间）协调发展战略上升为国家重大战略之后，国家层面相继出台系列指引建议与实施意见；而党的十九届五中全会通过的《中共中央关于制定国民经济和社会发展第十四个五年规划和二○三五年远景目标的建议》更是指明，未来相当长的一段时间，要优化国土空间布局，推进区域协调发展和新型城镇化。如此，新时代语境下，学界需要积极响应不同尺度上的区域协调发展实践的社会需求，并就相关议题开展针对性研究。

众所周知，在经济全球化的当下，不平衡地理发展是不可避免的，或者说只存在相对而非绝对的空间平衡发展状态（董小君，2020）。因此，如何在发展中营造平衡、在集聚中走向平衡就成为空间均衡发展的要旨。譬如，就国土空间尺度来讲，有学者如孙斌栋（2018）提出，新时代情景下国家新型城镇化的重要战略任务即是构建多中心"适度均衡"的空间格局；就中微观空间尺度来说，区域协调发展指涉马克思主义地理学者们主张的城市空间正义与社会公平，这其中包括对空间隔离、空间剥夺与阶层化、空间资源不平等占有等内容的批判，以及对"城市权利"（the right to the city）的夺回，而所谓的城市权利，也即指一切与城市和城市发展有关的居住权、生活权、发展权、生存权等权利（哈维，2014；苏贾，2016）。综上可见，当前我国城市边缘开发区存在的"区镇割裂"现象，即是不平衡地理发展在小空间尺度上的呈现形态之一，因而在新的发展阶段，对其开展包括特征识别、机理剖析、治理建议等研究就尤显必要。

1.1.3 后开发区时代"第三次创业"的趋向

从 1984 年在沿海开放城市建立经济技术开发区，到 1988 年"火炬计划"后率先在中关村地区建设新技术开发试验区，我国的开发区已走过快 40 年风雨历程，目前多数开发区正处于"第二次创业"向"第三次创业"演进阶段，而动态调整自身功能定位和目标取向可以说成为开发区转型发展期的新使命。"十二五"以来，国家在《国务院办公厅关于促进开发区改革和创新发展的若干意见》（国办发〔2017〕7号）等指导意见或实施方案系列政策文件中，均明确提及开发区要调整经济结构、转变发展方式和提升科技创新能力，而其最终目标是建设创新驱动语境下的国家自主创新战略高地。由此，从这一系列出台的相关政策文件中可管窥出，我国后开发区时代的"第三次创业"无疑涉及科技创新这一核心任务与发展目标，当然这一目标的实现是需要多个子主题予以协同的，如空间协调发展等。

目前，学术界也已对科技创新构成我国开发区"第三次创业"的核心内容达成共识。例如，战焰磊和韩莉（2015）认为新一轮的转型发展进程中，开发区需要动态因应创新型国家建设置于开发区科技创新的使命与需求。王胜光和朱常海（2018）将高新区发展历程划分为工业区（1988—2000年）、科技工业园区（2001—2010年）、创新经济体（2011年至今）三个阶段，并提出高新区是开展创新和实现创新驱动的重要空间载体。然而，开发区的科技创新发展并不是单向度的，而是需要空间、社会与文化等协同演化的，如开发区与母城多元互动、产城融合发展、创新文化氛围营造等，当然开发区与周边区域的社会空间协调发展亦在其中。如罗小龙等（2011）就以城市企业家理论阐释开发区第三次创业意涵，并提出苏州工业园正在整合周边乡镇向城市新区转型发展；李一曼和孔翔（2020）则揭示张江高科技园区存在与周边乡镇和东道城市多维割裂的"漂浮的孤岛"现象，而这将制约其辐射带动区域发展和创新能级跃升。因此，可以说，正确处理好"区镇关系"是开发区第三次创业的内在要求与成功关键。

1.1.4 温州经开区"区镇融合"实践的需要

1992年经国家批准设立以来，温州经开区空间扩张迅速。2000年地方政府通过"圈地运动"将新增空间蛙跳式切块植入温州城市东部远郊区（龙湾区滨海地带），由此该区域原有的农用地和海洋滩涂等自然空间经快速的创造性破坏而被经开区的工业、居住等用地类型取代，且近几年经开区越发呈现向"边缘城市"（edge city）演化的趋势。总之，温州经开区俨然成为城市发展的前沿地带和"亚核"。然而，周边沙城、天河、海城等街道虽然在20世纪80—90年代经历农村工业化推动自下而上型城镇化而带来城市建设、工业经济、商贸流动等各方面的快速发展，但进入21世纪以来，区域的发展却一直停滞不前，就当下来看，这一区域更多时候呈现城乡混杂的半城市化空间（peri-urban spaces）特征，即存在被边缘化为"功能性景观"的尴尬境地。所以，经开区与周边街道在发展上存在不平衡的"中心—边缘"地理空间结构特征。

温州经开区与周边街道社会空间发展上的不平衡，致使地方政府在2012年对周边街道管理体制做出调整，即实施海城、沙城、天河、星海周边4个街道成建制托管开发区。然而，历经10年发展，经开区与周边街道社会空间平衡发展成效甚微。学者胡丽燕（2016）指出，托管产生行政所有权与经营权分离，而这使得开发区与行政区在涉及成本承担等方面存在互相推诿现象，因此以托管方式实现区镇协调发展存在某种程度上的悖论。这之后，2020年5月温州地方政府在审议通过的《中共温州市委全面深化改革委员会2020年工作要点》中提出，高起点谋划申报温州东部新区（暂定申报名为"龙江新区"）；2022年新年伊始，温州东部新区获浙江省政府同意设立，正式批复名为"温州湾新区"（空间范围包括温州经开区、温州高新区、空港片区等）。温州地方政府试图借助浙江省推进"省级新区"建设的契机，在龙湾区探索"政区合一、产业优先"的管理体制，而经开区与周边街道的协调发展是其中的重要议题之一。综上可见，近些年温州地方政府对于经开区"区镇融合"发展需求强烈，而本研究则在深化学界和公共政策界对温州经开区"区镇关系"理论认知的同时，亦能为经开区"区镇融合"提供实践指导。

1.1.5 人文地理学研究多维转向的交织

20世纪70年代以降，伴随着西方人文社会科学的"空间化"和后现代主义倾向，人文地理学开始马克思主义转向以及制度、文化、关系与尺度等多维转向，这促使对空间理解日益深化，且研究内容、理论和方法等均呈现出高度多元化、复杂化的特征（苗长虹，2004），并由此衍生出马克思主义地理学、社会文化地理学、演化经济地理学等分支学科。这其中，在马克思主义"洗礼"之下，马克思主义地理学在"社会结构和历史过程"中观察和解释现象，且无情地批判现存的一切，而资本等就理所当然地成为自然与差异地理学、空间公正、城市权利、日常生活政治等理论建构的批判对象，由此马克思的"历史唯物主义"被重构为"历史—地理唯物主义"，马克思主义地理学可谓弥补了马克思主义虽涉及空间但未进行系统性考察并形成理论体系的缺憾（叶超等，2011；蔡运龙等，2016；刘怀玉和鲁宝，2020）。此外，其余学科基于社会建构论视角，提出了重视制度—文化作用、审视全球—地方关系、关注尺度的社会建构等新区域主义主张。

面对"后库恩理论"科学的社会学—文化学研究取代库恩科学范式理论（艾少伟和苗长虹，2010），以及人文地理学研究多维转向，人文地理学学科视角下的开发区相关议题研究在基于既有范式内论述与解答的同时，更需要在综合性、学科交叉性语境下运用新范式、新理论予以审视与阐释。就如，中国开发区作为全球第三次城市化浪潮中的战略性制度空间，势必成为政治经济力量争夺的空间，也必然伴生空间隔离、空间阶层化、空间资源不平等分配等多重矛盾问题（李一曼和孔翔，2020），因而对包括"区镇割裂"在内的这些议题进行探讨，可以说与人文地理学研究多维转向下的马克思主义地理学等人文地理分支学科相关理论存在对接契合性。鉴于此，在人文地理学研究多维转向下，从综合性、学科交叉性视角出发，厘清我国开发区空间生产的内在逻辑及城市边缘开发区"区镇割裂"的内涵外延与演化特征，再据此梳理形成机理，并提出因地制宜的对策建议，更好地引导开发区发挥"示范、引领、辐射、带动"作用。

1.2 研究问题

全球地方化竞争国家体制调节模式和新区域主义空间治理下，作为与产业和经济增长有关的资本地域化的制度空间，我国开发区在以地域重构和尺度的相互嵌套转换方式来链接全球进行空间生产时，是内嵌流动性的空间与经验性的地方之间的张力的，而其突出表现形态之一，即作为实施特殊优惠政策和管理体制且带有切块植入特征、具有明确界线的"流动空间"——开发区，与更多时候被"规制"、边缘化为外围区域的"地方空间"——周边乡镇，两者之间出现社会空间连续体的断裂，亦即"区镇割裂"现象，而其甚为显著地存在于中心城区连续建成区难以扩张到的城市边缘开发区实例上。诚然，在城市边缘开发区独特空间生产过程和机制中衍生的"区镇割裂"现象，将给开发区"示范、引领、辐射、带动"区域特别是周边乡镇"共同富裕"及其实践"第三次创业"，与周边乡镇共同构建和谐的人地关系等诸多方面带来负面影响。进一步从理论层面上讲，城市边缘开发区"区镇割裂"就是马克思主义地理学者们所辛辣批判的不平衡地理发展的过程与产物，而从实践面向上说，其又与国家在新时代倡导的区域（空间）平衡发展战略不相协调。因此，对我国城市边缘开发区"区镇割裂"问题开展全面而深入的研究就颇具现实必要性、理论创新性和实践指导价值。

鉴于此，本书围绕城市边缘开发区"区镇割裂"现象，借由马克思主义地理学中的空间生产理论，尝试解决以下三个主要研究问题：第一，城市边缘开发区"区镇割裂"概念如何进行建构？作为制度空间，城市边缘开发区的倾斜性空间生产，导致其与周边乡镇普遍存在较为明显的"区镇割裂"现象，而如何将这一现实中的具体问题借由空间生产等相关理论进行透视并抽象概念化是本研究首先需要面临与解决的问题。第二，城市边缘开发区"区镇割裂"呈现怎样的演化特征？在马克思主义地理学的叙事话语中，认为"（社会）空间是（社会）产物"，那么社会空间辩证统一体下的我国城市边缘开发区"区镇割裂"有何样的社会空间演化特征？以及在温州经开区实证案例上，其演化特征是否与理论所推演的结论一致？抑或，如果有不同特征得到识别，是否对既有理论形成有益补充与说明？第三，城市边缘开发区"区镇割裂"存在怎样的内在机理？社会行动者在其经济、文化和政治结构中生产空间的机制，即空间生产的含义，而在社会行动者中资本与权力等政治经济因素可谓空间生产的主要驱动力量，那么权力、资本、社会与空间的相互关系视角下，"作为结构的过程"的城市边缘开发区所衍生的"区镇割裂"现象的形成机理又是怎样的？

1.3 研究意义

在研究过程中，践行现实问题意识、空间批判思维与人文关怀精神并重，才能凸显马克思主义地理学视角下城市边缘开发区"区镇割裂"研究的理论意义与实践价值。故此，本研究的意义具体体现如下。

1.3.1 理论意义

援引空间生产理论于城市边缘开发区"区镇割裂"议题研究，将有益于该理论的"本土化"及在人文地理学学科的"内部化"。空间生产理论是西方批判地理学者分析与批判资本主义全球化和都市化的一个宏大理论,将该理论与中国国情下的城市边缘开发区"区镇割裂"议题研究相结合,将有益于空间生产理论的"本土化"。再者,城市边缘开发区"区镇割裂"议题探讨是明显带有人文地理学与相关学科交叉研究特性的问题,而马克思主义地理学作为"从总体上拒绝基于专业和学术界限的任何知识分类"的一种原语言,抑或一种跨学科研究范式(涉及新城市社会学、经济地理学、文化地理学等关联学科),其核心理论——"空间的生产"可以说为审视城市边缘开发区"区镇割裂"议题提供了有效视角。因为空间生产理论涉及对空间表象背后复杂权力关系的审视和对空间、社会、经济与文化等的多维观照,而开发区的生产可以说是嵌套于"空间生产"这一逻辑范畴之中的。故而,以空间生产视域探讨开发区"区镇割裂"议题,将在为空间生产从抽象概念到具体事例的实证化研究做出相应贡献的同时,也将推进其理论在人文地理学科的"内部化""地理化"。当然,人文地理学在发展空间生产理论方面有其独特优势。

1.3.2　实践价值

审视城市边缘开发区"区镇割裂"现象的演化特征及其形成机理,能更好地为区域高质量协调发展下开发区实现"示范、引领、辐射、带动"提供指导。借由列斐伏尔等人的空间生产理论,探索性搭建以马克思主义地理学为主,融合(社会)文化地理学、新城市社会学、城乡规划学等多学科交叉概念知识的中国城市边缘开发区"区镇割裂"分析框架,并以温州经开区案例为实证对象,审视权力、资本等结构性力量作用下我国城市边缘开发区"区镇割裂"问题域即演化特征与形成机理,能在为批判性地认知开发区本体及其在空间生产实践中衍生社会空间问题提供新思路、新思维的同时,更好地辨识中国城镇化进程中城市边缘开发区与周边乡镇之间的社会空间关系。再则,秉承中国地理学研究科学主义与实用主义兼顾的价值观,就温州经开区空间生产实践中所暴露的"区镇割裂"问题,提出因地制宜的响应对策,能为更好地促进我国区域高质量协调发展下城市边缘开发区"区镇融合""区镇协调"发展提供政策着力点和规划协同性方面的实践指导。

1.4 研究内容

近些年，城市地理学、经济地理学、城乡规划学等学科开展的以开发区为对象的研究议题主要集中于创新能力评价、创新集群建设、生产网络和创新网络构建等面向，也有少部分探讨开发区建设带来东道区地方（社区）感消解、城市空间结构再塑、社会空间分异等社会空间效应问题。纵观现有文献，多数研究倾向于将开发区建设预设为命题作文，鲜有关注开发区"是什么"和"为什么会发生"，以及诠释开发区独特生产背后的错综复杂的权力关系，并由此厘清其中城市边缘开发区与"区镇割裂"的衍生关系，以及后者的演化特征及其形成机理；再者，也较少有研究从空间批判并兼顾人文关怀视角出发，审视全球化下开发区与周边乡镇（街道）的社会空间关系。上述研究中的局限性，相当程度上阻碍了对开发区本体及其衍生问题的深刻认知，以及在此基础上科学指导开发区带动周边区域协调发展的可能性。

鉴于此，本书在既有研究基础上，立足理论推导与实证分析相结合的方式，探讨我国城市边缘开发区"区镇割裂"的演化特征及其形成机理。具体研究内容从以下四个方面展开：第一，借由列斐伏尔等人的空间生产理论，厘清新自由主义全球化下我国开发区的独特空间生产逻辑，亦即回答开发区"是什么""为什么会发生""应该怎么理解"等本体问题。进一步的，从社会空间视域界定城市边缘开发区"区镇割裂"的内涵外延与基本属性，并据此构建基于"概念二元组"方法论、融合多学科交叉知识概念的分析框架来理解这一现象。第二，以批复时间较早、联系全球较为紧密且处于城市边缘区的温州经开区为案例进行实证研究，识别其"区镇割裂"空间三元辩证演化特征，也即在空间的表征、空间的实践、表征的空间分析框架下，开发区与周边乡镇（街道）在功能演化与资本循环、地理景观变迁、流动人口地方融入、本地居民地方感流变等关系上呈现怎样的割裂特征？并借此佐证理论推导合理性。第三，从权力、资本、社会与空间这四者间的错综复杂关系出发，解析城市边缘开发区"区镇割裂"的形成机理。第四，在新时代强调区域协调发展语境下，探索提出我国城市边缘开发区"区镇割裂"抑或"区镇协调"响应对策。

1.5 研究思路

1.5.1 技术路径

本研究按照"文献综述—理论框架—实证研究—形成机理—对策建议"的总体思路展开，具体研究的技术路线如图 1-1 所示。

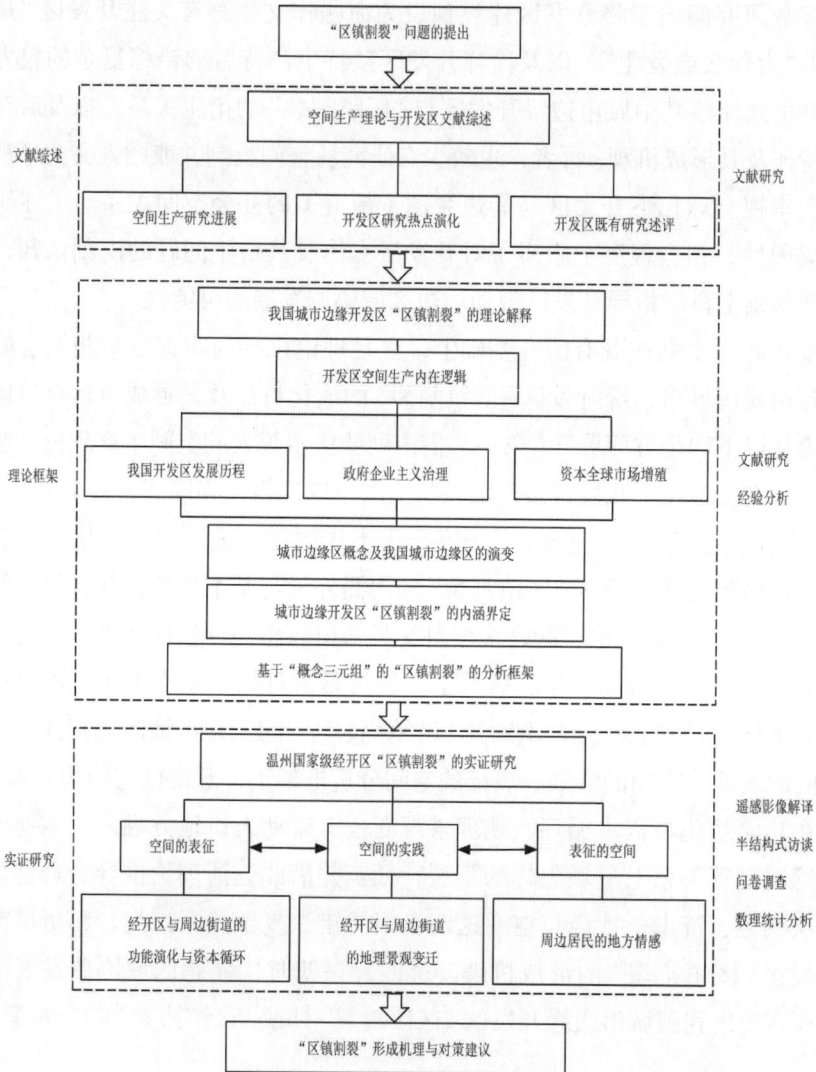

图 1-1 本研究的技术路线

其一，综述空间生产理论及其新近文献，系统梳理开发区相关文献与研究脉络，进而厘清既有研究中的不足及可能的补充与创新方向；其二，借鉴"概念三元组"方法论，并纳入资本循环、权力景观、地方感和地方融入等多学科交叉知识概念，构建我国城市边缘开发区"区镇割裂"分析框架；其三，选择温州经开区为实证案例，运用遥感影像解译、半结构式访谈、问卷调查、数理统计分析等方法，从社会空间视域探讨功能演化与资本循环、地理景观变迁、本地居民地方情感特征等开发区与周边街道的"区镇割裂"演化特征；其四，条分缕析权力、资本、社会与空间四者之间的错综复杂关系，归纳总结我国城市边缘开发区"区镇割裂"的形成机理；其五，基于上述研究内容，从创新区与镇管理体制、合理区与镇之间职能分工、营造本地居民全球地方感等面向入手，提出城市边缘开发区与周边乡镇"区镇融合"视角下的响应对策。

1.5.2 研究方法

一是文献资料法。文献资料包括学术文献、官方数据、档案资料等内容。一方面，以中国知网（CNKI）和科学引文索引数据库（Web of Science）为文献收集源，对城市边缘开发区"区镇割裂"议题所涉及探讨的空间生产、资本三重循环、地方融入等理论概念，进行国内外文献的全面梳理和系统综述，以为本研究提供文献基础和理论准备。另一方面，对涉及温州经开区及周边街道的相关经济社会数据、历史档案文献、区域规划文本等资料进行收集与分析，理清近30年发展历程及节点"大事件"，以为区域功能演化与资本循环分析提供基础资料；同时，收集温州经开区及周边街道多时间断面遥感影像资料，以为区域土地利用分析提供基础素材。

二是实地调研法。实地调研分为政府部门座谈、重点区块踏勘、流动人口问卷与访谈、本地居民访谈等内容。其一，走访温州经开区管理委员会（以下简称"管委会"）和周边的海城街道、沙城街道、天河街道、永兴街道等职能部门，了解园区政府组织模式、区镇关系和社会经济发展等内容。其二，选择经开区及周边街道中具备典型代表性的调查点，考察经开区内外土地利用、空间形态、建筑景观等特征。其三，对经开区流动人口地方融入进行问卷调查与半结构式访谈，以及对经开区周边街道本地居民地方感进行半结构式访谈，以分别了解经开区流动人口融入周边街道的结构、规律与特征，以及开发区建设对周边街道本地居民地方情感流变的影响。

　　三是综合分析法。综合分析涉及对所收集的数据资料进行空间分析和数理统计。其一，利用 ArcGIS 10.8 软件对涵盖温州经开区及周边街道空间范围的历年遥感影像进行解译与提取，研究土地利用覆盖演变特征。其二，根据所获取的社会经济发展数据，分析温州经开区空间功能演化、资本三重循环等情况。其三，借助 SPSS 22 软件对地方融入问卷进行描述性统计、因子分析和相关性检验，以识别流动人口在周边街道的在地根植与融入特征；运用 Nvivo 12 软件对地方感访谈文本进行编码处理，以建立开发区建设影响周边街道本地居民地方感流变的理论模型并进行特征分析。

1.6　案例地概况

　　温州经开区于 1992 年经国家批准而设立，是浙江南部首个国家级经开区，其核心区——滨海园区和金海园区始建于 2000 年（位于中心城区连续建成区的状蒲园区现已由温州高新区托管，故不在研究范围），坐落于温州龙湾区东南部，面积 30.10 km²。目前，温州经开区集聚形成电气机械、鞋服制造、汽车制造等地域特色产业。研究选取温州经开区为案例地，是因为其在如下方面具备典型性：其一，作为国内较早的国家级经开区之一，温州经开区因 1984 年温州被确立为全国首批沿海开放城市而设立建设，距今已有 30 年发展历程，因而可以说其是温州乃至中国开放较早、联系全球较为紧密的产业空间之一，呈现"流动空间"特征。其二，温州经开区切块植入位于龙湾区的城市边缘，距离市中心直线距离约 20 km，区域土地曾为农林用地和海洋滩涂类型，而短短 30 年间土地利用发生剧烈变迁，现土地类型以工业、居住等建设用地为主，与周边沙城、天河、永兴、海城等街道在地理景观上形成分异演化。其三，温州经开区作为"流动空间"，更多是新区域主义空间治理下的"自上而下"的工业化和城镇化建设过程，而周边街道作为"地方空间"，更多是因农村工业化而来的"自下而上"的发展过程，故而两者社会空间存在矛盾张力。其四，温州经开区吸引中西部"乡—城"迁徙人口近 9 万人，而这一群体租住在周边街道又普遍面临在地根植与融入问题，且经开区的创造性破坏影响周边街道本地居民对其的地方感。

第二章　空间生产理论与开发区研究综述

我国的开发区，应该说是充分借鉴西方发达国家和日本、韩国、新加坡等东亚新兴经济体各种特殊经济功能区域成功经验的产物。但与此同时，历经近 40 年发展，我国开发区数量之多、范围之广、问题之特殊，是任何其他国家的开发区都难以比拟的，因而开发区的建设与发展广受管理学、经济学、社会学等多学科的关注，当然其也是人文地理研究的重要对象之一。然而，现有文献中对开发区发展演化及衍生问题的探讨多采用空间科学方法，较少开展基于马克思主义地理学的社会空间批判分析。鉴于此，本章首先对空间生产理论及其相关研究新近文献进行较为全面的综述；再则，对开发区既有文献进行回顾和归纳，系统梳理研究脉络，为从空间生产理论视域下，探讨城市边缘开发区"区镇割裂"提供理论基础与基本认知。

2.1　空间生产理论的研究进展

2.1.1　理论的出场及核心内涵

19 世纪至 20 世纪中叶，西方哲学与社会理论对空间问题基本上是退避三舍、充耳不闻的，虽然其间也有海德格尔（Heidegger）的《存在与时间》、葛兰西（Gramsci）的《狱中札记》、本雅明（Benjamin）的《拱廊街计划》等皇皇巨著面世，但总的来说，缺乏对空间问题研究的系统性理论突破与建树，因而这段历史被认为是"空间观奇怪缺位的历史"（特纳，2003）。福柯更是精辟地归纳道，这一时期的空间被当作是僵死的、固着的、非辩证的和静止的，而时间却是丰富的、有生命力的和辩证的（Foucault, 1980），由此主流社会理论形成空间认知范式的时间迷恋和偏好，时间和历史成了现代性的代名词和唯一量度，而空间被抛弃在九霄云外。诚如索亚（又译称"苏贾"）所言，"以序列方式展开的叙事所反映的固定格式，便于读者以历史的方式思维，如此这般，若要将文本看作一幅地图——通过空间逻辑而不是时间逻辑扭结在一起的具有诸种共时性（simultaneity）关系和意义的地理，那是十分困难的"（Soja，2004），所以时间优先于空间，或者说历史创造优先于地理创造，且历史话语消弭了空间叙事。

然而，20世纪70年代以降，对空间意识及其本体论和认识论的探讨越发凸显价值和意义，这既体现在对资本主义遭遇危机的现实解答上，也体现在对后现代语境中社会空间问题的理论自觉上（龙迪勇，2008）。20世纪60年代末期，西方资本主义国家普遍遭受社会、政治和经济危机，特别是由空间的隔离、剥夺与阶层化、资源不公平分配等问题所引致的都市危机甚为严重，并由此爆发从法国1968年"五月风暴"到底特律、墨西哥再到东京等一浪高过一浪的城市革命。此时，哲学与社会理论家敏锐地察觉到空间议题的浮现，如福柯（2001）就提出，"我们时代的焦虑与空间有着根本的关系，比之与时间的关系更甚。时间对我们而言，可能只是许多个元素散布在空间中的不同分配运作之一"，"在任何形式的公共生活和权力的任何操演当中，空间都是根本性的存在"。与此相类似的，索亚（Soja，2004）强调，"在今天，遮蔽我们视线的恰是空间，而不是时间"，"最能发人深省的理论世界，是'地理学的创造'，而不是'历史的创造'"。由此，湮没空间的历史决定论被解构，人文社会科学的空间转向拉开序幕，空间隐喻盛行（Crang 和 Thrift，2000；Thrift，2006）。而此时，人文地理学亦深受后现代社会现实问题拷问以及不同哲学思潮影响，开始摒弃之前带有浓烈功利色彩的"区域主义"研究范式，进而接纳人文社会科学领域重视人的自身价值、人的渴望与需求的研究范式，迈向一种历史唯物主义的空间本体论建构，并引发"制度转向""关系转向""文化转向"等社会化倾向（Yeung，2002；Amin，2010；苗长虹，2004）。至此，人们对空间认识走上主观性与客观性统一、自然过程与社会过程统一、空间结构与社会结构统一的道路。

"空间的生产"理论溯源于法国日常生活批判理论之父、都市空间理论家——亨利·列斐伏尔（Henri Lefebvre）1974 年出版的巨制《空间的生产》（*The Production of Space*），此书即是因应前已提及的时代需求的产物。列斐伏尔在汲取马克思政治经济学思想，以及对历史唯物主义空间之维缺位深刻省思的基础上，省思启蒙运动以来仅将空间固化为空洞的日常生活背景、容器和"场"的传统空间观，提出了"（社会）空间是（社会）产物"［（social）space is a（social）product］的著名命题，认为空间里到处弥漫着社会关系，它不仅为社会关系所支持，也生产社会关系和为社会关系所生产，呼吁学界从关心"空间中的生产"（production in space）转向"空间本身的生产"（production of space），并以"日常生活革命"回应晚期资本主义①（后工业社会和全球化）世界发生的系列社会空间不平等问题（叶超等，2011；柴彦威等，2012）。也就是说，空间不只是物质实在，而且是由意义、语言和符号构成，且只能是由隔离、在场和缺场构成的复杂社会关系的产物（Tonkiss，2005）。空间生产理论并非臆造，而是有着深刻理论与现实批判指向，它赋予了空间理论发展史上"关键转折点"的贡献。在索亚（Soja，2004）看来，列斐伏尔所批判的传统空间本体论认知范式存在"双重幻想"，即朴素唯物主义和机械唯物主义的空间"近视"或曰"真实幻想"（the realistic illusion），以及通过抽象概念建构的康德—柏拉图式的空间"远视"或曰"透明幻想"（illusion of transparency）。前者多指采用欧式几何空间抑或空间形态学说中"物化"空间的认识论与方法论，存在遮蔽社会关系、矛盾过程及其生成机制、根源的问题，即"消失在视线中的，是空间性更加深刻的社会根源，其具有问题框架特性的生产和再生产及其政治、权力和意识形态的语境化"；后者则指以一种"超验概念化"来统摄经验具体，即空间被除去了物质性，表现为纯粹的思维过程和表征（林密，2017）。由此可见，列斐伏尔在与经典马克思主义理论对话中，实现了对传统空间观的清算与纠偏、社会理论的空间化转向，构建了以空间生产为核心的

---

① "晚期资本主义"是曼德尔（Mandel）于 1973 年提出的主题，后经哈贝马斯（Habermas）、杰姆逊（Jameson）等人扩充与发散，指代一种不同于列宁（Lenin）所指认的"帝国主义"的新资本主义阶段，亦可作"新近的资本主义"解读。在这个阶段，呈现为"消费的资本主义"或"跨国的资本主义"以及资本主义弹性生产等时代特征。

新的社会理论体系，可谓为当代社会科学研究的整合与交融提供了全新的研究视角（田毅鹏和张金荣，2007）。

2.1.2　理论的相关外延发展

空间生产理论自诞生以来，因其对晚期资本主义现实世界的透彻洞察，以及推动人文社会科学研究"空间转向"或称"列斐伏尔转向"的开创性工作，备受后继者如哈维（Harvey）、卡斯特（Castells）、史密斯（Smith）、索亚（Soja）、博任纳（又译为"布伦纳"）（Brenner）等批判地理学家关注与推崇，他们在高擎马克思政治经济学批判的核心议题、方法与旨趣的同时，不断丰富空间生产理论体系，涌现了后现代语境下的不平衡地理发展、租隙/租差理论、"第三空间"、尺度政治（重组）等系列理论，进一步揭橥了资本主义制度、资本循环以及阶层地位等议题背后的深层逻辑，从而奠定了马克思政治经济学批判向马克思主义地理学批判改造的基础。

（1）哈维——不平衡地理发展和资本城市化

哈维是 20 世纪 70 年代以来全球最具有影响力的左翼激进主义地理学者之一，也是马克思主义地理学理论的集大成者。他对列斐伏尔的空间政治性、社会性、实践性等本体论阐释秉持赞许态度，但也认为其理论过于人文化，缺乏认识论和方法论层面的政治经济学精深解释（Harvey，1973）。因此，在理论的兼收并蓄基础上，哈维以政治经济学的资本积累为逻辑起点，基于新自由主义—后福特制的调节模式和积累体制时代背景，从辩证历史—地理唯物主义视角出发，借由"时空压缩""空间修复""资本三重循环"等时空松绑（de-regulation）理论，鞭辟入里地分析了 20 世纪 80 年代以来资本主义全球化、新自由主义化的空间逻辑，以及不平衡地理发展背后隐藏的霸权、奴役、压迫和其中的结构与机制。

全球空间尺度视域下，哈维借鉴弗兰克（Frank）、沃勒斯坦（Wallerstein）、阿明（Amin）等人的世界体系论和依附发展论①，以时空压缩（time-space

---

① 依附发展理论泛属"世界体系理论"学术思潮，认为现代世界体系是一个由资本主义中心地带和其他地区组成的共同的、相互联系的、不平等的"中心—边缘"结构，主要代表人物为弗兰克（主要著有《依附性积累与欠发达》《世界性积累，1492—1789 年》《白银资本——重视经济全球化中的东方》等）、沃勒斯坦（主要著有《现代世界体系》）、阿明（主要著有《世界规模的积累》《不平等的发展》《脱钩》）、阿里吉（Arrighi）（主要著有《帝国主义地理学》《漫长的 20 世纪》）等。

compression）和空间修复（spatial fix）的独特视角，探讨全球化、生产方式转变、空间经济不平衡等议题，认为资本主义新自由主义全球化—后福特制生产方式的调节模式和积累体制造成了空间的不平衡发展，且这种不平衡成为资本积累与运动的先决条件。其一，哈维借由"时空压缩"概念，试图阐述资本主义生产方式从"福特主义"到"灵活积累"变迁，导致全球化下世界经济—地理景观形成既有集中又有分散的形态，且消费领域呈现"符号"[①]生产特征，而这种"通过时间消灭空间"[②]"时间向空间坍塌""使时间空间化"的追求极端生产效率的方式，最终导致"我们屈从于精于算计的经济理性的霸权"，因此"资本主义的历史具有在生活步伐方面加速的特征，这种加速使得传统空间边界被克服，以致世界有时候明显内在地朝我们崩塌了"（哈维，2013）。其二，"空间修复"则指为了实现无止境积累，资本等对不同尺度空间进行不断重构和选择性占有的实践，其是资本主义的"地理政治"策略。再则，城市地域尺度视角下，哈维聚焦资本在城市的循环转换与空间化现象，认为现代城市屈从于资本主义庞大体系，其兴衰变迁是无止境的资本流动与积累的结果，也就是说，城市化进程中不断发生的城市危机究其实质是资本过度积累的危机（周立斌，2014；叶超等，2011）。故此，哈维借鉴马克思资本积累、循环理论，演绎提出了著名的"资本三重循环"（three stages of capital circulation）理论，也即资本在城市空间尺度的积累通常经历初级循环（primary circuit）、次级循环（secondary circuit）、三级循环（tertiary circuit）这样的三个阶段，且哈维对其概念进行了详细的图解阐释（具体内容见 4.1 节）。

（2）索亚——"第三空间"理论

索亚是当代西方著名的后现代批判地理学家，亦是"洛杉矶学派"[③]领军人物，著有"空间四部曲"——《后现代地理学》（*Postmodern Grographies*，

---

① 关于"消费符号论"，后现代理论家德波（Debord）、鲍德里亚（Baudrillard）等有过系统论述，具体可参考《景观社会》《消费社会》《符号政治学批判》等鸿篇巨著。

② 哈维提及的"通过时间消灭空间"的观点，即资本有与生俱来的倾向去打破资本循环中的一切空间障碍，这同马克思在其 1973 年出版的《政治经济学批判大纲》（*Grundrisse: Foundations of the Critique of Political Economy*）中提出的著名论述"借由时间来消除空间"是一脉相承的。

③ 洛杉矶学派主要是对索亚、斯科特（Scott）、戴维斯（Davis）、迪尔（Dear）等美国加利福尼亚大学洛杉矶分校、南加州大学批判地理学家学术观点与系统思想的统称，他们认为洛杉矶大都市区发展进程中呈现的多中心空间结构、弹性生产组织、空间正义等现象或许反映了新自由主义全球化语境下众多城市发展的趋势，是后现代大都市的典型蓝本。

1989）、《第三空间》（*Thirdspace*，1996）、《后大都市》（*Postmetropolis*，2000）与《寻找空间正义》（*Seeking Spatial Justice*，2010）。他在批判人类思想史中实证主义和马克思主义使地理学"患上理论的休眠症""被挤出理论建设的竞技场"之余，力推列斐伏尔将空间看作不仅是物质的存在，也是形式的存在这一观点，并提出人类生活的历史性、空间性和社会性的"社会—空间辩证法"，即重构空间是包含在时间和社会中且与它们交织缠绕、辩证统一或互构共生的（Soja，1980；Soja，1989；Soja，1996；Gregory et al.，2009）。

在赋予空间如此重要的地位后，索亚省思后现代主义出现的反抗"千篇一律"世界观、倡导分裂和不确定性、对工具理性和"总体化的"话语的强烈不信任等周遭环境，于是借鉴"差异空间"、权力空间与异托邦（Heterotopia）以及混杂性（hybridity）等理论，在"去往洛杉矶和其他真实和想象地方的旅程"（著作《第三空间》的副标题）中提出了一种动态的、开放的、强调差异与朝向"他者"的后现代空间本体论——第三空间（thirdspace）概念（Soja，1996），参见表 2-1。他认为，第一空间是客观的、具体的和物化的空间，即能观察把握的，如住宅、商业综合体等空间；第二空间是想象的空间，强调人的主观话语解释和构想，且通常"第二空间"控制着"第一空间"，如居民很容易接受某种关于所生活的城市的意识形态，如"城市，让生活更美好"等话语叙事；而第三空间则是对前两者的解构和重构并超越它们的二元对立，是一个既真实又充满想象、既抽象又无比具体的空间，是日常生活中充满权力与象征的空间（陈家熙等，2018）。"第三空间"将真实和精神空间的"非此即彼"逻辑转变为"辩证的亦此亦彼"，内蕴边缘是理解与界定空间存在的基本参照，即从某种意义上来说，我们对空间的认识是从边缘开始的，亦如同海德格尔（2005）所说："空间本质上乃是被悬置起来的东西，被释放到其边缘中的东西。"我们也只有在边缘视域下才能把握观念、事件、表象，这反映出在"第三空间"中没有秩序，没有稳定结构形态，只有不断的变化和演进，因而"所有在第三空间的巡礼……在存在论上可以界定为同时是历史的、社会的和空间的"（苏贾，2004；唐正东，2016）。可以说"第三空间"弘扬了空间性这一人类生活的第一原则，同时也为我们思考社会、历史和空间的共时性及其复杂性和相互依赖性提供新的思考和解释模式（柴彦威等，2012）。

表 2-1　"第三空间"与空间三元组、异托邦、混杂性等的关系

理论类别	主要内涵及关系
空间三元组	第一空间：客观的、具体的物质空间，类似"空间的实践""感知空间"
	第二空间：人的主观话语建构的想象空间，类似"空间的表征""构想空间"
	第三空间：既真实又充满想象的空间，是人们日常生活中充满权力、象征与意识形态的空间，囊括又超越第一、第二空间，类似"表征的空间""生活空间"
差异空间	列斐伏尔提出"由于抽象空间内固有的内部社会矛盾，在同质化规范领域的边缘存在着差异，从而产生了'差异空间'"
权力空间与异托邦	福柯指出"空间是任何权力运作的基础""异托邦是真实生活中的对立空间，存在着混合的时空、文化经验"；可以说，这两个概念与索亚的"第三空间"存在某种类似性
混杂性	霍米·巴巴（Homi K. Bhabha）的混杂性指的是不同种族、种群、文化和语言相互混合的过程，在这个过程中，边缘性身份会对主流的身份进行"修改、转译、增补"；混杂性生动诠释了"第三空间"开放性、充满矛盾的特征

资料来源：根据文献（Lefebvre, 1991；Soja, 1996；Hooks, 1990；Bhabha, 1994；等等）归纳整理。

（3）史密斯——租差/租隙理论

史密斯是当代西方学界著名的马克思主义地理学者和人文地理学家，亦是不平衡地理发展理论的集大成者。作为哈维的得意弟子，史密斯在继承列斐伏尔、哈维等人学术思想精髓的同时，对自然的生产（production of nature）、空间的生产、全球化理论等马克思主义地理学经典论域和重要论题研究卓有建树，建构的包括尺度的推移、资本的周期运动（seesaw movement of capital）、租隙/租差（rent gap）等不平衡地理发展相关理论概念更是为马克思主义地理学学科发展做出了重要贡献（谢富胜和巩潇然，2018）。史密斯的上述相关理论可以说为研究全球化背景下的城市社会空间问题提供了一个具体的分析框架和新的理论视角与解释。

通过对第二次世界大战后的美国郊区化、逆城市化、再城市化语境中城市中心"衰退—更新"过程，以及中产及以上阶级回归内城地区（有学者指出并

不是郊区中产回归内城，更多是内城中产在内城不同区域间流动）并更替低收入群体，即 20 世纪 60 年代社会学家格拉斯（Glass）对临近伦敦内城北部伊斯灵顿地区观察所创造的"绅士化"（gentrification）现象的细致洞悉，[①] 史密斯指出城市中心的再开发过程，不是"自然而然"发生的，而其现象背后是"资本并非人的回归城市运动"（back to the city movement by capital, not people）。即，资本通过在城市不同区位间的投资和撤资"跷跷板"转移运动原理来获取超额利润，而资本这种类似从一地流向另一地侵蚀的"蝗虫瘟疫"引发城市内部局部空间的周期性衰退和更新，继而带来城市的不平衡发展、多样性消弭、福利不均衡等衍生性问题（朱介鸣，2020）。一言以蔽之，旧城更新表象之下的内在逻辑在于"租隙"或言之"租差"的存在与分配（Smith，1979；Smith，1982；洪世键，2017）。抽绎自马克思政治经济学语言的所谓租差，指潜在地租与实际地租之间的差额（洪世键和胡洲伟，2019；阴劼等，2021），如图 2-1 所示。具体而言，史密斯以不动产贬值作为解释租差产生的基础，认为当一个地块完成开发，意味着固定资本投资（以不动产/建筑物为表征）充分反映现有土地利用所能产生的最大地租总量，由此实际地租与潜在地租之间的租差为零；随后，地块周边建成环境和交通可达性改善、不动产价格上升等多重因素变迁，潜在地租随之提升，实际地租则由于不动产衰败、维护成本高企（所有权者通常选择不/减少追加投资）而呈现下降趋势，而当这两者差值达到足够利润空间之时，这一地块便进入新一轮重建阶段（丁寿颐，2019）。其中，不动产的贬值需要经历五个环节，包括新建与首次使用、租赁及自住住房变动、衰败及资金外流、金融机构拒绝贷款、废弃（史密斯，2018）。

[①] 第二次世界大战后，美国内城因基础设施老化、贫困人口增多、城市环境和社会治安恶化等问题呈现"病理现象"，而政府通过制定住房政策（商业贷款）、州际高速公路等基础设施投资计划和税收政策引导的郊区化和逆城市化更加剧了内城的凋敝和没落。直到 20 世纪后半叶，资本的回流、经济约束下变化的消费者选择等多维因素促使美国城市开发与再开发重新回到城市化中心，城市渐而开始复兴。

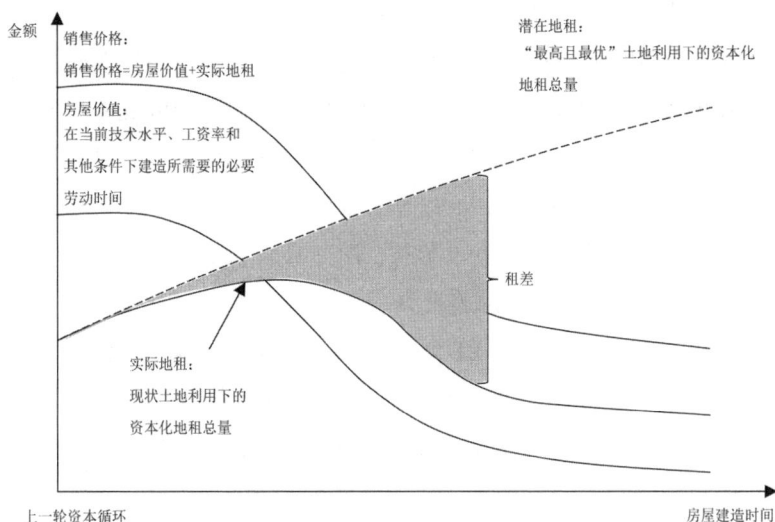

金额

销售价格:

销售价格＝房屋价值+实际地租

房屋价值:

在当前技术水平、工资率和

其他条件下建造所需要的必要

劳动时间

潜在地租:

"最高且最优"土地利用下的资本化

地租总量

租差

实际地租:

现状土地利用下的

资本化地租总量

上一轮资本循环

房屋建造时间

图 2-1 史密斯的租差理论

资料来源：Smith，1979。

（4）泰勒、史密斯、博任纳等人——尺度政治理论

泰勒（Taylor）、史密斯、博任纳等也都是马克思主义地理学者，特别是哈佛大学的博任纳教授，可谓时下国际知名城市理论创新者。他们在20世纪80年代治理模式和积累体制向新自由主义—后福特制转向以及西方人文地理学"尺度转向"等现实与学术的双重语境下，不断拓展空间生产理论及尺度概念内涵，涌现尺度结构化（scalar structuration）、尺度重组（rescaling）、新国家空间（new state space）等概念理论，由此"空间本身的生产"跃升为"空间尺度的生产"，而空间生产的指引思想可以说由"社会空间理论"提升至"尺度政治经济学"（苗长虹，2004；马学广，2017；博任纳，2020）。

"尺度"自古就是地理学的核心概念之一，但长期以来其仅是被看作一个客观概念（刘云刚和王丰龙，2011），直到1984年史密斯（Smith，1984）首次提出"尺度政治"概念，并以纽约下东区汤普金斯广场公园流浪汉抗议政府收回公园案例阐述尺度即是各种社会运动和斗争的框架，尺度的人文含义才得以渐进丰富并受到地理学者关注（见表2-2）。进一步的，德莱尼（Delaney，1997）等指出尺度的政治建构，指出政治过程下的尺度建构是持续且开放的，涉及（非）国家机关、跨国公司、商业组织机构等多元实践主体；再者，博任纳开展尺度重组视角下的超国家（supra-national）和次国家（subnational）空间、新国家空间等客观实体建构和再生产的相关研究（Brenner，2001；博任纳，2008；博任纳，2020），提出政治、经济与社会力量在建构尺度的同时，尺度在这一过程中也会成为社会力量的重要构成（苗长虹，2004）。除此之外，也有学者如库尔茨（Kurtz，2003）、哈尔斯塔德和弗洛伊桑德（Haarstad & Fløysand，2007）等从尺度的表征修辞、主体实践视域出发探讨尺度政治，其中哈尔斯塔德和弗洛伊桑德（Haarstad & Fløysand，2007）基于秘鲁矿区的"自下而上的尺度化政治"研究，提出矿工这一行动者通过尺度上推的再尺度化叙事方式，获得了抗议行为的合法性。概而言之，尺度政治主要是指基于尺度重组的权力争夺与政治博弈（王丰龙和刘云刚，2017），对其的研究大致涉及资本主义全球化下的城市管治（"物质性"尺度）和社会抗争（"认知性"尺度）两大领域，以及形成了"尺度结构转变、政治行为和策略、行动者联系网络"三类研究范式（马学广和李鲁奇，2016）。

表 2-2　尺度、尺度重组、尺度政治概念辨析

	主要含义	常见形式	应用领域
尺度	制图学概念即"比例尺"，同时被看作经济、社会和政治过程存在于其中的不同层次，以及社会建构产物，包括本体论、认识论、实践论范畴	现实尺度（城市、地区等实体单元）、分析尺度（如城市等级规模划分）、实践尺度（尺度作为争夺资源和权力的工具）	城市间距离测量、城市位序—规模分析等
尺度重组	具有等级、关系、规模等尺度特性的组织方式变化和转移过程，旨在重新调整权力关系，为资本流动构建新地理基础和政治经济治理形式	尺度跳跃、尺度结构化、尺度内涵再界定等	城市与区域管治（治理）、行政区划优化调整等
尺度政治	基于尺度重组的政治博弈和权力争夺	通过尺度上推改变权力对比关系；通过调整国家在全球—地方中的尺度位置来建构国家竞争力等	底层群体的社会抗争、受污染地区的环境运动

资料来源：根据文献（Brenner，2001 等）归纳整理。

2.1.3　国外研究的新近进展

滥觞于列斐伏尔，并经由哈维、卡斯特、索亚等马克思主义地理学者承继与不断阐发的空间生产理论，因将历史辩证法"空间化"而弥补了马克思主义经典著作中虽涉及空间问题但未进行系统性考察并形成理论体系的遗憾，由此空间生产理论成为当代马克思主义科学理论的组成部分。然而，马克思的幽灵是复数的，马克思主义科学从来不是"在场的形而上学"，其思想旨趣是随着时代发展而不断创新与出场的。诚如马克思和恩格斯（2012）指出："我们的理论是发展着的理论，而不是必须背得烂熟并机械地加以重复的教条。"同样，英美人文地理学者不将空间生产理论视为一种凝固不变的现成在场状态，他（她）们不断"重新上手"解读与挖掘列斐伏尔《日常生活批判》（1947/1958，1962，1981）、《从乡村到都市》（1970）、《都市革命》（1970）等著作和哈维、索亚、卡斯特等学者的其他学术文本与思想，并开展与当代资本全球化、新自由主义空间逻辑以及不平衡地理发展等对话和城市革命实践，以深化对空间生产理论的阐发和探索马克思主义地理学的在场性。特别是2008年斯坦尼克（Stanek）编著的《作为具体抽象的空间：黑格尔、马克思与亨利·列斐伏尔的现代都市主义》（*Space as Concrete Abstraction*：*Hegel，Marx，and Modern Urbanism in Henri Lefebvre*）一书的出版，标志着空间生产理论研究进入"第三次响应浪潮"（a third wave of receptions）。为此，笔者回顾国外近期尤其是近10年空间生产相关研究文献，并开展系统梳理与特征总结，以期为在中国国情下开展空间生产实证研究提供新视角与启示。

按照列斐伏尔、哈维、马西、索亚等人对国家政治、经济发展和城市之间关系的批判性思辨，我们在当代不同空间尺度中观察到的日常生活的各种模式，可以说就是资本、政治和文化等因素复杂而持续的相互作用的过程与产物，而这些不同空间尺度的"空间的生产"被新城市社会学学者戈特迪纳和哈奇森（Gottdiener & Hutchison，2011）解构为三个维度：向全球视野的转向，对城市和郊区发展过程中政治经济因素推动作用的关注，以及对城市生活和人工环境建设中文化角色的重视。而与此同时，马学广（2017）也指出空间生产的地域实践似乎不断突破距离的限制，由城市空间的生产扩张为区域空间的生产，并进一步扩展为全球空间的生产。由此可见，全球空间、城市和郊区（乡村）、日常生活是空间生产理论研究的重要尺度。因此，下文从这三个尺度进行空间生产理论相关研究新近进展的文献综述。

（1）全球空间中的新国家空间、金融与不平衡地理、重大基础设施等生产

空间生产理论在列斐伏尔这里更多是对都市日常生活空间的透视与批判，而博任纳等后继者则将其应用推广到全球尺度。其中，博任纳（Brenner，2004）聚焦与挖掘尺度政治内涵，在北美和西欧等国家在全球地方化（glocalisation）竞争国家体制调节和新区域主义空间治理语境中，审视欧盟一体化、自由贸易区、全球城市等超国家和次国家尺度崛起的实践案例后，将"空间本身的生产"上升到"空间尺度的生产"，并提出国家空间重构方面的"新国家空间"理论，认为国家可通过优先赋予特定的地理区域以权力、政策和资源，从而在新自由主义全球化中培育区域国际竞争优势。另外，在2008年全球金融危机后，学术界重新对金融地理产生兴趣。诸如赛欧（Seo，2013）探寻韩国1997年经济危机形成与应对策略之间的辩证互动演变，认为危机发生是国内1987年劳工斗争运动、金融长期偏袒财阀、边陲福特主义（Peripheral Fordism）生产过剩导致资本向中国和东南亚国家转移，以及1990年初美国推行金融自由化等经济社会过程与它们在多个地理尺度上的空间结构之间的辩证关系；索科尔（Sokol，2015）以全球金融危机对欧洲发展影响为参照点，基于金融链（financial chains）概念阐述了金融全球化是资本实现价值转移的渠道，亦是在空间和时间上形成社会经济过程的社会关系。再则，斯温格道（Swyngedouw，2007）解析1939—1975年西班牙水利社会建设是政治、技术、社会和自然综合作用于不同地理和景观的特定历史地理创造性破坏的产物，其一方面体现着佛朗哥通过技术—自然—物质基础设施现代化促成国家领土一体化的"自然的生产"面向，另一方面突显出水利社会愿景的实现是以融入美国为首的世界体系"利益网络"为前提的"尺度的生产"维度。

（2）区域与城市空间中的城市群、宗教场所、族裔社区等生产

伴随全球空间治理模式与生产方式的新自由主义—后福特制转向，国家之间的竞争尺度逐渐下移到全球城市或城市群之间的竞争，因而国家内部区域与城市空间生产成为学者关注的对象，涉及城市群、城市广场、城市族裔社区等不同空间议题。例如，比塞（Buser，2012）就将既有对城市群空间关系和绝对解释的研究范式转向对城市区域社会空间的批判性反思，认为纽约大都市区域主义战略反映了构想、感知和生活空间要素共同构成关系的社会产物，而生活空间的静寂是一种后政治状态，霸权主义、话语和意识形态否定了强大的城市民主。辛德（Shinde，2012）运用历史地理学方法和社会空间辩证法概念框架，解读不同时期温达文印度教朝圣地环境变迁产生和维持的核心是更广泛的社会、政治和经济进程对朝圣环境的影响、经济与空间变化的关系方式，以及控制或规范朝圣的实践、表现和环境的制度、法律、习俗和国家机构。迈尔和卡普拉斯（Meir & Karplus，2018）则在研究以色列贝都因人两个世纪来的社区生产、跨文化遭遇与政治时，批判作为"空间转向"主要代表的列斐伏尔空间生产理论并未汲取"文化转向"中关于少数族裔和宗教亚群体文化决议（cultural resolution）的深刻洞见，因而他将作为超概念的经典空间生产理论解构成更为精细的尺度概念，即通过将完美空间（consummate space）、空间叠置（spatial imbrication）和空间强度（spatial intensity）等新的子概念融入概念三元组来促进文化洞见的内在化。

（3）乡村空间的生产

乡村空间不仅包含地理和人口因素，还涵盖乡村形态、结构和功能等面向（Geamasu & Alecu，2014），且随着城市化、工业化及全球化的纵深发展，乡村空间面临着物质、经济、文化、生态等多个维度重构。目前，欧美学者关于乡村空间研究更多是关注乡村内涵挖掘，乡村路径、模式与机制重构，乡村空间商品化等内容，涉及乡村空间生产的研究文献非常有限，这与关于城市空间生产的丰富理论和实践成果形成鲜明反差，其中缘由可能与列斐伏尔从早期并无建树的乡村社会研究转向都市日常生活空间研究并孕生"空间的生产"理论，且哈维、索亚、马西等人进一步在全球城市与区域空间中阐发空间生产理论有所关联。在乡村空间生产的几项有价值的探索中，哈尔法克里（Halfacree，2007）将乡村空间概念化为乡村表征（representations of the rural）、乡村地方（rural localities）、乡村生活（lives of the rural）三重要素，且要素间相互构成、相互影响。乡村表征指在官方政策、规划文件和工业利益等正式语境中如何描绘乡村，而乡村地方是通过空间的实践定义，乡村生活则指人们在日常生活中对乡村习俗的再生产。弗瑞斯沃尔（Frisvoll，2012）则批判了哈尔法克里的乡村空间生产三元论将权力隐匿在如"结构一致性"（structural coherence）和"空间审判"（trial by space）这样的"黑箱"（black boxes）中，忽视乡村变革的社会活动及其社会行动者的能动性，继而他从"交织权力"（entangled power）视角扩展哈尔法克里的乡村空间模型，认为可以从三个角度审视权力嵌入行动中的社会实践：非物质中心（an immaterial hub）、物质中心（a material hub）和个人中心（a personal hub）。非物质中心通常指行动者社会关系的法律、细则和条例，以及行动者的网络关系和规范信念；物质中心为行动者社会关系的物质要素，包括财产、用益权和金钱等；个人中心则涉及行动者的职业和职业计划与家庭，以及他们对已执行战略的后续行动、对战斗的喜爱、对威胁和性别的看法。

（4）日常生活空间中的空间隔离与阶层化、身份认同、地方认同等生产

众所周知，列斐伏尔在20世纪出版过三卷本巨著《日常生活批判》（1947/1958、1962、1981），开拓性地将现代性下的日常生活批判升华到理论层次，而晚期的他从日常生活批判转向以日常生活为基础地位和异化特征的空间批判，认为现代性下的日常生活空间为商品所侵入，被非本真遮蔽，因而需要对被遗忘、控制和规划的日常生活空间进行批判，以使它呈现为抵抗和更新社会生活的基础（列斐伏尔，2018）。受到日常生活批判理论影响，诸多新城市社会学、城市地理学、城市规划学等领域学者转向日常生活经验与空间的批判研究。譬如，卡柳金等人（Kalyukin et al.，2015）以莫斯科高尔基公园空间功能转型为例，分析了后苏联时期莫斯科"第二代"城市公共空间生产，认为"第二代"公共空间虽然相较"第一代"（全盘私有化和商业化）更具开放性、宜居性和公共利益，但在消费主义下，这种市政厅与金融投资机构结盟而推行的"自上而下"型城市公共空间更新形成了对低收入阶层的排斥，即存在绅士化现象。布罗格（Brøgger，2019）聚焦"乡—城"迁移流动人口，通过搭建"城市散居空间"概念框架，分析了尼泊尔伯塔莫德（Birtamode）新城快速城市化进程中农村—城市移民群体通过跨地方的日常印度教集体仪式，生产流散的族裔宗教社区并进而获得社会地位和身份认同，但这种由种姓制度下的精英群体、地方政府资金援助、宗教信仰等社会空间地理和权力几何

学因素主导的流散族裔宗教社区，亦产生了对其他种姓群体的排斥，即认为城市散居空间是不平等的城市空间。

总体而言，2000 年以来尤其是近 10 年的国外研究更加注重空间生产的多元化，将全球化与不平衡地理发展、尺度的区域建构、族裔社区生产、空间绅士化等纳入空间批判的视域中。因此可以说，通过当代空间生产理论研究，马克思主义空间批判理论在新自由主义—后福特制全球化语境中较好地实现了与当代的实践对话。但与此同时，相较整个 20 世纪马克思主义空间批判的保守与沉重，2000 年以来马克思主义空间批判脚步显得更为浪漫且细碎（薛稷，2019），也即多为强调空间生产与空间反抗的差异性，由此导致空间的反抗表现为各种问题的外在连接，而非内在的统一（胡大平，2009）。

2.1.4　国内对理论的引介与应用

由于马克思主义地理学总是带有审视世界的"总体性眼光"，以及认知问题的那种透彻性和说服力，因而颇受我国马克思主义哲学、社会学、地理学等不同领域的学者广泛推崇。而其中，空间生产理论因其批判功能和开放性，其理论引介和研究从 2000 年以来日益呈现繁盛态势，且也为多学科问题研究提供了社会空间分析与批判的新研究视角。

（1）空间生产理论引介

国内引介空间生产理论勃兴于 20 世纪 90 年代末，早期主要是哲学和马克思主义（张一兵，2006；刘怀玉，2003；仰海峰，2003）、新城市社会学（夏建中，1998；蔡禾，2003）、都市文化和文学（包亚明，2003；陆扬，2004）等三大领域的当代议程。学者们普遍通过翻译和综述经典文献等方式，向国内学术界引介列斐伏尔等人的空间生产理论。其中，包亚明（2003）编著的《现代性与空间的生产》对空间生产理论在人文地理学界的推介起到了较好效果；任平（2003）在《当代视野中的马克思》这一著作中借用当年马克思独特而犀利的眼界，宣示了现代性情景中的城市空间生产的特质："在城市社会中，商品成为具有灵魂的主宰，全社会变成了一种尺度，交换的尺度，金钱的尺度，个人日益离散化、原子化，变成尼采所说的'没有牧羊人的羊群'，整个城市生活变成了一部无情绞灭人的情感自由的机器。"这一精辟论述即指认了空间的商品化、资本化倾向特质，空间展示着整个资本化社会的结构。

2000 年以后，人文地理学跟进对空间生产理论开展介绍，较为典型的文献如叶超等（2011）与王丰龙和刘云刚（2011）关于空间的生产研究进展、展望及启示。但与此同时，王丰龙和刘云刚（2011）认为人文地理学对于空间生产理论研究仍缺乏更全面、细致、深刻的考察，尤其是缺乏一个体系的、跨学科的分析框架，并指出可以尝试搭建包含在地化和去地化两大核心过程的分析框架，其中资本的循环过程、政府的企业化和空间正义是未来有待进一步深化的研究命题。2016 年 6 月，国内人文地理界趁着哈维到访中国举行学术报告的契机，响应并掀起了马克思主义地理学"跨国、跨界、跨代"的第一次集体发声和知识行动。在这之后，一些学者进一步研讨了空间生产理论中的核心概念和方法探索。例如，叶超（2019）通过对空间正义思想与理论的梳理与评介，从方法论层面探讨了我国新型城镇化进程中的空间正义理论之刍议。由此可见，国内关于空间生产的研究开始由零散的、片段化的认知逐步走向较为全面的理解、实证研究乃至最终的规划与实践行动。

（2）国内相关实证研究

自 2005 年起，国内援引空间生产理论开展的实证研究大量涌现，而因与研究话题的密切相关和学科渊源，城市研究领域和地理学界在实践空间生产理论"本土化"和学科"内部化"方面成果丰赡，且贡献突出。其中城市规划和建筑领域研究多关注城市内部微观尺度空间生产；城市地理学、文化地理学、乡村地理学等地理学者则凭借空间研究特长，广泛涉猎新型城镇化、城乡二元关系、区域平衡发展等较大尺度空间生产，也聚焦城市跨界空间、城市历史文化街区、传统村落旅游区、新城市空间（开发区、大学城、新城市景观区）等典型案例空间生产分析，具体议题可归纳如下。

其一，快速城镇化空间生产。自 2000 年以来，中国城镇化呈现出前所未有的快速大规模现象，并如诺贝尔经济学奖获得者斯蒂格利茨（Stiglitz）所断言的，"中国的城市化将是 21 世纪影响人类发展的两件大事之一"。诚然，城镇化与空间生产是交织在一起的，且同存于一个辩证过程。也就是说，城镇化是基于空间的社会进程，即各类有着不同目标和动机的主体，通过由互为依存的空间的实践组成的特殊排列配置进行交互的过程（哈维，2017），其显著特征是最大限度地生产和利用空间；而空间生产则是政经要素将空间视为生产资料、消费对象与政治工具，并最大化利用空间以实现生产关系再生产，特别是在资本主义全球化霸权的当下，空间生产带来城乡二元分异、区域差异性、空间（不）正义等矛盾问题。因此，城镇化和空间生产存在辩证关系。譬如，杨宇振（2009）解释了1908年以来中国城市化中权力、资本与空间三者间的复杂关系，认为我国百年来的城市化始终是处于权力、资本等力量作用下的。叶超等（Ye et al.，2017）则从中观空间尺度揭示了江苏城镇化与不平衡发展关系，认为资金和权力推动江苏快速城市化和高城市化水平，但省内区域间差距和城乡收入不平衡并没有相应缩小，因而城市化存在潜在社会风险和空间不平衡等问题。

其二，城市跨界区域空间生产。自2001年我国加入WTO后，国家空间选择性地由改革开放初期的地方崛起尺度转向城市—区域建构尺度，特别是推进新型城镇化过程中，区划调整、区域规划、跨界合作等城市区域新治理模式得以实践，因而城市跨界区域空间生产议题备受学者关注。例如，庄良等（2019）揭示了我国城市新区空间生产及其演化逻辑存在政府权力意志主导、新区规模等级和空间分布差异、城市权利张力撕扯形成的三元辩证空间生产特征，由此新区在可持续发展上横亘着难以实现协调治理和不平衡地理发展加剧这两项挑战。李鲁奇等（2019）、王璇和郐艳丽（2021）则借由博任纳的新国家空间理论探讨了飞地经济空间生产与治理结构。其中，前者认为资本积累和再领域化是飞地经济产生的诱因所在，但也囿于复杂治理结构，飞地经济内嵌领域间、尺度间和政府—市场间的多重矛盾；而后者指出飞地经济由尺度和地域重构共同推动，且其呈现地方政策试验性等多维治理特征。同样的，张衔春等（2021）基于新国家空间视角分析中国城市群空间规划的历史演化与空间逻辑，认为中国城市群空间规划以灵活与低成本的方式引导资本在特定城市群地区实现了再领域化和权力尺度重组，提高了国家空间治理能力，然而中国城市群空间规划主要依赖高尺度政府自上而下的推动，存在实施效果不一致等现实矛盾，亟待强化国家空间策略的内部整合与国家空间项目的衔接。

其三，城市内部空间生产。权力、资本等政经要素作用下，城市内部空间生产更易显现空间异质性，因而地理学界和城市研究领域也广泛聚焦新城市空间、城市创意（文化）社区、特色建筑景观、城市族裔社区、城中村等空间生产，主题涵盖空间生产逻辑及其凸显的绅士化、日常生活规训、空间抵抗等。诸如，叶超等（Ye et al.，2014）分析了南京仙林大学城土地利用覆盖和空间生产，认为其存在多尺度割裂特征，包括校园内部、大学之间、大学与城、"市"与"民"之间的空间维度割裂，以及新老校区之间、师生通勤与工作之间的时间维度割裂和忽视师生以及低收入阶层的社会维度割裂。王立和薛德升（2018）剖析了广州天河北全球化空间的跨国生产，认为其存在"去地方化的空间表征、全球化行动与感知形成嵌入全球的空间实践、日常生活复归的表征空间"这样的三元空间特征。马仁锋等（2019）厘清了宁波老工业区创意集群绅士化过程存在权力、资本和创意联结而成的空间的实践、建筑规划师和创意阶层主导的空间的表征、创意集群内部催生文化和身份认同的表征的空间。殷成志等（Yin et al.，2020）探究了中国城市仿制景观（simulacrascape）的空间生产过程及其机制，认为企业家、地方政府、媒体和消费者等共同组成的"仿制联盟"促成了城市仿制景观的空间生产。孙世界和熊恩锐（2021）则从"利益—资本—权力"三要素出发，探讨了南京大行宫地区文化空间更新过程（选址阶段、开发阶段和运营阶段）与机制，认为旧城公共服务设施的更新主要由政府主导进行，公共利益实现是主要的更新目标，文化专家等专业群体具有较大的话语权。

其四，乡村（旅游社区）空间生产。自2005年国家提出社会主义新农村建设，涵盖"宜居农村规划""山区支持规划""美丽乡村建设"等项目，以及2017年实施"乡村振兴"战略以来，乡村空间生产越发受到关注，如叶超等（Ye et al.，2018）以上海和平村村庄上高压线及其隐喻的视角，辛辣地批判了中国农村建设现状和动力，提出来自资本和权力的"高压线"对居民的生存环境造成了侵蚀和破坏，即地方政府只注重基础设施和所谓的"漂亮"村庄建设，相对忽视社区和居民的实际需要，造成了归属感的消解。此外，更多研究视野聚焦于乡村旅游社区的空间生产，例如郭文和杨桂华（2018）考察了翁丁佤寨仪式实践演变中的神圣空间生产，认为旅游介入后的传统仪式神圣性不可化约地趋向世俗化，后来郭文（2020）又以翁丁公共空间为研究对象，得出以旅游为媒介的流动性力量以及不同主体对公共空间意义的叠写（superscription）存在互不理解甚至相互区隔状态，以致出现差异性地方认同。

方远平等（2018）分析了岭南水乡小洲村空间转换过程、空间生产主体及作用、空间生产的结果及机制，认为地方政府、创意阶层、商业资本、本地村民等不同主体共同生产了小洲村空间。魏萍等（2021）以西安地区清水头村为例，应用空间三元辩证法解构了城市周边旅游型乡村公共空间的生产机制和内在逻辑，认为旅游型乡村公共空间在地方政府空间表征过程中，其"使用价值"被压制，而"交换价值"被凸显，但是村民在表征空间过程中的"抵抗"态势并不明显，反而趋于"内化"，也即公共空间面临社会公平与空间正义缺失的问题。

综上，从国内理论应用文献来看，既有不同层面和多重视角、尺度的中国案例实证研究说明"空间的生产"理论为相关研究提供了一个新的视角，也为解构当代中国区域、城市与乡村社会空间的复杂现象提供了一个分析框架和新的理论解释（王丰龙和刘云刚，2011）。但具体分析会发现，既有研究大多还是局限于对城市文化街区重构、乡村旅游（社）区演变、新城市空间形塑等多数典型"地方性空间"的解读与批判，对作为"全球化空间"的开发区生产与再生产研究则鲜有涉及。目前，仅有梁晶和罗小龙（2014）、李凯和王凯（2019）探讨了开发区空间生产的内在逻辑。此外，也有华东师范大学孔翔教授团队以开发区为研究对象，从权力、资本与产业空间关系视角开展了全球化下的开发区经济与社会文化空间演变的系列研究，如探讨开发区在资本主导下的空间生产带来地方感消解的问题（孔翔和张宇飞，2014；孔翔和陈丹，2016；孔翔等，2021）、中国开发区"产城分离"机理（孔翔和顾子恒，2017）、开发区周边新建社区内卷化（孔翔和宋志贤，2018）、张江高科技园区多维割裂（李一曼和孔翔，2020）等。上述研究诠释了产业园区全球化与在地性的二元辩证关系，但也可以看出研究主要还是以开发区为介质，聚焦其周边"人"的单向度命题特征，未见涉及开发区空间生产过程与逻辑、社会空间效应和形成机理等内容的系统性阐述。

2.2　开发区研究的热点演化

开发区作为中国特殊的战略性"制度空间"，在促进区域经济发展、产业结构调整、城市空间重构等方面发挥了重要作用，逐渐成为国家经济活动的重要空间载体和对外开放窗口（胡森林等，2019）。开发区的相关议题探究一直受到国内外学界关注，且涌现了大量研究成果。在我国，较为广义的开发区还包括国家或省级新区等其他类型，而相对狭义的开发区则指纳入《中国开发区审核公告目录》的经济技术开发区、高新技术产业开发区（以下简称"高新区"）、海关特殊监管区、边境经济合作区、旅游度假区等类型（胡丽燕和王开泳，2016）。考虑到本研究仅对生产制造类开发区进行探讨，因此侧重归纳总结国内以经开区和高新区为主，以及国外以高科技园区为主的研究文献，而没有涉及海关特殊监管区、边境经济合作区、旅游度假区等类型开发区的研究文献，当然综述对象的偏好选择也符合我国开发区以经开区和高新区为主要类别群体的客观实情。

2.2.1 区位选择探讨

区位是地理学研究的基本范畴之一，从 19 世纪初杜能、韦伯、克里斯泰勒等人的古典区位论，到 20 世纪中叶后艾萨德、贝克曼等人的新古典区位论，经济活动"一个场所一个区位"的空间特征一直受到地理学界关注（张文忠和刘继生，1992）。对开发区而言，空间区位是其成长的基础性因素，探究空间区位规律对开发区高效配置空间资源有着重要意义（王兴平和崔功豪，2003），因而国内外学界较为关注开发区区位选择、布局规划及影响因素（曾刚，1997）。国外学术界较为关注以硅谷、128 号公路等为代表的高科技园区的区位选择、布局规划及影响因素。如斯科特（Scott，1983）、卡斯特（Castells，1994）、马姆伯格（Malmberg，1996）等认为政府政策、资本丰裕、劳动力资源、邻近大学与科研机构等构成开发区区位抉择的重要因素。马莱茨基和尼茨坎普（Malecki & Nijkamp，1988）更是较为详细地提出了研究机构、熟练劳动力、政府支持研发活动力度、创新氛围环境等特殊区位条件是高科技园区发展的根本因子。

在国内，相关研究主要从以下三个方面展开：一是涉及开发区区位选择的分析，如王缉慈（1998）指出劳动力素质、信息网络、基础设施、创新氛围等因子影响开发区的持续发展能力。二是开发区主导产业与空间集聚的研究，如胡森林等（2020）、唐承丽等（2020）就长江经济带开发区产业演化、空间分布以及产业集聚进行研究，得出资本技术密集型产业多集聚在长江经济带东段城市，而劳动密集型产业则集聚在长江经济带中、西段城市，也即在长江经济带开发区产业结构高级化存在上、中、下游空间分异特征。三是开发区空间分布影响因素的探析，如焦贝贝等（2018）提出经济发展水平、宏观政策环境和地域环境（基础设施、信息化水平、营商环境等）等影响开发区空间分布。综上可见，区位选择研究的核心旨意即开发区如何在初期更大程度地吸附资本、劳动力、技术等要素资源，以在平滑空间中建设黏着点（sticky places in slippery space），而这也是我国多数选址于城市边缘区的开发区所要关注与解决的问题。

2.2.2 发展模式归纳

近几十年，创新区域经济发展模式一直是实践者孜孜探索与追求的，而这也是学者重点关注的学术领域。其中，开发区作为实施特殊体制、政策和管理手段的制度空间，其发展模式受到广泛关注。在国外，如阿米特和格莱塞（Amit & Glaeser，1997）、卡林卡泽奥克斯（Carrincazeaux，2001）等学者认为高科技园区发展主要是依靠企业、科研机构或大学自发开展研发及商业化活动而形成的"自下而上"型模式；而如库珀（Cooper，1985）、卡斯特和霍尔（Castells & Hall，1994）、戴克（Dijk，2003）等人则站在另一面，认为政府规划和政策诱导高科技园区形成"自上而下"型模式，其中卡斯特和霍尔的《世界的高科技园区：21世纪产业综合体的形成》（*Technopoles of the World：The Making of 21st Century Industrial Complexes*）一书中提出高科技园区有四种主要发展模式，包括科学园、科学城、国家高技术城和技术带，并认为园区政策是其发展的关键。

在国内，顾朝林和赵令勋（1998）指出可以将我国开发区发展模式划分为创新孵化型、研究开发型、出口加工型三种主要类型。其中前者依托区内外先进技术资源，开展基础性研究，以加速区域产业的新陈代谢，包括企业型、公共型孵化器等载体；中者指实现基础研究的产业化开发与应用，园区通常布局在北京、上海、深圳等大城市；后者是指工业产品制造与生产，发展外向型经济，园区通常选址在我国东部沿海或中西部沿江区域。熊军和胡涛（2001）则认为我国开发区是在优惠政策供给下，以外商独资、中外合资企业为主，利用廉价劳动力和外商的全球市场销售网络发展的模式。此外，曹贤忠和曾刚（2014）、魏宗财等（2015）、何则等（2020）学者对开发区转型升级的发展模式进行了探讨。总体来讲，对硅谷、筑波科学城以及中关村等国内外开发区发展模式与类型的研究，为我国特定阶段开发区乃至区域探索特色化发展实践提供了指引。

2.2.3 多维绩效评价

自开发区或高科技园区在全球不同城市与区域建设以来，绩效评价作为开发区研究核心议题始终相伴其间，投资环境、创新能力、发展效益等构成相异阶段绩效评估的不同面向。其中，投资环境评价多呈现定量研究与策略建议相结合的特征，1987年美国学者麦可基（Makecki）较早构建了评价指标体系，从科技人才和风险资本的流动性等角度进行高科技园区投资环境评估；而国内，王毅（2005）识别出西安开发区在创新环境、金融服务、社会环境等软硬环境方面存在问题；吴水龙和卢泰宏（2009）则基于关键因素法，探索性地构建了开发区外商投资环境评价指标体系。自1992年国家科技部开展高新区综合评价以来，以高新区为主要对象的创新评价研究便层出不穷，如张伟等（1998）构建13个创新能力评价指标，开展了52个国家级高新区的创新能力评价。国内"开发区热"演进到90年代后期，开发区出现盲目性和从众性建设，愈加显现产业结构同构、生态环境破坏、大量耕地圈占等综合效益低下问题，从而推动同期研究热点转向以土地利用为对象的效益评价，如葛澄清和熊伟（2005）、班茂盛等（2008）、朱传军等（2009）、彭浩和曾刚（2009）等基于全国、北京、武汉、上海等不同地域和尺度开展全局、多例或单体的开发区土地利用经济—社会—生态效益以及投资效益等分析研究。

同时，近些年，紧扣我国开发区创新驱动发展要义，创新研究逐渐向以R&D、专利量等指标为表征的集群创新、创新转型、集群绩效等维度演进。像滕堂伟和曾刚（2009）聚焦上海张江高技术园区案例，阐述了全球价值链下张江高技术园区的产业集群升级模式、建设路径及其响应策略；欧光军等（2018）对我国56个国家级高新区的集群创新生态能力进行了实证分析，发现高新区创新生态能力普遍不强；陈升和王京雷（2019）探索构建了开发区创新转型评价模型，并以重庆开发区为实例进行了测度，得出重庆开发区发展存在创新转型水平较低且空间分布失衡等诸多问题。此外，科技部火炬高

技术产业开发中心、中国高新区研究中心的《国家高新区创新能力评价报告
（2020）》则从创新资源集聚、创新创业环境、创新活动绩效、创新的国际化和
创新驱动发展 5 个维度，利用 25 个二级指标测算得出：从基期 2010 年开始
到 2019 年，国家高新区创新能力总指数从 100 点提升至 326.4 点，国家高新
区整体创新能力不断增强，创新发展水平不断提升。纵观国内文献可以发现，
开发区多维绩效评价多以开发区"筑巢引凤"招商引资、产业技术创新、投
入—产出效益等生产功能视角展开，较少涉及社会文化层面内容，侧面也说
明开发区注重生产而相对忽视社会文化的发展逻辑根深蒂固。

2.2.4 经济效应分析

开发区的建设及其规模扩张与创新能级提升，渐而带来集聚经济以及对
地方经济形成产业扩散、创新外溢、就业提升等影响，由此开发区经济效应
论域受到国内外学者和实践者广泛关注。Wang（2013）利用中国城市数据
集评估开发区对当地经济的影响，得出开发区建设不仅通过公司搬迁增加了
外国直接投资，且其使工人的工资增长超过了当地生活成本的增加；席强敏
等（Xi et al.，2021）运用新经济地理模型进行开发区生产性服务业生产率
优势评价，得出开发区正向促进了生产性服务业的生产力，而集聚效应是其
中的重要源泉；在持较为负面的观点方面，诺伊马克和科尔科（Neumark &
Kolko，2010）论证认为高新区并未带来区域就业能力的提升。此外，库斯马
诺（Cusmano，2000）、迈耶－斯塔默（Meyer-Stamer，2002）等学者探讨了
技术溢出、网络关系、合作创新等话题，而国内学者也开展了类似议题研究。
如赵建吉和曾刚（2013）就张江高科技园区集成电路产业创新研究中，发现
作为本地蜂鸣—全球通道中间介质的技术守门员促进了科技创新知识的流动
及本地企业学习创新；廉军伟（2016）探讨了新昌高新技术产业园区内的企业
研究院创新溢出效应，认为其对园区综合创新能力、产业转型升级等均产生
正向促进作用。

此外，国内学者也探讨开发区对不同空间尺度的经济发展、分工合作、
产业结构等方面的影响。如王缉慈（1998）认为，开发区能通过产业联系诱
使产生新的制造业活动、促使本地经济增长以及发展城市化经济；刘瑞明和赵
仁杰（2015）认为高新区显著促进了地区 GDP 及人均 GDP 增长，但是作用呈

现随城市等级由低到高边际递减的规律特征；郑智等（2019）指出经开区建设对中国经济格局产生影响，其溢出效应进一步强化了中国东部地区经济优势。再则，刘京和仲伟周（2011）认为开发区存在的孤岛经济等诸多问题，导致其难以突破自身制度空间界线与周边区域形成合理的产业分工和创新结网；袁航和朱承亮（2018）采用双重差分法评估了高新区对产业结构转型升级的影响，得出高新区虽然促进了产业结构高度化的量，但未显著促进产业结构高度化的质和产业结构的合理化，即未推动中国产业结构转型升级。邓慧慧等（2019）测度了我国开发区政策的空间效应性，指出长期效应下的开发区发展未显著缩小地区经济差距。由此可见，因为相关研究在度量指标与模型选取方面的差异，造成结论落脚在开发区"扩散效应""极化效应"或"回程效应"孰多孰少上还存在些许分歧，而这种争议也为继续深化开发区经济效应研究提供了可能。

2.2.5 治理方式探究

在我国开发区的设立、建设与发展过程中，实施特殊管理体制可以说是其突出特征。故而，与欧美等发达国家自发形成的高科技园区不同，我国开发区的管理体制、府际和区政关系、区域合作治理等"例外"议题为学者所长期关注。在管理体制方面，学者们普遍认为我国开发区管理主要存在政府治理型、企业治理型和政企合作型三种模式，其中在政企合作模式之外，地方实践中也新出现了"政府—行业协会—企业"治理形态，即由行业协会成立公司，对园区采用市场化方法进行开发和运营，从而避免了"管委会—公司"统合管理体制因政府与企业"主客同体"而导致的公权力"遁入私法"的问题（谷志军，2019）。进一步的，倪星和黄天梁（2019）援引周黎安的"官场+市场"理论分析框架以及洪源远的"共演理论"，提出我国开发区管理体制变迁存在政府与市场共谋、共塑、共演的内在逻辑，即第一次创业阶段实施"弱制度"发展市场、第二次创业构造"强制度"维护市场，而第三次创业推动"制度变迁"回应市场。此外，在治理困境与转型方向上，钱振明（2016）、黄建洪（2019）、孙崇明和叶继红（2020）等提出我国开发区初设管理制度日益陷入体制复归与钝化、功能不适、效能递减等"内卷化"的尴尬境地，未来需要构建开放式管理体制、创新优惠政策激励方式、营造在地性创新系统等。

我国开发区并非行政区，而是中央—地方政府通过以地域重构和尺度重组方式切块植入原有行政区范围的"第三区域"（陈国权和毛益民，2015），因而开发区的府际和区政关系议题颇受学界关注。如吴金群（2019）探讨开发区治理模式关键由"政企统合"向府际关系演进，认为开发区管委会与上级政府、属地政府、周边地方政府等治理主体关系，将走向网络式、科层式和契约式等复杂化协同网络模式。有学者进一步从制度空间演变视角审视，提出开发区将会从制度入侵中的"区政分割"向制度冲突的"准政府"过渡，并最终演进为制度融合中的"区政合一"模式（曹姝君等，2018），特别是像开发区托管行政区这种中间产物将因法律地位与性质不清而退出历史舞台（胡丽燕，2016），而其背后缘由在于新时代下国家治理体系和治理能力现代化、行政区划刚性约束、地方政府府际从竞争走向合作和共赢等结构与功能方面的叠套作用要求（李云新和文娇慧，2018）。再则，部分学者关注到开发区在区域尺度层面上的一区多园、飞地经济或共建园区等合作模式并展开探究。如张京祥等（2011）从区域合作治理视角管窥江阴靖江园区空间生产，认为其促进了区域资本增殖和空间重构；苏文松和方创琳（2017）厘清了京津冀三地共建高科技园区存在产业梯度转移、科技产业孵化转化、市场合作驱动等多种协同发展动力机制。综上可见，我国独有的开发区治理体制机制总体上是属于"渐弱式市场替代体制"的，而更多研究也顺应了我国经济社会结构变迁下开发区治理方式迭代演进的客观需要。

2.2.6 文化经济地理深描

进入 21 世纪，在全球步入认知—文化经济时代、我国开发区处于"第二次创业"向"第三次创业"演进的特定历史语境下，国内外开发区研究热点开始转向（社会）文化经济地理研究，关于开发区的"产城分离"、割裂东道区社会文化、影响城市空间结构等方面的讨论逐渐增多。其中，斯科特（Scott，2003）对南非德班工业区开展案例研究，指出开发区建设剥夺了原住民土地，且改变了生产和生活方式，由此诱发社区居民因地方认同和集体记忆而对开发区的抵抗；Yang 等（2019）基于社会融合理论视角，通过对南沙经济技术开发区移民和非移民生计的多维性质及其满意度研究，得出移民的总体生计水平显著低于非移民，特别是在社会和物质层面；孔翔和陈丹（2016）、李一曼和孔翔（2020）通过长沙、上海等地案例研究，认为权力、资本等政经力量主导的开发区，生产了割裂发展历史、具有均质化的商品化空间产品，其间往往伴随大规模农地开发、旧村拆迁、原住民搬迁、外来劳动力涌入等创造性破坏过程，且闫志明等（2016）、孔翔和顾子恒（2017）认为这些都使得开发区土地利用覆盖、物质（建筑）景观等与周边区域形成巨大分野，以致空间烙印上断裂特征；再者，孔翔等（2014；2018；2019）认为开发区空间生产显著改变了地方人口社会结构、物质与文化景观以及社交网络等社会空间，不断消弭地方性，以致开发区成为人地关系、人人关系紧张的空间。

与此同时，部分学者从空间联系视角探讨开发区与母城或新型城镇化的互动关系，以及从转型视域探讨开发区的社会化发展。如王战和和许玲（2006）言明开发区建设带来城市社会新富裕阶层、中等收入阶层和贫困阶层分化，以及社会空间分异问题；高巴茨（Gaubatz，1999）认为开发区对中国城市空间结构产生深远影响，诱导像北京、上海、广州等大城市的空间结构与形态由单中心向双核结构或连片带状演变；同样，耿甜伟和李九全（2018）探讨了西安开发区与城市结构演化的关系，得出开发区引导城市空间结构由单中心向多核心转变的类似结论；陈小卉等（2019）基于江苏实践，认为我国区域高质量发展下的开发区转型发展应该聚焦关注城市空间重构、创新网络培育与消费型空间营造；陈宏胜等（2016）则诠释了开发区的"社会—空间—经济"转型理念与内涵，并提出赋予就业者主体地位、构建宜居型空间、强调社会效益等转型发展路径。概而言之，在新型城镇化、经济高质量发展、开发区"第三次创业"背景下，我国开发区研究在关注产业经济发展的同时，愈加关注社会文化经济地理方面，但相关研究开展还属于起步阶段，文献成果不是很多。

2.3 开发区文献的研究述评

从文献的系统梳理来看（见图2-2），我国开发区的建设与发展备受经济地理学、产业经济学、城市地理学、城乡规划学等相关学科关注，学者们基于不同学科、不同方法对开发区区位选址和规划布局、土地集约节约利用、产业（创新）集群、创新绩效等多维论域开展了卓有成效的探讨，凸显出不同时代背景、演进阶段赋予开发区的不同发展内涵与诉求（李一曼和孔翔，

2020）。然而，从新时代发展置于开发区的相关要求，以及人文地理学研究的前沿动态来看，既有研究仍存有些许不足：第一，在本体论上，多数研究仅是将开发区这一空间视为社会生活展开的载体、背景与容器，导致分析停留于既有范式内的论述与解答，缺乏基于新范式、新理论省察开发区发展进程中凸显的全球价值链低位阶锁定、"产城分离"、"区政分离"等诸多问题表象背后的内在深层机理。第二，在方法论上，追求普适性空间法则的逻辑实证主义似乎仍为开发区研究的主流方法论，即偏向于运用空间科学方法描述和解释空间中的"自然"现象，包括空间区位选择、空间结构形态、空间产出效益等，鲜有研究采用或结合（后）结构主义、人本主义、后现代主义等方法论视角开展兼具批判精神和人文关怀的分析。同时，面对作为复杂巨系统的开发区，其相关论域研究多限于单一学科内部，局部地进行描述与分析，鲜有分析涉及跨学科交叉融合的框架构建与探讨。第三，在尺度观上，既有文献多着眼全球、国家、城市尺度及其相互关系，缺少关注全球、国家、城市、家、个体等多尺度的相互关系，特别是落脚在开发区与母城特别是周边乡镇的互动关系与协调发展，以及围绕人的发展议题等方面。一言以蔽之，现有开发区研究存在的不足，需要新范式、新理论予以响应与省察，从而形成更加符合新时代发展要求的研究成果。

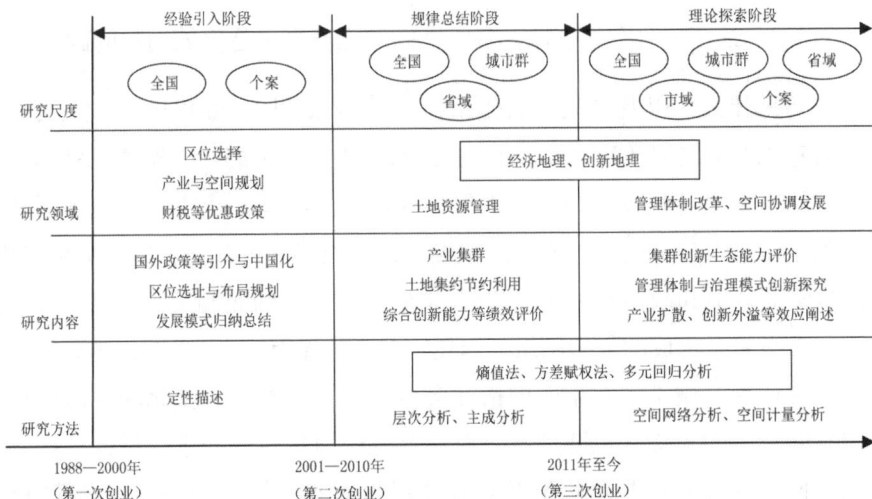

图 2-2　中国开发区既有研究热点演化图谱

2.4 开发区研究的探索方向

2.4.1 援引空间生产理论，批判性认知开发区本质与生产逻辑

就本质而言，我国开发区是中央—地方政府试图通过地域重构与尺度重组方式，将地方空间培育成现代化产业空间，并将其纳入全球生产网络的战略性制度空间，亦是全球流动性中的资本征服地方空间并使之成为获取剩余价值、实现增殖的场域。由此可见，新自由主义全球化下，开发区作为"流动空间"的形式之一，势必形成对"地方空间"的征服、占有和支配，而这种征服可以从多个维度得以解构（李一曼和孔翔，2020）。进一步的，从宏观性结构中审视开发区"作为结构的过程"，其在全球化下遭遇的区域创新能力不强、"产城分离"、"区镇割裂"等尴尬境地，可以说与下垫面的权力、资本等政经要素作用而导致不平衡地理发展存在密切关系。因此，借由以批判性视角省思政经力量作用空间逻辑见长的空间生产理论，揭橥开发区本体即开发区"是什么""为什么会发生"，以及空间生产过程中衍生的诸多矛盾问题，不失为一种视角与方法，而其已成为诠释大学城建设、文化街区复兴、城市中央商务区跨国生产的典范性理论，也应用到对中观尺度下区域发展不平衡、城市化的解读。

2.4.2 站在社会空间视域，多维面向解构开发区生产的衍生问题

空间是什么，以及空间有何作用，在成为20世纪70年代整个人文社会科学的基本发问之时（王志弘，2018），列斐伏尔给出的让人振聋发聩的观点是，空间里弥漫着社会关系，它不仅被社会关系支持，也生产社会关系和被社会关系生产（Lefebvre，1991）。相类似的，马西（Massey，1994）也提出，空间自然而然地和政治有关联，"究其本质而言，空间充满了权力和符号，是统治与屈服关系构成的复杂网络，当然也包含团结互助"。当下，马克思主义地理学者认为，城市空间生产即指社会行动者在其经济、文化和政治结构中生产空间机制的含义，也即资本、权力等政经力量对空间进行设计、开发与利用，使其成为介质与产物以及对其使用价值和交换价值进行博弈的过程，而这一生产过程必然衍生不均衡地理发展、空间剥削、空间排斥等空间非正

义问题（马学广，2010；刘云刚和王丰龙，2011；Cresswell，2013）。中国开发区作为全球第三次城市化浪潮中的重要空间形态，势必成为政经力量竞相争夺的空间，也必然伴生多重社会空间矛盾问题。然而，面对空间生产的权力意义已远超单一学科学术命题之时（刘云刚等，2015），现有对开发区巨系统的研究却还仅停留在特定学科内部，较少涉及从多学科交叉融合的视野去认知与解构开发区及其相关问题域，而这将导致无法从总体上对开发区的独特生产逻辑及其社会空间问题加以理解和把握。因此，有必要站在社会空间视角，探索构建马克思主义地理学为主并融合多学科交叉知识概念的分析框架，条分缕析开发区空间生产衍生问题，以推进开发区的可持续发展。

2.4.3　把握不同尺度关系，理解多层复杂因素作用开发区的机理

20 世纪后半叶来的"全球重构"，以及国家调节模式和积累体制转向新自由主义—后福特制（马学广，2017），由此促使空间凯恩斯主义治理路径让位于新区域主义空间治理，全球、国家、地方等多尺度空间在社会、经济、文化等方面联系日趋紧密，且存在相互影响与建构的辩证关系。由此，泰勒（Taylor，1982）将权力关系（等级）与空间结构对应，提出"全球—国家—地方"尺度体系，以表征现实尺度、意识形态尺度和日常体验尺度；再者，博任纳（Brenner，2005）从社会建构主义视角将现实尺度等级化为身体、地方、城市、区域和全球五级尺度；史密斯（Smith，2012）则将尺度划分为身体、家、社区、地方、区域、国家、全球七级尺度。可以说，尺度是近些年国内外人文地理学"新区域主义"研究领域中的热点，也是进行社会空间分析的核心词语之一。而众所周知，我国开发区是中央—地方政府通过地域重构和尺度重组来链接全球的制度空间，因而全球与地方是审视开发区空间生产的重要尺度之一，除此之外，国家、城市、家、身体等不同尺度亦嵌套其中。然而，纵观开发区既有文献，相关研究缺乏基于多元尺度视角探讨开发区相关议题，研究尺度断层势必影响对不同尺度因素复杂而持续作用下开发区相关问题的系统性解构与理解。因此，开发区研究需要从全球、城市、地方等多重尺度视角切入，理解新自由主义全球化、新型城镇化、区域的社会建构等不同尺度中复杂因素套叠作用其空间生产的深刻影响，这样才能全面把握开发区空间生产的内在机理。

第三章　我国城市边缘开发区"区镇割裂"的理论解释

在资本展开新自由主义全球化，国家和城市失去其固有边界而被流动性所重构的时候，我国开发区作为改革开放后以地域重构和尺度的相互嵌套方式来链接全球的、与产业和经济增长有关的资本地域化的制度空间，其空间生产过程存在流动性的空间与经验性的地方之间的矛盾张力，而突出表现形态之一即"区镇割裂"现象，其甚为显著地存在于城市边缘开发区实例上。故而，本章结合既有相关理论与研究成果，首先，梳理我国开发区发展历程，并厘清新自由主义—后福特制下开发区空间生产的内在逻辑，再据此诠释城市边缘开发区"区镇割裂"的内涵特征与基本属性；其次，在引介社会空间辩证法基础上，援引列斐伏尔"概念三元组"方法论，构建一个多学科交叉知识组成的中国城市边缘开发区"区镇割裂"分析框架，以批判性空间视角审视城市边缘开发区与周边乡镇的社会空间割裂关系。

3.1　我国开发区的发展历程

20 世纪 70 年代末开始的经济特区、家庭联产承包、乡镇企业与个体经济被科斯和王宁（2013）认为是中国的四大"边缘革命"，而我国开发区的创设是推广深圳等经济特区成功经验的渐进式改革策略之一。从 1984 年第一批国家级经济技术开发区设立，到 1988 年"火炬计划"后中关村地区新技术开发试验区建设，再到 2018 年国家又批复湛江、荆州、九江共青城等 12 家高新区升级为国家级高新区，于 2021 年走过 37 年风雨历程的开发区已然成为中国对外开放的重要窗口，以及推进工业化和城镇化的重要空间载体，并对区域经济发展、产业结构调整、城市空间重构等产生深远而根本性的影响。回溯 1984 年以来的发展演进历程，根据开发区发展"大事件"和学者们既有研究的归纳总结，我国开发区大致经历了第一次创业（1984—2000 年）、第二次创业（2001—2010 年）和第三次创业（2011 年至今）三个阶段。详情如图 3-1 所示。

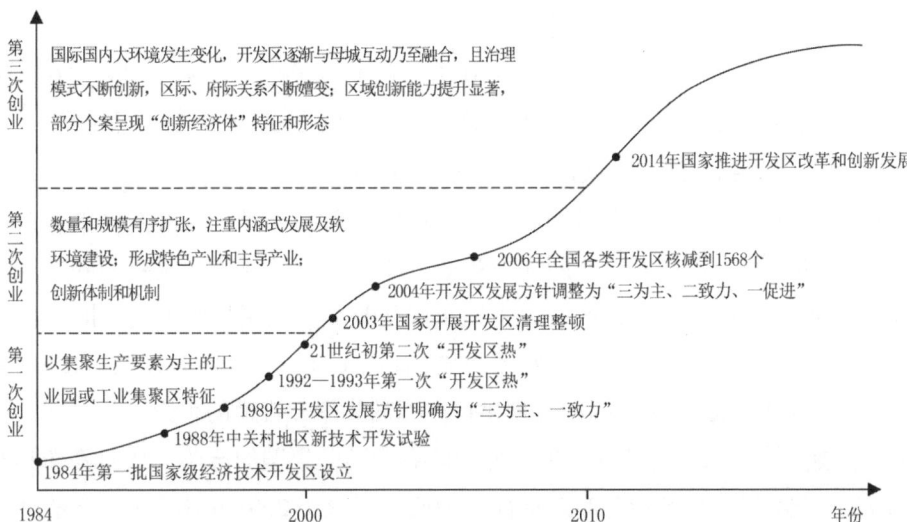

图 3-1　中国开发区发展历程和阶段特征

注明：地方政府派出管理机构——管委会进行开发区管理是目前国内开发区的典型治理模式，称之为政府型治理模式，当然其中有少数管委会转成（准）一级成建制政府。除此之外，我国少数开发区还存在企业型治理和政企型合作两种治理模式，前者为独立开发公司进行管理，后者为政府与企业合作进行管理。

　　第一阶段是 2000 年之前，称为"第一次创业"阶段。在借鉴 1979 年设立的深圳、珠海、汕头、厦门 4 个经济特区发展经验的基础上，国家于 1984 年开启 14 个沿海开放城市战略布局，并在其中建设一批经济技术开发区，旨在推进国家工业化，增加区域经济总量；随后出于科技进步与发展需求，国家又在 1988 年实施"火炬计划"并设立高新技术产业开发区，以求最大限度地把科技成果转化为现实生产力。然而，由于正值改革开放探索时期，再加上国家工业经济基础薄弱和城市基础设施落后，处于工业化初期的我国各地开发区基本上走的都是"先工业"或"先生产"的发展道路，即通过聚焦"七通一平"等基础设施建设和利用特殊优惠政策招商引资，快速聚集建设用地资源、全球盈余资本、农村剩余劳动力等生产要素，进而形成产业发展基础以及产业经济规模（王胜光和朱常海，2018），以此在"进口替代型"向"出口导向型"贸易战略中向全球市场供给廉价商品，同时满足中国人民压制已久的商品需求，即调和人民日益增长的物质文化需要同落后的社会生产之间的矛盾（李凯和王凯，2019）。

第二阶段是 21 世纪的第一个 10 年，称为"第二次创业"阶段。20 世纪90 年代以来，尤其是邓小平南方谈话后的 1992—1993 年和 21 世纪初年，全国各地从沿海到内陆、大城市到中小城市掀起两次"开发区热""园区热"，其势方兴未艾，甚至出现"镇镇建区、乡乡办园"现象。然而，开发区的数量和规模高速膨胀，也引发了空间无序扩张、生态环境破坏、产业空间同构等负外部性问题，特别是地方政府为了追求经济政绩，层层加码下盲目圈占耕地资源建设开发区，以致多数开发区凸显"征而不开"、"开而不发"、耕地闲置等问题；此外，为了短时间内实现生产要素的集聚和规模的扩张，开发区大量招引"剜到篮子就是菜"的价值链低位阶、劳动密集型的产业，从而暴露其典型的有"躯体"无"头脑"形态特征。为此，国家于 2003 年出台《关于清理整顿各类开发区加强建设用地管理的通知》（国办发〔2003〕70 号）重磅文件，旨在促进各类开发区有序发展和土地资源的可持续利用。与此同时，2004 年，开发区发展方针动态调整为"三为主、二致力、一促进"。开发区的清理整顿及其发展方针的调整，预示着其发展进入以"第二次创业"为主要特征的转型期（罗小龙等，2011）。

第三阶段是 2011 年至今，称为"第三次创业"阶段。按照历次技术革命演变规律，经济危机往往引发下一轮重大科学技术革命（刘鹤，2013）。2008年金融危机催生的第四次技术革命，无疑将科技创新的重要性提升到新高度。在这一情景下，党的十八大审时度势确立"建设创新型国家"宏伟目标，而这赋予开发区改革创新的新使命。结合理论界既有研究可得，以发展方式、环境、产业、市场、体制机制 5 个向度为内容的开发区"第二次创业"并不彻底，而以"第三次创业"为主要内容和特征的开发区改革创新发展，则指向开发区的"全面创新"阶段,落脚在产业转型升级和体制机制创新面向,即"创新经济体"的建设和新型城市新城新区的形塑,包括推进创新要素集聚、创新环境与氛围营造、管理体制与治理模式创新等命题。诸如,王胜光和朱常海(2018)提出开发区"第三次创业"即是营造创新经济生态继而建成"创新经济体"的内涵与目标取向。罗小龙等(2011;2015)通过对苏州工业园等案例的研究,认为开发区"第三次创业"除内涵创新环境议题之外,更内蕴开发区从单纯工业园向城市新城转变,以及治理目标从促进经济增长向城市综合管理转型的逻辑。当然,相较"第二次创业"与"第一次创业"的界限分明,"第三次创业"更多是"第二次创业"的一种延续、承继而非断裂,"第三次创业"既要完成"第二次创业"的遗留任务,又要响应时代发展赋予的新命题(战焰磊和韩莉,2015)。

历经三十余年的发展,中国各类开发区数量庞大且分布范围广泛,形成了多层次、全方位的对外开放格局。根据《中国开发区审核公告目录》(2018版)审核结果显示,全国共有国务院审批设立的开发区 2543 个,其中国家级开发区 552 个,省级(自治区、直辖市)开发区 1991 个。截至 2021 年 6 月底,国家级经济技术开发区和高新技术产业开发区数量分别达到 219 家、169家,实现全国省级行政单元全覆盖、334 个地级政区平均每个拥有约 1.2家,且在全局上形成"东密西疏"分布特征,局部上则形成以"城市群—中心城市"为依托的空间分布格局,即呈现在长三角、京津、珠三角等城市群区域,以及中心城市(如武汉、长沙、成都等省会城市)及其周边区域集聚的空间格局特征(胡森林等,2019)。

3.2 我国开发区空间生产的内在逻辑

3.2.1 政府企业主义下的空间治理

1980 年以来的后经济危机时代,发达资本主义国家的社会与政治调节方式发生转变,传统凯恩斯福利国家调节让步于新自由主义政经思潮下的全球地方化竞争国家体制调节模式,地方政府愈加趋向企业化、公司化经营。对此,莫洛奇(Molotch,1976)、洛根和莫洛奇(Logan & Molotch,1987)觉察城市管理主义治理模式处在不断消退之中，提出城市"增长机器"（growth machine）和"增长联盟"（growth coalition）理论，诠释地方政府与资本家等食利者群体（rentiers）结成非正式联盟关系，最大程度推动城市经济增长的机制。同期，哈维（Harvey，1989）提出"城市企业主义"概念，以表征城市治理领域大量出现的"公私合作"现象，也即城市管理联合地方、区域、国家或者超国家的国家权力与商会、工会、教会等组织机构、私人利益攸关者，共同推动城市与区域经济社会发展；进一步的，哈维（2017）总结城市企业主义具有四类基本特征或选择：第一，国际劳动分工的竞争，意味着创造出独特的优势用于货物和服务的生产；第二，城市地域可通过改善消费的空间分化来提升竞争地位；第三，城市企业主义也表现为对金融服务、科技创新、信息加工等关键控制与命令功能设施的争夺；第四，各城市开展对中央政府转移支付的竞争。此外，霍尔和于巴尔（Hall & Hubbard，1996）将城市企业主义界定为政府公共部门从"福利"供给者转向旨在培育和鼓励地方经济增长的角色，且越发具有私人部门或企业家的特征——冒险性、创造性和利润动机性。杰索普和萨姆（Jessop & Sum，2000）则借鉴熊彼特企业创新理论，更为明晰地界定城市企业主义包括新城市空间、新空间生产方法、新供应来源等五种表征形式，具体见表3-1。一言以蔽之，城市企业主义包括外包和公共服务的竞争性招标和公私伙伴关系。

表3-1　城市企业主义特征及主要内涵

熊彼特企业创新理论特征	杰索普和萨姆 城市企业主义特征	主要内涵
新产品	新城市空间	划分生产、工作、消费等活动的新城市空间形式
新技术	新空间生产方法	发挥城市特定区域在生产产品、服务等方面的地方优势
新市场	新市场	开辟城市新的区域销售市场或重构原有消费空间
新材料	新供应来源	寻找劳动力和中央财政资金等新的供应源
新生产组织方式	新城市定位或城市等级	重构城市在城市体系中的等级地位

资料来源：Jessop and Sum，2000。

晚期资本主义国家新自由主义思潮中的全球地方化竞争国家体制调节模式转向，同步促使空间治理模式由凯恩斯主义空间治理向新区域主义空间治理嬗变，由此导致国家空间作为自我封闭且被动接纳社会经济活动的地理容器角色被不断削弱，而国家行政和政治机构在区域社会建构方面的调控能力逐步强化，如列斐伏尔在《空间的生产》书中写道："国家的行政和政治机构已不再只满足于以抽象形式干预资本投资……今天，国家与其官僚和政治机构持续干预空间，并以空间作为工具，通过经济领域的各机构干预这个领域的所有层面。"（布伦纳，2008）。在博任纳（2019）看来，全球地方化竞争体制下的新区域主义空间治理模式的主要特质在于：其一，某些重要的经济管制权被下放到次国家层级的机构；其二，关键的社会经济资产重新集中到最具全球竞争力的城市与区域，或者产业区。也就是说，城市与区域不可避免地置身于外部多重社会、经济和政治过程之中，不再被视为对外封闭、自我中心以及依附国家尺度资本积累的次国家组织，而是成为"世界经济和地域国家之间高度矛盾的交织之地"（布伦纳，2018）。于是，全球范围的城市与区域在空间重构中浮现诸多联系紧密的全球化新空间形态。譬如，萨森提出的"全球城市"（global city，例如纽约、巴黎、东京等城市成为跨国公司总部以及国际金融、信息传播与处理的中心）、索亚描述的"超级都会区"（exopolis，类似苏黎世地区、法兰克福／莱茵—美因、香港／广东等）、斯科特提及的"全球城市—区域"（global city-region，如我国以上海全球城市为中心的长三角城市群）、博任纳论及的欧盟城市管治尺度重组、西欧新国家空间生产等超国家空间和次国家空间；再者，就是众多城市内部自由贸易区、高科技园区、城市新区等的涌现。

正是在这一特定的、不断变化的时空背景和条件下，中国于1978年开始实行对内改革、对外开放政策，并继而开启了以分权化、市场配置资源等面向上的政府治理模式改革，包括领导晋升标准、财政包干制和分税制等内容，以至形成现在介于韦伯意义上的官僚科层制和纯粹的外包制两者间的纵向"行政发包制"，以及以GDP挂帅的横向"政治锦标赛"为主要特征的央—地关系，其中"政治锦标赛"下的政企关系、政商关系又被深深打上了"官场＋市场"运作的烙印，也即中国地方政府具有"准公司"的性质，会主动向企业伸出"帮助之手"而不是"掠夺之手"或"无为放任"。正是这种中国特有的官员激励和政府治理模式被周黎安（2017）、李稻葵（2020）等学者认为是解释中国过去40年经济高速增长奇迹的重要制度源泉。与此同时，中国政府的企业主义致使空间治理模式向新区域主义转型，亦即地方分权改革的一个显著特征是地方政府纷纷采用倾斜性相关策略和项目生产"以点带面"式差别性空间，突出表现为国家与地方试图通过增长极和特殊经济区（special economic zone）等与产业和经济增长有关的空间定向（spatial targeting）或者说空间选择（spatial selectivity）方式，形成特定空间嵌入全球新国际分工体系（苗长虹，2004；魏成等，2011）。具体空间上的实践则体现为经济特区、城市新区（浦东新区、滨海新区、舟山群岛新区等）等策略性制度空间建构，以及北京、上海等全球城市抑或世界城市建设和镶嵌在城市中的国家级经开区和高新区、中央商务区、中央活动区等空间生产实践。而其中，开发区作为我国制度空间赋权和政策试验的先行区，正是改革开放后，中央—地方政府试图通过地域重构和尺度的相互嵌套方式来发展的"新型产业空间"，以此形成"地方—全球"经济链接、吸引全球盈余资本投资，进而促进国家和区域经济增长。

3.2.2 资本时空修复下的积累场域

20世纪60年代以降，面对普遍经历的周期性经济危机，西方发达资本主义国家政府都不约而同地选择时间转换、地理扩张和空间重组方式来化解危机。这一方面促进全球资本积累体制向具有"柔性专业化"（flexible specialization）生产方式的后福特制转型，即资本通过交通与信息新技术降低生产对空间邻近性的依赖，进而实现产业链的全球分工与重组；另一方面促使发轫于英国与美国的、撒切尔夫人所说"别无选择"（there is no alternative）的新自由主义全球化经济意识形态经由1989年"华盛顿共识"推广到全球并裹挟着世界滚滚前行，世界也由此进入基于新国际分工的全球经济一体化新时期，并掀起了第二、三次国际产业梯度转移浪潮。这时候，国家和城市边界被资本的"流动性"所重构，城市与区域更多时候被阿明和思里夫特（Amin and Thrift，1992）、斯托波和斯科特（Storper and Scott，1995）等世界著名城市理论家、经济地理学者视为"全球网络中的新马歇尔中枢"、"全球区域拼凑"中灵活专门化的地方集群。在典型空间形式上，出现如"第三意大利"的新产业区（new industrial district），以美国东海岸洛杉矶为首的新产业空间（new industrial space）快速崛起为"阳光地带"，以底特律为代表的美国传统产业区则衰落为"霜冻地带"或曰"铁锈地带"；再如，20世纪后期以来的国际产业第三次梯度转移，即日本、联邦德国向亚洲"四小龙"和部分拉美国家转移机电、纺织等劳动密集型产业，欧美日等发达国家和亚洲"四小龙"等新兴工业化国家把劳动密集型产业和低技术型产业向发展中国家转移，特别是向中国东部沿海地区迁移（王国平，2013）。

新产业区、新产业空间、国际产业梯度转移等空间现象的浮现，根本逻辑是资本为了最大化追逐"超额剩余价值""价值地理转移"而不断生产空间、占有空间的结果。亦如，马克思和恩格斯早在19世纪中叶发现的，"美洲的发现、绕过非洲的航行，给新兴的资产阶级开辟了新天地。东印度和中国的市场、美洲的殖民化、对殖民地的贸易、交换手段和一般商品的增加，使商业、航海业和工业空前高涨，因而使正在崩溃的封建社会内部的革命因素迅速发展"（马克思和恩格斯，2018）。与马克思叙事话语相类似的是，哈维（2019）在《新帝国主义》（*The New Imperialism*）中将上述现象概念化为"时空修复"（temporal-spatial fix），指出资本主义的经济危机多为生产过剩，并非供给不足，而时空统筹和协调（时间延迟和地理扩张）可成为解决过度积累危机的重要方式，因此腐朽的资本主义并未像马克思所预言的那样，走向灭亡。特定地域系统的过度积累意味着该地域出现了劳动力盈余（不断上升的失业率）和资本盈余（市场上大量没有卖掉而只能亏本处理掉的商品，表现为闲置的生产能力和/或缺少生产性和赢利性投资的货币资本的盈余），而这种盈余通过以下方式得到消化与吸收：（1）投资长期资本项目或教育、科研等来进行时间转移，以推迟资本价值在未来重新进入流通领域的时间；（2）在别处开发新市场，以新的生产能力和新的资源、社会和劳动可能性来进行空间转移；（3）某种程度上前两者的结合。同时，哈维也进一步指出"时空修复"只可能暂时缓解或推迟过度积累和经济危机，但无法调和资本主义基本矛盾，经济危机最终还是会爆发，只是时间早晚问题。按照上述论述，其实可以将"时空修复"拆解为"时间修复"和"空间修复"两个维度予以理解，而"空间修复"是哈维解释资本全球化和空间化的核心概念（赵海月和赫曦滢，2012）。

唯有从农村的小农经济走向城市的工业经济，才能推动国家现代化，才能实现民族国家伟大复兴，而任何早期工业化都绕不开"资本极度短缺"这一遭遇，因为工业化就是内生性地不断追加资本的过程，也即资本增密是工业的内在机制（温铁军，2012）。20世纪70年代，中国面临外债连续增加从而转化为赤字的压力，换汇还债成为唯一出路，于是在相对被动、资本绝对稀缺窘境下中国对外实施"亲外资"开放政策，对内开展以中央财政"甩包袱"为导向的经济体制改革——以"放权让利"为名推动"地方工业化"，从而吸引全球盈余资本发展工业化，实现国家现代化（温铁军，2012；温铁军，2013）。因而其中，深圳、珠海、汕头、厦门4个经济特区和大连、上海、广州等14个沿海开放城市，以及长江三角洲、珠江三角洲等"沿海经济开放区"等最有创汇潜力的沿海城市与区域率先得到对外开放机会，而开发区作为这些沿海城市与区域率先发展的重要工业载体，成为国外资本主义国家、港澳台地区剩余资本竞相追逐的对象，也成为国际纺织化纤业、钢铁业、汽车制造业等产业第三次梯度转移的承接载体。也就是说，作为通过地域重构和尺度的相互嵌套转换来链接全球的、与产业和经济增长有关的制度空间，开发区的设立与建设，可谓时空耦合了全球资本为化解周期性"过度积累"危机而进行世界市场扩张和空间修复的需求，其在成为全球盈余资本铲除空间壁垒、征服和占有驻点的同时，也构成了全球经济—地理景观既有集中又有分散拼图中的马赛克碎片之一（见图3-2）。

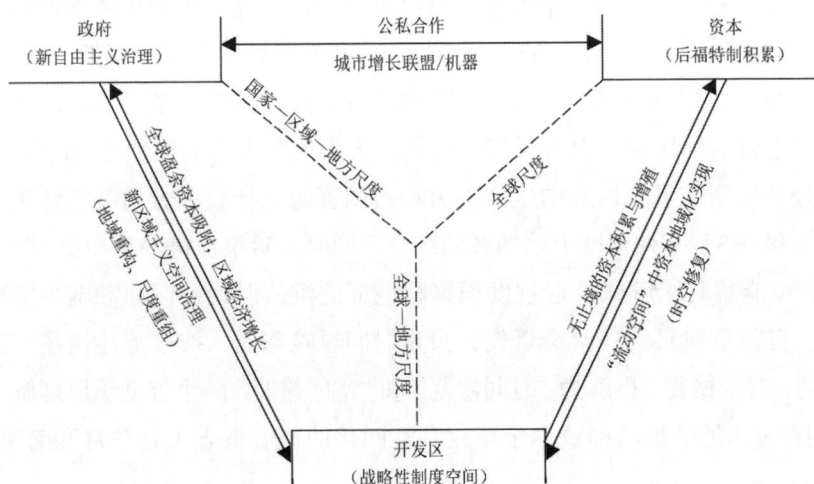

图3-2 新自由主义—后福特制下的开发区空间生产逻辑

3.3　城市边缘开发区"区镇割裂"的内涵界定

3.3.1　城市边缘区概念的界定

随着我国城镇化的快速推进，国土空间景观也发生着变化，而其中一个较为显著的变化特征即城市建设用地向郊区扩张或蔓延，继而诱发一系列的土地利用覆盖变化与自然环境扰动，其中城市边缘区（urban fringe area）作为城市与外部区域物质与能量交换的集散地、与乡村功能交接的中间区域，已然成为城市空间扩展中变化量最大、变化最迅速和最敏感的城乡混合过渡地带（周婕和谢波，2014）；同时，城市空间扩张致使城乡特征越发相似、界线越发模糊，在城市边缘区衍生出景观破碎、环境污染、空间隔离等诸多社会空间复杂问题（刘星南等，2020），由此引发学术界对其相关议题的探讨及理论建构。

城市边缘区（又称城乡交错带、城乡过渡带、城市阴影区、城乡接合部等），最早由德国地理学家路特斯（Louts）于 1936 年在考察柏林城市形态特征后提出的，他当时将柏林逐步被城市建设区占用而更替成为城市一部分的乡村用地区域称为城市边缘带（荣玥芳等，2011）。之后，普莱耳（Pryor）在 1968年比较精确地定义了城市边缘区概念，且受到国际学界的认可。所谓城市边缘区，即指城市和乡村之间重要的过渡地带，具体位于中心城区的连续建成区与外围几乎没有城市居民住宅、非农土地利用的纯农业腹地之间，兼有城市与乡村特征，人口密度低于中心城区但高于周围农村（Pryor，1968；刘星南等，2020）。作为城市化的前沿地带，城市边缘区发挥着生产制造的承载地、现代农业的先行区、生态环境的调节区等重要功能，具有界面变化快（农业人口转非农人口、农村地景转城市地景）、空间受多方权力影响，以及人口结构、产业结构、城市建设和管理复杂等城乡过渡（时间上）与混合（空间上）特征（荣玥芳等，2011；陆希刚等，2020）。进而言之，在快速城镇化中，城市边缘区普遍经历包括开发区设立等"自上而下"城市外扩和"自下而上"乡镇蔓延的双重时空过程（孙施文和冷方兴，2017）。此外，在城市边缘区边界判定上，不同学者基于非农业人口与农业人口比值、人口密度梯度法、DMSP/OLS 夜间灯光数据与断点法等不同方法定位城市边缘区，比较典型的如韦伯斯特和马勒

（Webster & Muller，2002）、皮奥尔等（Piorr et al.，2011）的城乡空间划分模型
（见图 3-3）。但是总的来讲，目前广泛应用的还是弗里德曼（Friedman，1965）
界定的标准，即根据日常通勤距离范围，划定城市周围约 50 km 区域为城市边
缘区，其中内边缘区 10—15 km，外边缘区为 25—50 km。

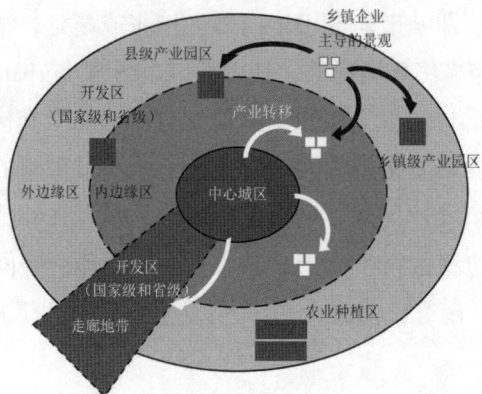

a. 韦伯斯特和马勒的城乡空间划分模型

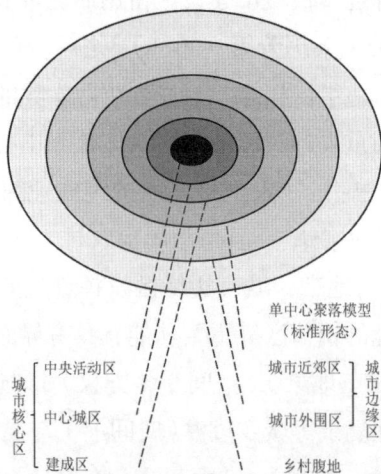

b. 皮奥尔等人的城乡空间划分模型

图 3-3　城乡空间的典型划分模型

资料来源：Webster & Muller，2002；Piorr et al.，2011。

3.3.2 我国城市边缘区的演变

在对城市边缘区概念内涵进行界定之后,有必要回顾新中国成立以来我国城市边缘区的大致发展历程,以了解城市边缘区"区镇割裂"现象形成的特定时空背景。具体历程划分为如下四个阶段。

一是农业型发展阶段。1949—1956年新中国成立初期,全国处于农业国发展阶段,除城市进行工业初级产品生产之外,农村以及城乡交错地带的基本功能是以农业生产为主的;再者,由于这一时期我国还处在计划经济时期,户籍制度和土地制度限制城市与乡村之间的要素自由流动,且国家对土地利用有相应的限制,因而城市边缘区的界限明晰且性质稳定。

二是半工业型发展阶段。1957—1978年这一阶段,国家相继完成了四个五年计划,工业发展水平得到一定程度提升,以城市为主要承载空间的工业布局也渐而向城市边缘区扩展,于是城市边缘区形成了工业、农业和居住用地交错布局形态,但就总体来看,这一时期的城市边缘空间依旧以农业生产为主,工业生产占比不高且发展较为粗放。

三是工业型发展阶段。改革开放后的前30年,我国城乡之间要素流动渐渐频繁,特别是其间的农村工业化促使城市边缘区功能发生变迁,工业生产能力有所增强;再者,这一时期城市空间不断扩展,特别是20世纪90年代以来工业园区、科技园区、大学城等自上而下型"飞地空间"不断植入城市边缘区,既有边缘空间更替为城市空间,更为外围的空间演变为城市新边缘区。但是,由于这一阶段的城市边缘区缺乏空间治理,导致其呈现复杂性、变动性、无序性等特征。

四是边缘城市型发展阶段。自2010年特别是2014年国家推进以人为本的新型城镇化以来,一些城市特别是像北京、上海、广州等大城市逐渐开始在其边缘区配套商业、就业和居住等功能,以促进"产城融合",而结果是它们由"卧城"演变为城市的新兴增长节点。2020年,习近平总书记更是在《求是》杂志发表《国家中长期经济社会发展战略若干重大问题》这一文章指出"完善城市化战略……要建设一批产城融合、职住平衡、生态宜居、交通便利的郊区新城,推动多中心、郊区化发展"。可见,边缘城市是城市(特别是大城市)边缘区未来发展的重要空间类型与取向。当然,学者早已关注到这一发展动态，开始借鉴西方边缘城市（edge city）、科技型郊区（technoburb）、全球型郊区（global suburbs）等概念来描述和解释这种"后郊区化"（post-suburbanization）的中国新城市化阶段与特征（郑国和孟婧，2012；Wu，2018）。

3.3.3 "区镇割裂"的内涵外延

一个国家或地区为吸引外部资本、技术、劳动力等生产要素、促进自身经济发展而在原行政区上切块划出一定范围，并在其中实施特殊体制、政策和管理手段的一个特定区域，即为开发区（吴金群，2019）。因此，就我国开发区定义解析来看，其具有三大明显特征：其一，在地理空间上，"四至范围"界线较为明确的开发区多数是在原有行政区基础上经地域重构与尺度重组而来的，切块植入是其较为突出的特征（曹姝君等，2018）；再者，由于土地成本等因素，开发区普遍选址在城市郊区或边缘区，少数位于城市核心区内（王兴平，2005）。其二，在制度设计上，开发区并不是严格意义上的行政区范畴，而是国家战略性空间选择的特殊经济区域，它的典型治理模式是按照"精简、高效、统一"和简政放权原则，地方政府派出管理机构——管委会进行"小政府，大服务"式管理（黄建洪，2019；孙崇明和叶继红，2020），这样开发区就可以聚焦于区域内的经济增长，而这一点体现在管委会主体上，则是其在更多时候仅仅承担经济事务发展职责，也即呈现出企业化、公司化经营的倾向。其三，在要素集聚上，资本在开发区生产中占据重要地位（地方政府—管委会占据主导地位），但更多时候资本仅是将开发区作为后福特制下进行空间修复的栖息场所，以攫取其中的低价土地、优惠政策、廉价劳动力、完善基础设施等社会经济资产，实现其无止境的流动增殖目的（Storper and Walker，1989；孔翔等，2013）。

正是由于开发区存在上述三大特征，致使其相较周边乡镇存在制度和政策层面上的比较优势抑或"位势梯度"（王慧，2003），而这种优势诱导流动性资本倾向占用、生产其空间而不是周边乡镇；且在增长优先理念指引下，职责上多聚焦于经济事务发展的管委会企业化经营又不断促使开发区极化生产，由此区、镇两个主体呈现的是"核心—边缘"、割裂的（社会）空间关系（钟顺昌和王德起，2015）。故此，在既有研究基础上，本书将城市边缘开发区"区镇割裂"概念界定为：经地域重构与尺度重组，以切块方式植入城市边缘区且经济管理独立于原有行政区的战略性制度空间——开发区，因在发展进程中更多聚焦于自身增长而相对忽视或边缘化周边乡镇，造成开发区与周边乡镇的不平衡地理发展。而"区镇割裂"是权力、资本等政经力量参与重构的结果，且这一现象目前突出体现在中心城区连续建成区难以空间扩张到的城市边缘开发区实例上。当然，"区镇割裂"是我国城市边缘开发区空间生产过程中的一个阶段性特征与问题，其产生的负面效应不仅抑制邻近乡镇的成长，而且也不利于自身的高质量与可持续发展，更甚者可以说，城市边缘开发区与其邻近乡镇发展落差的大小和落差消减时间的耗费，将直接影响城市整体发展水平及竞争力提升。

与此同时，按照马克思主义地理学的叙事话语，空间并不是空洞的日常生活背景、"无关内容的容器"和"场"，空间中是弥漫着社会关系的，它在被社会关系所支持的同时，也生产社会关系和被社会关系所生产，这就意味着，空间即是社会，社会即是空间。进一步的，苏贾（2016）更是直言，城市边缘空间不仅在实现空间中有着特定的位置，而且总是对应着特定的社会阶层，契合着一定的社会结构和社会运作机制。也就是说，城市边缘空间不仅表现为某种独特的空间类型，而且还体现为属于这个空间区域的个体、群体、活动、话语、感受力的诸多特征。因此，本书论述的"区镇割裂"即为城市边缘开发区与乡镇（街道）两个主体之间的社会空间割裂议题，其特征主要体现在以下几方面。

其一，"差异"空间功能。为突出战略性地位，开发区通常被定位为城市与区域"核心—边缘"非均衡地理发展中的"核心"，成为承载资本积累场域的功能，且随着资本时空修复的动态需要，开发区存在由单一经济指标功能工业区向多功能综合性产业区并进一步向创新型科技新城的"边缘城市"演进的规律（程慧等，2012；Wu，2018）；周边乡镇则更多时候被地方政府"规制"为辅助性功能供给区域。当然，从中可以看出，开发区与周边乡镇的"差异"空间功能是地方政府迎合资本选择性占用空间进行循环累积的产物。

其二，"不平衡"的地理景观。我国城市边缘开发区的初设基本是以"圈地运动"形式占用城市边缘区耕地、园地或林地等自然空间，而后经国土空间规划等系列城市增长行径作用，开发区土地利用覆盖以及基础设施、工业厂房、居住小区等地理景观发生剧烈变迁。然而，周边乡镇则囿于"差异"空间功能所诱发的制度落差、"集聚阴影"效应等因素，地理景观变化微乎其微，与开发区形成"不平衡"的地理景观分异变迁特征。

其三，"缥缈"与"虚无"的地方情感。对"乡—城"流动人口而言，时空转换过渡存在着新地方人地关系上的不连续性、不稳定性与不确定性，他（她）们在迁入地面临地方融入困境；另外，对周边乡镇本地居民来讲，开发区的创造性破坏实质是生产了一个割裂发展历史、呈现均质化的商品化空间（孔翔和陈丹，2016；孔翔等，2021），且又加上开发区"集聚阴影"效应而导致未将周边及其居民包容性地纳入增长序列中，由此诱发周边乡镇本地居民对开发区的消极地方感。

3.3.4 "区镇割裂"的基本属性

一是社会空间性。城市空间生产指政经力量对空间进行设计、开发与利用，使其成为介质与产物并对其使用价值和交换价值进行博弈的过程。故而，在以马克思主义地理学学理逻辑探讨城市边缘开发区"区镇割裂"是什么及其为何发生的时候，需要探究包括政府、企业等在内的社会行动者在其经济、文化和政治结构中生产开发区的内在机制。诚然，我国城市边缘开发区是中央—地方政府试图将地方产业空间嵌入全球新国际分工网络的制度试验场所，亦是全球盈余资本占用地方空间并将其置换为流动空间而获取超额剩余价值的场域（李一曼和孔翔，2020），因而其空间生产存在流动性的资本与经验性的地方之间的张力，其中一个重要面向即呈现作为"流动空间"的开发区与更多时候仍是"地方空间"的周边乡镇之间的"区镇割裂"现象。当然，这一"区镇割裂"是政经力量作用于开发区而带来空间与社会结构嬗变的社会空间割裂，是包括空间功能、地理景观、地方情感等维度在空间关系、人地关系上的时间—空间—社会的割裂。

二是空间位置性。开发区与周边乡镇的"区镇割裂"二元关系，除受尺度重组等因素影响之外，也取决于开发区的空间位置。众所周知，城市空间扩张是非平衡而非均质衰减的，因此通常情况下开发区会被作为城市圈核结构"亚核"布局于城市边缘区或近郊区，与城市中心城区连续建成区"主核"形成呼应格局形态。诚然，近十几年我国的"压缩型"城镇化推进城市空间蔓延、用地增量扩张，再加上开发区自身空间扩展和"城市化"转型，位于城市近郊区的开发区与城市连续建成区两者的界线愈加模糊，空间与功能上渐趋融合，且管理体制上也多有优化整合，开发区成为城市连续建成区的一部分（杨俊宴和胡昕宇，2012）；而位于城市边缘的开发区，由于以"飞地"形式远离城市中心，空间上无法被城市连续建成区空间扩张吸纳，故其在发展中仍以城市"亚核"形式存在着，且在不断自身循环累积增长下逐渐从外围"孤岛园区"向"边缘城市"演进，但是邻近乡镇经济与社会发展却始终处于开发区经济增长"阴影区"内。因此，可以说"区镇割裂"在目前我国城市边缘开发区普遍存在，且是较为突出的矛盾问题。

三是集聚阴影性。众所周知，我国开发区是国家为融入西方国家主导的新自由主义全球化强势意识形态而建设的战略性制度空间，倾斜性供给优惠土地与税收政策、低成本劳动力、完善基础设施等社会经济资产。然而，正是这些相关政策等因素的复合影响，在小尺度上诱导了开发区与周边乡镇的两极分化、不平衡地理发展，以致出现新经济地理学所提出的"集聚阴影"（agglomeration shadow）效应（孙东琪等，2014；陈玉和孙斌栋，2017）。也就是说，作为区域经济增长极的城市边缘开发区，在发展前期由于"政策偏向"而过于强调自身集聚发展，导致其极化或回波效应大于涓滴和扩散效应，这使得紧邻区域因为区位劣势、发展势差而被"袭夺"（张京祥和庄林德，2000；杨俊宴和胡昕宇，2012）。一言以蔽之，城市边缘开发区在发展前期因为权力等政治力量作用形成的"空间锁定"或极化效应，导致周边乡镇成为"边缘地带"，也即开发区与邻近乡镇关系更多是"大树底下不长草"，而不是"近水楼台先得月""大树底下好乘凉"。

四是时序阶段性。空间事物的状态是始终处于时空演变矩阵之中的。按照赫希曼（Hirschman）、缪达尔（Myrdal）、弗里德曼（Friedman）等学者的"极化—涓滴""回波—扩散""核心—边缘"等理论可知，城市边缘开发区与周边乡镇的空间关系时序演变大致可以分为三个阶段：初设期（极化发展）、发展期（辐射带动）和成熟期（融合协调）。具体来讲：（1）初设期，开发区的首要任务即经济增长，通过给予优惠土地和税收政策、低成本劳动力、完善基础设施等社会经济资产，以实现短时间内集聚生产要素和扩大规模，因而此阶段的开发区生产存在极化效应，与邻近乡镇缺乏互动；（2）发展期，因长远发展的需要或自身"拥挤效应"掣肘，开发区开始引领和带动周边乡镇发展；（3）成熟期，在中期扩散效应基础上，开发区与周边乡镇逐渐走向"区镇融合"，两者界线日益模糊，愈加成为联动发展的共生体（王慧，2003；李玲君等，2017）。然而，就现阶段来说，我国多数城市边缘开发区的发展处于"区镇割裂"尴尬境地，对其开展深入研究能更好地指引其向"区镇融合"演化。

3.4　城市边缘开发区"区镇割裂"的分析框架

在人文与经济地理学领域中，人地关系议题探讨与空间生产理论对接具有天然契合性，因而学界存在广泛援引与应用社会空间辩证法现象，其中谢泼德（Sheppard，2011）就视社会空间辩证法为研究资本主义生产过程的地理位置逻辑及其内部阶级关系的一种基本方法论与认识论，亦即地理并不是经济的外生因素，它是经济可能性的制约或决定因素，是伴随着经济活动而产生的，且经济过程与生物物理、文化和社会进程（土壤、水和其他自然资源的形成，以及性别、社会阶层、主体和身份形成等）共生。城市边缘开发区"区镇割裂"即社会空间连续体的断裂，使得研究和援引社会空间辩证法进行分析框架搭建存在适用性。当然，接下来最为重要的工作就是辨析社会空间辩证法中的几个概念，在其中找到适合本研究的一种方法论。

3.4.1　社会空间辩证法的辨析

"社会空间"一词具有多义性，最早由法国社会学家涂尔干（Durkheim）于19世纪末在其博士论文《社会分工论》中创造，而后广泛应用在社会学领域中的社会分层与流动、家庭变化等主题探究中。20世纪20年代，以伯吉斯（Burgess）、霍伊特（Hoyt）、哈里斯（Harris）和厄尔曼（Ullman）等为代表的城市社会学芝加哥学派赋予社会空间以地理意蕴，并提出著名的三个城市社会空间结构模型——同心圆理论、扇形模式和多核心模式；以索尔（Sauer）为代表的传统文化地理学家则将社会空间视为具有共同空间感知的社会群体占有地域。进入20世纪中后期，西方资本主义国家普遍遭受社会、政治和经济危机，特别是由空间的隔离、剥夺与阶层化、资源不公平分配等问题引致的都市危机甚为严重，并由此爆发如法国1968年"五月风暴"等城市革命。

此时，哲学与社会理论家敏锐地察觉到空间议题的浮现，其中在 1974 年列斐伏尔批判欧几里得（Euclid）、笛卡尔（Descartes）和康德（Kant）等人将空间"物化"和"超验概念化"的传统空间本体论认知范式，并提出"（社会）空间是（社会）产物"观点之后，社会空间便指向社会行动者在其经济、文化和政治结构中产生空间机制的含义（Meir and Karplus，2018），且其以"单数"形式存在着，即空间与社会不再被视为一组对称性概念，抑或二元事物（或过程）。

在社会空间辩证方法理论上，包括列斐伏尔、哈维和索亚在内，分别建构概念三元组（conception triad）、社会过程和空间形式（social process and spatial form）、历史—地理唯物主义（historical-geographical materialism）、社会—空间辩证法（socio-spatial dialectic）等概念谱系，以阐明空间与社会的相互建构、辩证统一关系（见图 3-4）。这四种社会空间辩证法思想旨趣应该说是一脉相承但意涵又有所差异的流派。

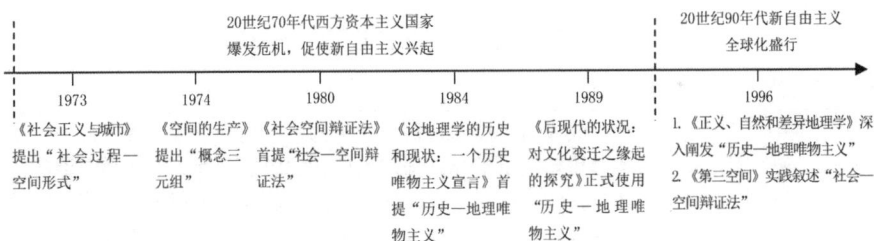

图 3-4 社会空间辩证法论演化脉络

（1）列斐伏尔的"概念三元组"

从日常生活批判转向以日常生活为基础地位和异化特征的都市空间批判，列斐伏尔（Lefebvre，1991）晚年在省思空间被固化为日常生活背景、"无关内容的容器"和"场"的传统观点时，认为"每个社会都处于特定的生产模式架构中，内嵌于这个架构的特殊性质塑造了空间。社会实践界定了空间，但在辩证互动中又以空间为前提"，"社会空间是一种社会关系，它内含于财产关系中，且与生产力密切联系"，也即指涉社会与空间是存在辩证关系的，但这一关系又是处在资本主义特定的生产方式中的。进一步的，列斐伏尔指出我们需要从三个维度予以空间观照，因为每一特定历史情景中的空间形态和模式都介于日常和感知、再现或空间理论、时间的空间想象之间的三元辩证关系中（Cresswell，2004）。于是他建构了用于透视城市空间及其"总体性"的概念三元组分析框架——空间的表征（representation of space）、空间的实践（spatial practice）和表征的空间（space of representation），其中空间的表征和表征的空间这两者存在二元对立关系，体现为行政人员、技术官僚等与居民、使用者的对立，而这种对立又是通过空间的实践相互连接在一起的，空间的实践与空间的表征、表征的空间之间隐喻想象与现实的二元关系（Wegner，2002；王志弘，2009；孙九霞和苏静，2014）。再则，列斐伏尔认为社会由生产方式来界定，并有其特殊的生产和再生产之社会关系互动，而这一切都蛰伏于社会空间中，且还牵涉社会关系的正面公共和底面隐秘的再现（韩勇，2016），因而他又提出了感知空间（perceived space）、构想空间（conceived space）和生活空间（lived space）的社会空间分析之"概念三元组"（Lefebvre，1991）。当然，上述这两套方法理论之间存在对应关系，表达相似意蕴（见表 3-2）。

表 3-2　列斐伏尔"概念三元组"含义解析

概念三元组	对应概念	含义解析
空间的表征	构想空间	行政人员、技术官僚（建筑师、规划师）等人意识形态、权力和知识所支配并强加秩序的抽象的空间。它作为统治的工具，倾向于建构政府文件、成文法规、规划方案等语言符号系统，并通过各种管辖范围划分、行政管理等来具象化统治，从而实现抽象空间与具体空间的统一
空间的实践	感知空间	社会结构的特殊地方和整体空间，是意味被感知的空间。它不仅隐含了这个社会的空间，而且也体现了社会关系，担负着社会构成物（如住宅、商业街区、机场）和社会中个体与群体的行为的生产和再生产；它既是这一生产和再生产的过程，也是结果，空间实践赋予了空间在生产中的主体地位
表征的空间	生活空间	居民和使用者的空间。它是艺术家和那些只想从事描述的少数作家和哲学家的空间，往往处于被统治和消极地体验的地位。它指涉象征性和个人，是定性的、流动的、有活力的，而且表达了社会准则、价值观和经验。它可以表示社会与其空间之间的情感纽带，一种空间意识形态和地方感

资料来源：根据文献（Lefebvre，1991；Meir and Karplus，2018；等等）归纳整理。

（2）哈维的"社会过程—空间形式"和"历史—地理唯物主义"

在 1969 年出版《地理学中的解释》（*Explanation in Geography*）后，哈维意识到秉持"价值中立"观的逻辑实证主义地理学无法给予周遭崩塌的经济社会环境以任何解释，继而他接受马克思主义"洗礼"，从传统实证主义地理学转向马克思主义地理学研究，并于 1973 年出版现今被征引次数最多的《社会正义与城市》（*Social Justice and the City*）这一城市学著作。他在书中弘扬马克思历史认识论统摄于社会实践的传统，提出空间之性质的哲学问题没有哲学上的解答——更多在于人的实践和能动性上，因而关于"什么是空间"的问题应该转译为"不同的人类实践如何创造和使用不同的空间概念"，并进一步言明"空间形式并不是被视为它所处的并展现它的社会过程中的非人化客体，而是内蕴于社会过程而且社会过程同样也是空间形式的事物"，于是他建构"社会过程—空间形式"统一体分析框架以诠释城市化本质、城市剩余再分配及空间正义等跨学科议题，并实证应用到巴尔的摩等案例研究中（Harvey，1973）。再则，到 20 世纪 80 年代中后叶，面对晚期资本主义（后工业社会和全球化）催生的世界经济政治文化难题，哈维意识到这一语境中的左派理论因缺乏元理论支撑而丧失测绘时代和集体政治动员能力，于是他进一步借鉴马克思主义实践观和辩证法思想，经由"三部曲"《论地理学的历史和现状》（1984）、《后现代的状况》（1990）、《正义、自然和差异地理学》（1996），赋予内蕴于历史唯物主义但又因马克思主义教条化而被湮没的空间维度以重要历史地位，即在"社会过程—空间形式"基础上将历史唯物主义重构为历史—地理唯物主义，以揭橥资本新自由主义化的空间逻辑以及不平衡地理发展的内在机制。

（3）索亚的"社会—空间辩证法"

列斐伏尔、哈维之后，索亚在承继列斐伏尔关于空间的政治性、社会性、实践性观点以及"概念三元组"方法论的同时，又试图纠正哈维等人将空间贬低在社会底下的自我设限错误观点。故此，他另辟蹊径，生发出历史性、空间性和社会性的三元辩证法抽象理论，即"社会—空间辩证法"替代概念系（见图 3-5），认为空间是具体可辨识的社会产物，也是社会行动和关系的前提、媒介和产物，而空间—时间结构界定了社会行动与关系是如何在充满斗争、充满矛盾的过程中得以建构和具体化的，因此具体的空间性是社会生产与再生产斗争的竞争场域，社会生活的世俗性根植于空间的偶然性，历史和地理是彼此辩证交汇、无法分离的，没有一方拥有天然的优先性（Soja，1980）。也即重构空间是包含在时间和社会中且与它们交织缠绕、辩证统一或互构共生的，空间性、社会性及历史性共同成为人类社会的基本因素，三者并不存在孰先孰后的本体论始源性差异，由此空间更好地融合到历史唯物主义辩证法中。对此，马西（Massey，1992）高度认同，他认为社会和空间就是互相建构、有机统一的，社会塑造了空间，但社会也被空间所塑造，空间是社会之所以是社会的构成元素。正因为如此，"社会—空间辩证法"在对超越空间二元对立并持续衍生的可能性场所——"第三空间"的探索中得到较好的运用与实践。

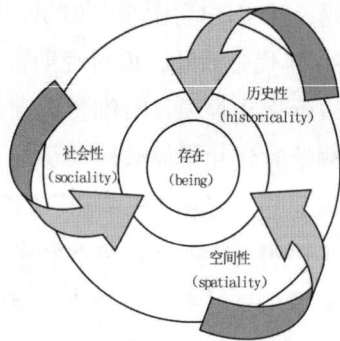

图 3-5 索亚的"社会—空间辩证法"

资料来源：Soja，1980。

3.4.2 "区镇割裂"分析框架的构建

作为具有统括性的方法理论，社会空间辩证法构成理解和把握马克思主义地理学中"空间的生产"理论的关键。值得注意的是，列斐伏尔的社会空间辩证观被哈维等学者认为存在过于强调空间优先性即隐匿"空间拜物教"之嫌，且相对忽视社会时间面向上的批判（郑震，2011）。哈维揭橥"空间的生产"理论过于人文化，缺乏一种基本的认识论和方法论层面的空间政治经济学之维度的精深诠释，换言之，空间在哈维那里仅是铭刻资本积累这一社会过程并成为不均衡地理过程及其内在矛盾的中心，其并不是一个类似本体论存在的物质形式或范畴，抑或即使空间有能动性但也仅是支撑社会的、被社会所解释的（叶超，2012；王志弘，2018）；这恰如卡斯特（Castells，1996）在《网络社会的崛起》（*The Rise of the Network Society*）中的论断："空间是社会的基本物质向度，是共享时间之社会实践的物质支持"，"没有特殊的空间理论，只有由社会结构理论引申而来的，有关特定社会形式和空间的解释"。亦如肯彭和马库塞（Kempen and Marcuse，1997）等总结的四种社会过程在空间序列中的力量：资本积累制度和资本流动导致区位战略变化；工作机会促使人们在国际范围和城市地区流动；仇外心理和种族主义导致空间隔离；公共部门作用变化迫使人们更多依赖市场而导致空间分异。再者，有学者亦指出"概念三元组"对空间本体论的探讨仅仅局限在资本主义生产关系的再生产中，且虽然社会和空间在理论命题上呈现辩证互构的对称性，但在经验解释上却存在生产方式这一更大的社会形构塑造空间的失衡性（王志弘，2018）。但是，从总体上来讲，上述问题并不妨碍学者们对"概念三元组"的广泛实践应用，如国外比塞（Buser，2012）、哈尔法克里（Halfacree，2007）和弗瑞斯沃尔（Frisvoll，2012）分别将其应用到大都市区域、乡村空间生产研究，而国内孙九霞等（2020）、王立和薛德升（2018）、王曼曼和张敏（2017）等学者也将其分别应用到传统仪式空间、全球化跨国空间、音乐节空间等生产议题研究中，并厘清相应空间三元辩证的逻辑，而列斐伏尔本人也很好地将其社会空间辩证观应用于"日常生活的批判""城市权力和差异权力的斗争""意识的都市化和都市革命"等不同论域的空间批判实践中。

考虑到城市边缘开发区"区镇割裂"议题所涉的研究尺度主要是以城市和地方为主，研究内容层次性、关系嵌套性较为简单，而"概念三元组"又较适合应用在城市尺度，亦可扩展到城乡与区域尺度；且与此同时，城市边缘开发区"区镇割裂"主要体现在空间功能、地理景观、地方情感等社会空间割裂维度上，与"概念三元组"方法论中所阐发的"空间的表征、空间的实践和表征的空间"概念内涵（见表3-2）存在一定的对应性与契合性，故本研究援引列斐伏尔"概念三元组"方法理论，探索性地构建了一个由资本循环、权力景观、地方融入、地方感等多学科交叉知识构成的中国城市边缘开发区"区镇割裂"分析框架（见图3-6），以从批判性空间视角探讨开发区与周边乡镇之间的社会空间割裂问题。下面第四至六章内容即是基于这一分析框架，以温州经开区为案例开展的实证研究。

在分析框架中，空间的表征指概念化的空间，在开发区与周边乡镇关系中主要体现为地方政府、管委会及各类专家（科学家、规划师、工程师等）对空间进行秩序化构想，实为权力关系（power relations）对空间功能进行建构以迎合资本循环需要，所以开发区功能演化与资本循环同存于一个辩证过程，故本书以地方政府主导下"开发区与周边乡镇的功能演化与资本循环"来诠释空间的表征；空间的实践指被感知的空间，在开发区与周边乡镇关系中呈现为土地利用覆盖变迁以及物质景观生产等内容，也即权力与资本对物理（物质）形式的真实空间进行安排与形塑的过程，故本书以"开发区与周边乡镇的地理景观变迁"来阐释空间的实践；表征的空间指居民和使用者的空间，在开发区与周边乡镇关系中表现为空间与地方张力下的人与地方的紧张关系，亦即权力与资本生产开发区空间进而对人与地方关系形成影响，故本书以"周边居民的地方情感"来解释表征的空间。

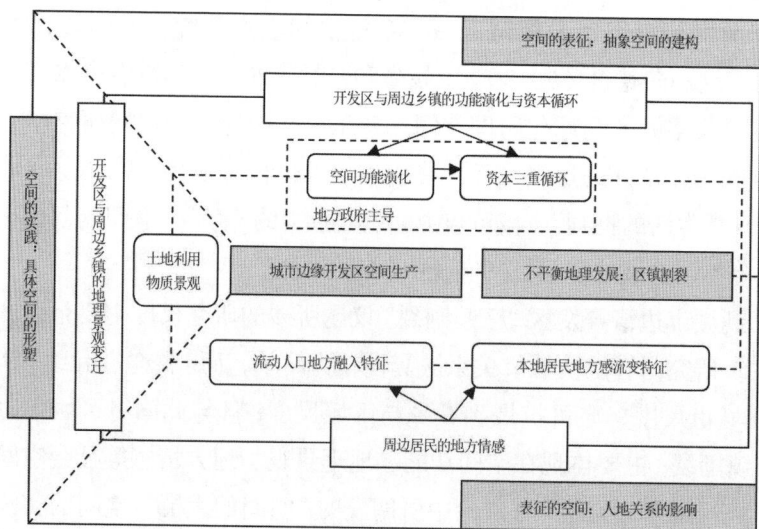

图 3-6 基于"概念三元组"的城市边缘开发区"区镇割裂"分析框架

第四章 空间的表征：温州经开区与周边街道的 功能演化与资本循环

新自由主义浪潮席卷全球下，区域与城市的空间功能演化，是政府空间治理、资本循环积累等一系列社会过程的建构结果。我国开发区这类与产业和经济增长有关的策略性"制度空间"的功能演化，更是不言而喻地贯穿着政府与资本相互合作与博弈的空间张力。但是，由于权力在既定地域范围内倾向于某些空间、地点与尺度并忽视、边缘化或排除余者，以满足资本选择性地占用具有社会经济资产优势空间进行循环和空间化的需要，由此导致开发区与周边乡镇的空间功能形成"差异"演化特征。鉴于此，本章基于"地方政府主导下的空间功能演化与资本三重循环"分析框架，探讨温州经开区和周边街道的功能演化与资本循环，当然前者空间功能动态变化，同时资本在其中开展初级、次级、三级循环，而后者空间功能则较少变化，资本也较少"光顾"及在此循环。

4.1 "资本三重循环"理论及其本土化

4.1.1 哈维的"资本三重循环"理论

众所周知，在"资本三重循环"理论中，初级循环指资本向一般生产资料和消费资料的生产性投资，但是资本由于追求超额利润而过度积累并最终爆发经济危机，表现为商品过剩、资本与劳动力闲置等，以及产业资本大量贬值和工业用地废弃。马克思指出了资本主义过度积累的矛盾和危机，但他并没有意识到资本主义已有应对之策，即为应对过度积累危机，资本转向次级循环，涉及城市建成环境生产，包括生产性和消费性物质环境的投入，以实现剩余价值从固定资产投资中获取回报，而这也是马克思没有意识到的。资本从初级循环向次级循环转移，主要以货币资本形式出现，并依托长期信用运作，"控制过程的金融和国家机构作为集体的神经中枢管制和调节着资本初级和次级循环间的关系"（Harvey，1985）。次级循环是"资本城市化"理论的重要构成，哈维还特别著作《巴黎城记——现代性之都的诞生》（*Paris, The Capital of Modernity*，2005）[①]，对此展开全面而细致的分析。再者，次级循环也会由于资本过度积累引发城市危机，表现为固定资本和消费资金的贬值，继而影响建成环境以及耐用品的生产和消费，故此资本向三级循环转移，即资本向科研和技术以及教育、医疗、福利等社会性花费支出，旨在改善人力资本、以科技生产推进社会生产力变革。从中可以看出，三级循环包含了卡斯特关于城市单元供给"集体消费"以实现劳动力再生产的内容（见图4-1）。也正因为如此，郭文（2014）认为三级循环存在维护社会秩序、保证生产关系的正向反馈机制，而其使得社会再生产成为可能。当然，三级循环也会出现容纳能力饱和的积累过度问题，包括城市教育、健康等各种社会开支的危机，以及消费资金形式的危机等内容（Jessop，2006）。因此，哈维（1985）深谙资本三重循环终止的潜在方案即"空间修复"，在全球寻找和开拓新的资本投资市场空间，而整个危机管理过程又重新开始。

---

① 《巴黎城记——现代性之都的诞生》是哈维"最为精微的马克思主义地理学研究著作"。他把辩证历史—地理唯物主义的方法论引入其中，融合政治学、地理学、社会学、历史学等多学科知识，以社会—空间—历史辩证法和空间关照的视域审视权力联盟资本介入第二帝国时期——巴黎城市的个案改造过程，并探讨置身其中的都市市民的经验感知，同时进一步强调了现代性是延续的而非断裂的这一观点。

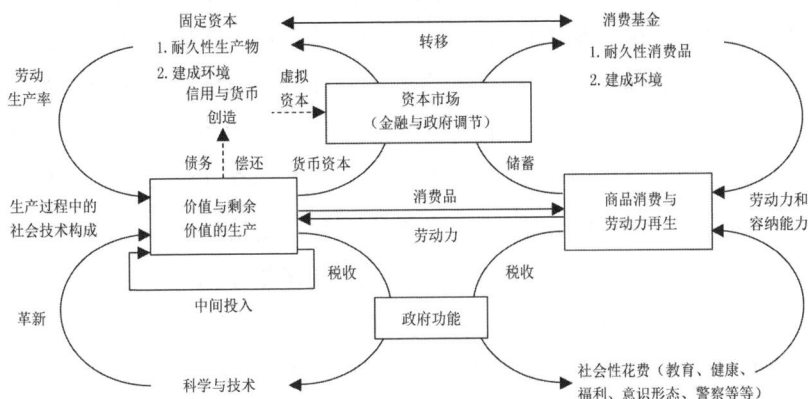

图 4-1 哈维的资本三重循环模型

资料来源：Harvey，1982。

4.1.2 中国国情下的资本循环与空间化

自 1989 年"华盛顿共识"以来，市场驱动的新自由主义相继成为世界各国的管制实践和政策目标，且其更为具象地体现在城镇化进程中城市企业主义治理的普遍化，而也就是在这一新自由城市主义（neoliberal urbanism）语境下，资本得以以后福特制的"柔性专业化"生产方式在城市进行地理扩张和空间重组，最大化追逐"超额剩余价值"。对此，哈维（2015）直言："我们全都卷进了一个资本主义城市化或不平衡时空发展的全球过程，即使那些国家，他们至少在名义上探索着一条非资本主义发展道路和非资本主义城市形式。"然而，我国有学者对新自由主义等学说的普适价值持怀疑态度，认为新自由主义论不能全面解释中国特色的发展，中国的市场经济体制并不是新自由主义"经济良方"下的"发展指南"（袁久红和陈妍冰，2018），中国新自由城市主义的表述过于关注资本和阶级利益，导致无法有效捕捉中央—地方政府、流动资本与城市社会的纠缠特征，以及掩盖了中国威权国家的驱动作用和城市社会的迅速重构（Zhou et al.，2019）。不过，也有学者接受相关西方理论，认为中国的制度变迁具有浓厚的新自由主义色彩及地方政府企业化倾向（洪世键，2017）；但有学者在接受之余，也提出中国自 20 世纪 90 年代开展以市场化、分化化为特征的体制转型以来，其所走的现代化、城市化道路有其独特性，相关研究不能简单套用西方理论解释（Yin et al.，2018；黄宗智，2019；Wu，2020）。如，利姆（Lim，2013）就认为中国的新自由主义化并不是简单照搬西方资本主义国家，其过程存在政府权力与市场资本逻辑，前者创造资本寻求增殖的空间载体，但也协调社会与区域发展差距；再如，英国伦敦大学学院华裔城市研究学者吴缚龙（Wu，2010；Wu，2018）较为客观地指出"新自由主义中国模型"或"国家企业主义"由中央—地方政府调控和市场机制这对看上去相互矛盾但又和谐互补的部分构成，当然这些行径在城市再生计划、郊区新城的开发和乡村重建等资本循环与再生产实例中都有所体现。概而言之，中国经济发展最大的特色在于不断调整政府与市场的关系（李稻葵，2020），中国新自由城市主义下的治理实践与资本的循环及空间化更具复杂性与矛盾性，研究需要顾及特殊政治和制度、经济发展阶段、城镇化模式以及所遭遇问题的一般性与特殊性，避免陷入适合西方研究者胃口的分析框架内。

在新自由城市主义下，开发区这类与产业和经济增长有关的策略性制度空间的生产与功能演化，不言而喻地贯穿着政府与资本相互合作与博弈的空间权力张力。其中，在资本方面，开发区的功能演化与资本循环可以说"如影随形"，同存于一个辩证过程，而哈维的"资本三重循环"理论无疑为厘清这个过程提供了理论视角与分析框架。在权力方面，正如上文所述，中国独特的政治和制度语境下的开发区资本循环和再生产有其特殊性，亦即突出体现为地方政府占据主导地位（李凯和王凯，2019；Jiang and Waley，2020）。在自由市场主义盛行且产权明晰的西方资本主义国家，商业组织在资本城市化进程中发挥更大的作用，像以美国最为典型的科技园"硅谷"等特殊经济区基本是围绕高校和科研机构发展，相对保持独立地位，而地方政府在更多时候将自身限定在市场秩序管理者的"小政府"角色，通过公私合作伙伴关系、土地用途分区管制、出资组建孵化器、公共服务的竞争性招标（政府购买产品）等市场导向方式促进特殊经济区发展，即政府与资本是弱平衡利益共同体的关系（胡丽燕，2016），当然这种模式中政府易受资本利益集团影响与操纵，存在土地开发商、金融机构等潜在食利者滋生的问题（费恩斯坦，2019）。然而，我国企业化地方政府在偏好经济增长、追逐区际竞赛、讲求投入产出等城市经营行径中，通常有独立的行动议程和利益诉求，会付诸土地资源垄断、管委会治理、城市与产业规划实施和招商准入门槛制定等行政手段与市场行事主导开发区生产及资本循环，即地方政府既充当市场管理者，又是市场不可或缺的行事者，也是友好营商环境塑造者。吴缚龙（Wu，2018；Wu，2020）认为中国开发区的发展模式呈现典型的"以规划为中心、以市场为工具"的城市企业主义特征，而这种城市企业主义是服务于"政治任务"中经济增长目标的，即利用市场手段或通过市场行事来解决城市化和城市转型期产生的矛盾，从而促进经济增长，保障国家权力合法化。一言以蔽之，我国开发区可谓权力的政治逻辑与资本的经济逻辑相互缔结作用下所生产的一种独特的经济地理空间形态，其生产相伴政府与市场合作及博弈的过程，但地方政府在其中扮演主导角色，即其作为参与市场的代理人通过市场行事。鉴于此，本章下面的研究主要基于"地方政府主导下的空间功能演化与资本三重循环"分析框架展开。

4.2 经开区的功能演化与资本循环

温州作为1984年全国首批14个沿海开放城市之一，其国家级经开区的批准设立可谓中国实施对外开放、吸引全球资本的宏观政经产物，亦是温州地方政府谋求"自上而下型"工业化和城市化的主动作为结果，而进一步从微观尺度审视，温州经开区空间功能演化过程显著地贯穿着政府和资本共谋、共塑、共演的作用机制。结合发展历程中的政治经济"大事件"时间点，资本循环下的温州经开区空间功能演化经历了三个阶段，分别是单一功能工业区即服务于资本初级循环（工业生产投资）、多功能综合性产业区即服务于资本次级循环（建成环境投资）和创新型科技新城即服务于资本三级循环（科技创新投资）。当然，在这其中，地方政府付诸土地资源垄断、管委会治理、城市与产业规划等一系列行政手段与措施，成为影响开发区空间功能不断塑造过程的重要乃至决定性角色。

4.2.1 单一功能工业区：资本初级循环

唯有吸引资本发展工业化，才能推动国家的现代化，才能实现中华民族的伟大复兴（温铁军，2012）。然而，面对20世纪80年代以来的全球政治调节模式和资本积累体制的新自由主义——后福特制转向，中国需要建立与之相匹配的全球地方化竞争国家调节体制才能吸引全球资本以推动工业化。于是，始于 1990 年初的财政分权化和经济市场化渐进式改革在全国推开，而这诱发了城市企业主义和空间新区域主义治理模式的兴起，在空间上则表现为企业化地方政府纷纷采用政府补贴、税收减免和用地优惠等倾斜性政策生产与产业和经济增长有关的特殊经济区，以此将"地方空间"嵌入全球新国际分工体系中（苗长虹，2004）。温州经开区的创设即是上述这一特定时空背景中的政经力量作用的产物，反映出地方政府响应与实践中央政府关于生产特殊经济空间的主张，旨在通过开发区以形成"地方—全球"经济链接、吸附资本投资工业和促进区域经济快速增长，从而提升温州在资本主义全球化时空矩阵中的位序和竞争力。

众所周知，1984 年的《沿海部分城市座谈会议纪要》之后，但凡列入沿海开放城市的，国家都允许兴办一个国家级经济技术开发区。温州自被设立为全国首批 14 个沿海开放城市以来，地方政府就主动谋划具备地域重构和尺度重组潜力的高能级产业平台，终于 1992 年龙湾出口工业区（即现在"状蒲园区"）经国务院批准设立国家级经开区，自此经开区空间功能演化与资本循环拉开序幕。在建设初期，因状蒲园区邻近温州新城的交通等配套设施相较完善的龙湾区状元和蒲州一带，再叠加当时招引外商外资渠道有限而地方民营企业又对工业用地需求旺盛①，故此法定"四至边界"面积仅 5.11 平方公里的温州经开区状蒲园区迅速吸附周边县街镇传统鞋业和服装等民营制造企业集聚，这其中就不乏庄吉服饰、达得利箱包、人本轴承等现在温州知名企业。引用时任管委会主任的话："上个世纪（20 世纪）八九十年代的温州企业处在典型的'作坊时代'，村村冒烟，户户冒火。邓小平南方讲话后，这种以'温州模式'声名远播的个体企业有了阳光雨露后，急需发芽灿烂的土壤。而开发区正好给了这样一个平台。"② 概而言之，状蒲园区建设满足了当时温州民营企业进行一般生产资料和消费资料的扩大再生产的需求，且一定程度上引导空

---

① 20 世纪 90 年代，温州地方民营企业发展壮大，其用地需求旺盛，但温州素有"七山二水一分田"之说，企业供地有限，多数企业在"螺蛳壳里做道场"，呈"家庭作坊式""前居后厂式"生产布局特征。

② 郑海华：《开发区：经济腾飞新引擎》，《温州日报》2008 年 11 月 20 日，转引自 http://www.wetdz.gov.cn/art/2010/3/11/art_1303209_7452670.html。

间布局分散的民营经济产业向"自上而下型"开发区平台集聚^①，从而形成集聚经济，推动地方产业转型升级。

然而，伴随 20 世纪 90 年代末期状蒲园区完成一次土地开发，温州经开区发展面临空间存量增质或增量扩张的路径抉择。在唯 GDP 论的增长优先发展理念指引下（特别是在 1994 年分税制改革后，城市国有土地使用权出让金成为地方政府重要财政来源的情况下），地方政府的城市发展决策存在空间粗放式外延诉求与冲动，因为只有通过新增廉价土地资源才能获取开发所需的基础设施等成本，也就是说，"经营城市"的本质在于"经营土地"，而事实上，温州地方政府即是如此行事的。随着 2000 年园区扩容建设方案获得浙江省政府批复，地方政府实践"圈地运动"，将新增空间蛙跳式切块植入城市东部远郊区，即现在滨海园区位置，原来的状蒲园区则托管温州高新技术产业开发区，故而资本初级循环得以在滨海园区增量空间中继续^②。回溯温州的地理与政经事件背景^③，可知滨海园区选址温州城市边缘区滨海地带与自然禀赋（充足农林用地和沿海滩涂资源）、交通可达性（毗邻温州龙湾国际机场、温州港龙湾和状元岙港区）等区位相关的基础条件（location fundamentals）密切相关外，更是地方政府在权衡土地财政收入、城市空间扩张、资本区位偏好等多重因素后的策略选择，淋漓尽致地体现着企业化地方政府"精于算计"的行为。亦如时任市长回忆所述："滨海地处我市未来的沿海产业带中心地块，这里数十平方公里滩涂不但可解决（温州经济技术开发区）近期用地紧张，还可为中、远期发展预留大量土地，而且这里占用可耕土地较少。一句话，选择这里是极富前瞻性的战略决策。"^④

① 20 世纪 80—90 年代初，在温州农村工业化进程中，由家庭工业成长起来的民营经济产业普遍存在"低小散"问题特征，即产业层次低、规模小、布局散乱。

② 2018 年自然资源部与住房和城乡建设部公布的《国家级开发区四至范围公告目录（2018 年版）》显示，温州经济技术开发区四至范围仍为 1992 年国务院批复的状蒲园区，即东至坦河界，南至温州大道（东侧局部以上庄河为界），西至汤家桥路，北至机场大道（原温强公路）。

③ 温州城市东邻东海，滩涂资源丰富。2004 年浙江省开展的第五次沿海（江）滩涂资源调查结果显示，全市沿海理论深度基准面（至黄海高程 −8m）以上滩涂资源面积 97.19 万亩，其中龙湾区适宜造地的滩涂资源就有 17.71 万亩。由此，2000 年前后，温州地方政府谋划向海要地拉开城市框架、提升产业能级，提出城市由"瓯江时代"向"东海时代"迈进，"再造一个温州"（《温州城市总体规划（2003—2020）》正式提出城市从"滨江城市"向"滨海城市"发展），再者，建设浙江三大产业带之一的"温台沿海产业带"，因而东部沿海区域成为城市开发热土和对外开放前沿。

④ 《滨海园区滩涂上崛起工业城》，《温州晚报》2008 年 11 月 14 日，转引自 http://www.w etdz.gov.cn/art/2010/3/11/art_1303209_7452671.html。

自滨海园区创设以来，地方政府发挥管委会（准市场主体）作为开发区治理主体的政府型治理体制优势，付诸"以地引资、以地养区"实践方式促进开发区第一次创业即单一功能工业区建设，以促进资本在园区的初级循环。一方面，就土地开发而言，利用垄断城市土地一级市场的权力，管委会大量征用滨海园区切块植入的、由 20 世纪 50—60 年代海涂自然淤涨而来的龙湾区属地农林用地，同时辅以城市规划技术工具明确园区"引进资金密集、技术密集型工业项目，建成现代化产业新城区"的功能定位[①]，以将土地转变成工业性质用途为主的类型。此外，管委会通过成立下属国有企业——温州经开区城建发展有限公司承担园区投融资、"七通一平"和办公大楼及配套设施等项目营建，以形成熟地出让，从而"筑巢引凤"。截至 2010 年，温州经开区滨海园区累计开发土地面积 18.03 km²，而其中涉及工业用地面积 13.15 km²，占已开发土地面积的 72.93%（见图 4-2），可见这一阶段的滨海园区以单一功能工业区形式承载着以工业生产投资为主的资本初级循环，而工业用地的出让也成为管委会进行开发区"滚动开发"的重要资金平衡来源[②]。另一方面，就资本招引来说，管委会实施产业规划与招商政策展开资本遴选，即通过编制区域产业发展规划形成"产业指导目录"，并进一步在招商引资政策中设置涵盖高亩产、低能耗、低污染等标准的产业准入门槛，旨在吸引高新技术产业、战略性新兴产业等目标企业入驻，保障园区在土地财政之外有稳定且较高的企业税源收入，而管委会的这种准企业行为也促使开发区资本循环限定在特定企业对象和产业类型。截至 2010 年，管委会招商引资包括正泰电器、华润电机、长江汽车等内、外资和中外合资工业企业共计 650 家，集聚电气机械、关键汽车零部件、激光与光电等附加值较高的制造产业。到 2010 年，园区实现工业产值 416.80 亿元、进出口总额 13.06 亿美元、入园企业累计投资额 316.01 亿元和引进外资累计 4.92 亿美元。

---

① 资料来源：《温州经济技术开发区滨海园区总体规划》（2001 年编制）。

② 截至 2010 年，温州经开区涉及工业用地出让 13.15 km²，如果以当时每亩工业用地 30 万元平均出让价格测算（集体农用地征地成本微乎其微），虽然土地使用权有偿出让金总额与建园来累计 75.99 亿元的基础设施投资额存在一定缺口，但从侧面反映出土地使用权有偿出让金对于温州经开区建设的重要性。

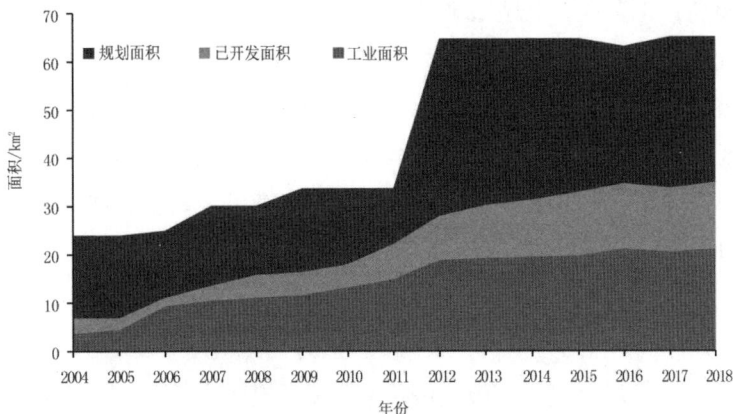

图 4-2　2004—2018 年温州经开区土地开发情况

注：《2020 年温州统计年鉴》未进行园区、开发区基本情况统计。

资料来源：历年温州统计年鉴。

4.2.2　多功能综合性产业区：资本次级循环

2008 年全球金融危机之后，中国作为"世界工厂"的产能过剩问题日益成为经济发展之"殇"，再加上东部沿海区域的劳动力红利又临近"刘易斯拐点"，这意味着我国局部区域产业资本报酬将会面临递减风险，但资本是力求超越一切空间界限"为积累而积累，为生产而生产"的，因而国内产业特别是嵌入全球生产网络中的劳动密集型制造业发展面临地理和／或区位的"转移"即去地域化，以及既有服务于资本的建筑物和基础设施等"理性景观"不得不面临自我摧毁的尴尬境地。然而，借由哈维（2019）的"时空修复"理论可知，通过投资长期资本项目或社会支出来推迟盈余资本在未来重新进入流通领域的"时间修复"方式，可以解决（延迟）资本过度积累、缓和经济危机，且资本的时间延迟亦可替代空间转移。正是基于上述逻辑，中国出台"四万亿"投资计划，规模上马高速铁路、高速公路等基础设施项目，而在地方政府层层加码下，更是催生数量可观的新城新区。温州经开区金海园区建设正是这场大规模"造城"运动中的一个至为典型的缩影，其也成为更宽泛意义上的化解全球金融危机的脚注。

2010 年前后，滨海园区基本完成一次土地开发，但以工业生产单一功能为主的土地利用方式却愈益凸显园区"产城分离"困境。城市没有产业支撑，即便再漂亮，也就是"空城"；产业没有城市依托，即便再高端，也只能"空转"（张道刚，2011）。于是，借助国家"四万亿"投资计划下的城镇化"运动式"造城的东风，温州经开区管委会开启以"建区"向"造城"战略转型为核心的开发区第二次创业，即以较高成本投入"向海要地"方式，在邻近滨海园区东南边围垦滩涂用地上建设金海园区，以配套商务、商业、居住等城市功能，实现温州经开区以产促城、以城兴产，以及所谓的"人、产、城"融合。事实上，早在 2004 年国家级经济技术开发区创建二十周年的全国工作会议上，开发区发展方针就由"三为主、一致力"调整为"三为主、二致力、一促进"，而其中的"一促进"即促进国家级经济技术开发区向多功能综合性产业区发展[①]；再者，2005 年国家出台的《关于促进国家级经济技术开发区进一步提高发展水平若干意见的通知》，亦明确提出"促进国家级经济技术开发区向多功能综合性产业区转变"。然而，在 2010 年后，温州经开区管委会才将开发区发展重点转向多功能综合性产业区建设，背后深层逻辑除发展阶段论外，更多在于 2008 年后的宽松货币政策和积极财政政策下，管委会可以举债上马建设金海园区，而这一方面在地方尺度响应了中央引导资本投资长期项目来缓解资本过度积累危机，另一方面又促进了开发区"产城融合"，进而推进产业的转型升级及其在地方固着发展即阻碍"区位再选择"，可谓两全其美、一举两得。当然，管委会亦可以进行滨海园区空间重构配套城市功能，但并没有如此行事，而是选择蔓延式增量扩张，其中缘由在于：其一，追求空间增量扩张可以创造地方财政收入；其二，维持存量工业能为地方政府提供持续税源，且工业效益依旧是上级部门考核的重要指标；其三，由于与分散产权人进行交易谈判存在信息不对称，以及存量土地存有较小的潜在地租与实际地租之间的差值即"租差"收益，地方政府缺乏足够经济激励推进滨海园区空间重构（洪世键，2017；丁成呈等，2019）。

由丁山和天成两个滩涂垦区围填海而来的金海园区，原用以规划建设以

---

① 在上海召开的全国经济技术开发区工作会议上（1989 年），开发区发展方针明确设定为"三为主、一致力"，即以发展工业为主、以利用外资为主、以出口创汇为主和致力于发展高新技术产业。而后，在北京召开的国家级经济技术开发区创建二十周年工作会议（2004 年），为适应"第二次创业"新阶段发展要求，开发区发展方针动态调整为"三为主、二致力、一促进"，即以提高吸引外资质量为主，以发展现代制造业为主，以优化出口结构为主，致力于发展高新技术产业，致力于发展高附加值服务业，促进国家级经济技术开发区向多功能综合性产业区发展。

高新科技产业生产为主、传统产业提升为辅且具有完善生活配套的综合性生态新城——温州民营经济科技产业基地，而经"尺度上推"纳入国家级经济技术开发区范畴后，这一空间功能定位为生产生活生态"三生"融合、宜居宜业宜商"产城一体"的滨海新城，以此满足温州经开区"人、产、城"融合发展诉求。而具体到操作上，首先，地方政府面向全市发行 8 亿元募集金额的"蓝海股份"城投债，固定年收益率 6.5%—8% 不等，吸引温州充裕民间资本参与滩涂围垦建设，而据不完全统计，2011 年温州民间资本估算有 7000 亿—9000 亿元。其次，管委会开展"造城先造环境"行动，通过新成立的温州滨海新城投资集团有限公司，前期大手笔建造金海湖公园，后期围绕金海湖公园重点建设涉及 3.2 km^2 的金海园区滨海新城核心区，而在此期间管委会办公大楼从滨海园区搬迁到金海湖旁。截至 2020 年，在房地产开发方面，金海园区招引碧桂园、富力、德信等国内知名地产企业，建成总建筑面积近 200 万平方米的多个中高档居住小区，容纳住户规模近 1.5 万人，一定程度上改善了开发区居住功能薄弱的短板。在教育设施配套方面，金海园区引入包括温州市籀园小学滨海分校、温州市绣山中学（滨海分校）、温州滨海外国语学校等在内的多所优质民办中小学，以满足温州经开区园区内居民及企业管理人员子女就学需求。

4.2.3　创新型科技新城：资本三级循环

21 世纪全球知识经济时代，科技创新能力越来越成为国家和区域间实力竞争的关键。在 2014 年夏季达沃斯论坛上，李克强总理提出"大众创业、万众创新"，而党的十八大以后，创新成为国家五大发展理念之首，习近平总书记特别指出"创新是以科技创新为核心的全面创新"。党的十九大报告中，习近平总书记更是强调，创新是引领发展的第一动力，是建设现代化经济体系的战略支撑。创新驱动发展主旋律下，开发区作为我国战略性制度空间，理应成为引领科技创新的策源地。为此，国务院相继发布《关于促进开发区改革和创新发展的若干意见》（国办发〔2017〕7 号）、《关于促进国家高新技术产业开发区高质量发展的若干意见》（国发〔2020〕7 号）等指导政策文件，明确开发区创新发展的实现路径与制度保障，由此各地开发区掀起争当区域科技创新主阵地和桥头堡的热潮，当然这其中也包括温州经开区。

自"双创"倡议以及创新驱动发展战略实施以来，地方政府—管委会便将经开区功能定位从"'产城一体'滨海新城"更替为"滨海创新科技城"，以推进开发区第三次创业，建设"民营经济创业创新高地"。为此，政策制度方面，管委会出台了《关于鼓励支持科技型企业融资若干政策意见（试行）》《温州浙南产业集聚区开展高校毕业生招引"510计划"暨"集智聚才汇金海"攻坚行动方案》等系列科技创新财政补贴政策和招才引智奖励政策，以及成立引导投资战略性新兴产业的政府产业投资基金，以促使开发区内的制造企业聚焦科技创新。科创平台方面，管委会搭建浙南经济总部大厦、中国电子（温州）信息港、温州海洋科技创新园等多个生产性服务业场所，并抓住国家推动长三角一体化的契机，与上海嘉定工业区在经开区共建嘉定工业区温州园"科创飞地"，旨在建立本地蜂鸣—全球通道和引入智能制造等新兴产业，助推开发区嵌入区域创新网络，推动制造业创新发展以及提升全球价值链。人力资本方面，管委会在经开区引入温州市职业中等专业学校和浙江东方职业技术学院两所大专院校，以及与浙江大学、东北大学等国内高校探索校地人才合作，培养园区科技人才和知识"蓝领"。由此可知，在"滨海创新科技城"功能构想下，地方政府—管委会通过空间的治理促进了资本在经开区的循环回路，而其也取得了一定效果（见图4-3和图4-4）。

综上可见，在地方政府和开发区管委会权力与全球盈余资本缔结形成"经营型"城市增长联盟推动开发区空间生产过程中，温州国家级经开区的空间功能历经从"现代化产业新区（以滨海园区空间为载体）—'产城一体'滨海新城（以金海园区空间为载体）—滨海创新科技城（以滨海园区和金海园区空间为载体）"的三度变迁。温州经开区的空间功能演化进程，可以说与中国开发区的"三次创业"普适性发展规律特征高度吻合，当然这一空间功能建构表象背后更多体现的是其服务于哈维所提出的"资本三重循环"，亦即资本为最大化追逐超额剩余价值，在不同发展阶段对其所占用的空间分别进行工业生产投资、建成环境投资与科技创新投资。诚然，在这之中，温州地方政府与管委会通过不断调整政府与市场的关系，也即实施政府市场化的渐进式改革（由行政管理、政企分开到市场经济），在经开区不同发展阶段与工业生产企业、地产开发商、生产性服务业企业等不同资本方形成差异伙伴关系，以实现空间功能建构的共谋、共塑与共演（见图4-5）。如此，作为与产业和经济增长有关的战略性制度空间——温州经开区在经过 20 年的发展历程后，解开了曾经作为偏僻与封闭的"地方"空间枷锁，成为地方链接全球的、承载工业化和城镇化的前沿全球化空间，以致对温州乃至浙南区域经济社会发展、空间结构重构等产生深远影响。

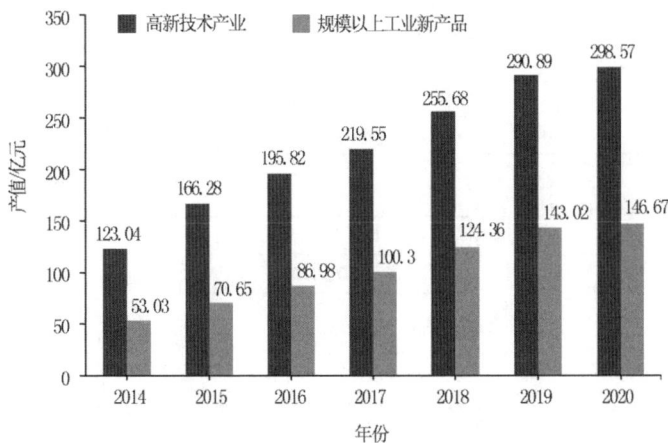

图 4-3 温州经开区高新技术产业产值与工业新产品产值

资料来源：历年《温州经济技术开发区统计月报》。

图 4-4 温州经开区高新技术产业投资与 R&D 经费支出

注：R&D 指研究与试验发展。

资料来源：历年《温州经济技术开发区统计月报》。

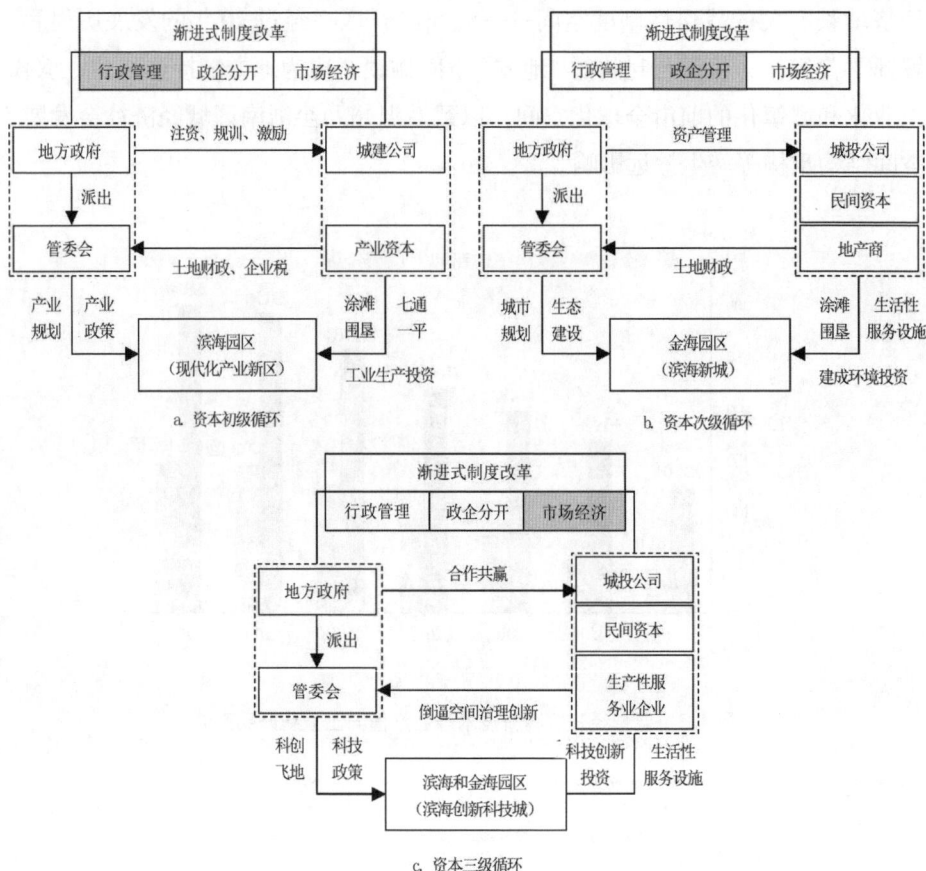

图 4-5　温州经开区权力运作、资本循环与功能演化

4.3　周边街道的空间功能与资本循环

20 世纪 80—90 年代，国家在农村逐步推行家庭联产承包责任制，并于 1984 年下发一号文件，支持农村发展商品经济、搞活流通，这给温州农村家庭工业的崛起带来春风，而其也成为农村工业化的重要组成，以及推动"自下而上型"城镇化的重要驱动力，典型的如"中国第一座农民城"——苍南县龙港镇的横空出世（其已于 2019 年撤镇设龙港市）。学界和公共政策界将温州的这一独特区域经济发展特征称为"温州模式"（胡方松和林坚强，2018；史晋川等，2020）。正是在这一特定时空语境中，彼时的温州经开区周边沙城、

海城、天河等区域村民在传统海洋渔业（滩涂养殖）、农业种植之外，同样自发地进行非农经济发展，由此区域孕生水暖洁具、食品机械、阀门、电器开关等"一乡一品"的家庭工业，并形成海城工业区、永福工业区、天河工业园区等分散的"块状"工业区（龙湾区史志编纂委员会，2013），参见表4-1。而进一步的，区域在农村家庭工业发展之下，又会推动乡村空间向城镇空间的转变，也即周边乡镇在财政结余中推进交通等基础设施建设，村民因腰包鼓足而开始在宅基地上盖造3—6层自住房，旨在改善居住条件。由此可见，2000年前的温州经开区周边几个乡镇经济社会发展呈现蓬勃之势。

表4-1　20世纪末温州经开区周边街道工业发展情况

街道名称	工业发展情况
沙城街道	形成食品机械、阀门、五金电器、人造革等产业，1994年工业产值3.57亿元
天河街道	形成民用电器、日用五金、服装纺织、食品饮料等产业，1994年工业产值2亿元
海城街道	形成水暖洁具、民用电器、石化仪表、五金标准件等产业，1997年工业产值54.81亿元
永兴街道	建有永兴工业南片、北片工业区和水潭工业中片工业区，形成阀门、鞋革、管件、铸造等产业，1993年工业产值3.5亿元

资料来源：《温州市龙湾区志》（2013）。

进入21世纪以后，在区域"核心—边缘"不平衡地理发展进程中，为倾斜性促进战略性制度空间——经开区建设发展，经开区范围界线外的沙城、海城、天河等周边街道更多时候被地方政府"规制"——功能定位为开发区的辅助性功能供给区域，即外围区域（peripheral region），而这致使周边街道经济社会发展趋于式微。从历年规划文件中的相关话语叙述可以管窥（见表4-2），地方政府给予周边街道的功能定位更多是以服务于经开区的具备良好居住功能和生活配套设施为主的城市组团，而这也就意味着这一区域在农村工业化之后的家庭工业作坊、工场和农民自建房等物质景观需要进行改造更新，但是由于重建改造的收益较低，导致无论是企业化地方政府还是市场资本都倾向于减少固定资产投资或仅仅维持社会事务正常运转，以让其加快衰败，从而进入下一轮再开发周期。从图4-6可以看出，"十二五"以来周边沙城、天河、海城和永兴四个街道限额以上固定资产投资总额仅是经开区滨海园区和金海园区限额以上固定资产投资总额的 15% 左右。如此看来，在周边街道就不存在所谓的资本循环之说，或者说仅少部分资本停留在原来农村工业化发展起来的家庭工业的初级循环阶段。譬如，其中的海城街道 1997 年工业产值就达到 54.81 亿元，而到了 2008 年该街道工业产值还是才 54.94 亿元。

表 4-2　历年政府规划文件对温州经开区周边街道功能与发展定位

年份	规划文件	功能与发展
2000	《温州市龙湾区永强片次区域规划》	规划四个居住园区，布置大型超市、百货商场等，完善商业服务设施配套，创造良好的居住生活环境
2005	《温州市龙湾区永强南片分区规划》	建设滨海大道以西以居住功能和生活配套设施为主的综合片区
2010	《温州经济技术开发区"十二五"规划》	融入开发区整体发展战略，将开发区西部建设成为开发区的重要城市组团，成为现代化的综合商住区
2015	《温州经济技术开发区"十三五"规划》	打造生态宜居休闲区、传统产业提升区
2020	《温州大都市区滨海新城概念规划》	打造沿山生态旅游休闲区

资料来源：《温州市龙湾区永强片次区域规划（2000—2020 年）》等规划文件。

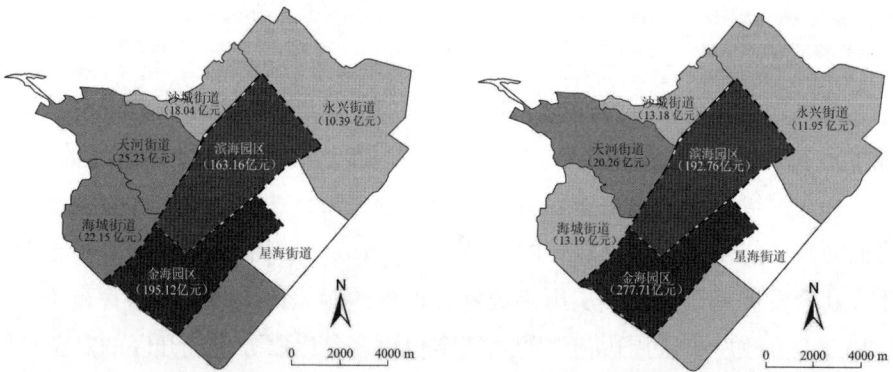

a. 2011—2015 年固定资产投资额　　　b. 2016—2020 年固定资产投资额

图 4-6　2011—2020 年温州经开区与周边街道限额以上固定资产投资情况

注：温州经开区（滨海园区和金海园区）切块单独统计，星海街道剩余部分数据缺失。

资料来源：历年《龙湾统计年鉴》《温州经济技术开发区统计月报》。

周边街道区域近30年的停滞发展现象，借鉴史密斯的"租差理论"可知其内在逻辑在于潜在地租与实际地租之间的"租差"收益尚未达到资本进入重建改造的门槛阈值。按照洪世键等（2016）将租差理论结合特征价格模型进行修正和改良的观点，潜在地租与实际地租形成四种组合模式，包括：潜在地租因周边建成环境等改善而上升，但特定地块（以内城工业区为典型，其要以较高环境等成本维持生产）实际地租却因不能吸收这种正外部性，再加上自身不动产贬值而下降 [见图 4-7（a）]；潜在地租随着周边建成环境等改善上升的同时，特定地块（以城中村为典型，周边环境改善外溢带来额外租金收入大于建筑物贬值）实际地租也伴之提升 [见图 4-7（b）]；城市发展处在稳定成熟期或整体建成环境变化较小，这种情况下潜在地租通常不变而实际地租出现下降现象 [见图 4-7（c）]；城市发展处于不断收缩期或整体建成环境呈现恶化，此种情景下潜在地租和实际地租都呈现下降趋势 [见图 4-7（d）]。由此可知，温州经开区周边案例中的住区发展更多呈现潜在地租与实际地租同向上升，而工业区块发展则更多呈现潜在地租上升、实际地租下降的情况。

就住区而言，一方面，周边街道外围区域建成环境提升特别是经开区开发，以及滨海大道等交通基础设施建设带来区域可达性改善和不动产价格上升，外溢带动周边街道内部住区潜在地租上升。另一方面，周边街道区域内的住区建筑物虽多为20世纪80—90年代建设的农村宅基地住房，而2000年以来的经开区发展为周边区域带来大量租房、餐饮、住宿、零售等消费需求，这促使本地村民们为赚取房屋出租收入，或在宅基地甚至农林用地上最大限度加建非正式/非正规住房（informal housing）[1]，或将自家住房中的闲置楼层稍加装修出租给外来农民工，其中一个普通简装房间月租金大约500—1000元不等，或改变低楼层居住功能，提供餐饮消费场所（多以"底商上居"或者"下店上寝"形式为主）。如此一来，建筑物的使用价值因为日常维护、房租收入等因素反而上升了，促使实际地租也同向提升。也正因为这样，区域内住区因"租差"始终处于较小利润空间，造成更新改造难以发生，这也佐证了近

---

[1]　20世纪90年代以来，温州农村特别是城郊区域掀起在宅基地上建造自建房的热潮，甚至一些农民抓住当时空间缺乏管治的时间窗口，规模建设未经政府许可、脱离政府监管和城市规划控制的非正规住房，而直到2013年地方政府开展旧住宅区、旧厂区、城中村改造和拆除违法建筑这一"三改一拆"行动，这类非正规住房才得到规范与控制。

些年国家棚户区改造即温州"大建大美"行动①从未触及这一区域城中村再开发的事实，仅有的尊芳村、南桥北村、沙园村等村搬迁改造，也多半是城市路网建设所需，而非城市再开发利用。根据克拉克（Clark，1987）的经验研究，欧洲城市住区因"租差"扩大而实施更新的周期普遍在75—110年；胡毅（2015）对我国经验研究表明，中国城市化现处于加速阶段，因此住区更新周期普遍较短，通常为30—50年，而温州经开区周边街道内的住区距离上一次更新建设过去30多年时间，按照学理逻辑其已处在再开发区周期内。

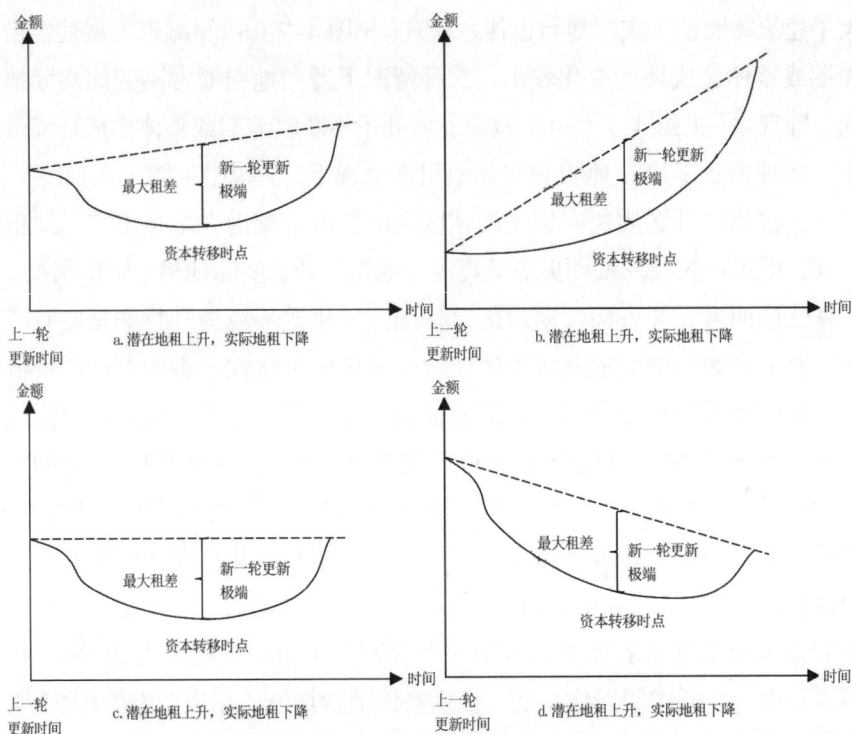

图4-7 潜在地租与实际地租的四种组合模式

资料来源：洪世键等，2016。

---

① 温州2017年来的"大建大美"行动是"三改一拆"行动的延续，地方政府计划到2020年基本完成市区城中村改造，继而在拆后土地上开发利用并提供城市公共服务功能。

再则，就工业区块来说，周边区域（特别是经开区）开发建设同理会带来潜在地租的上升，但也正是因为周边区域环境改善，以及地方政府在生态文明理念指引下严抓生态环境建设，如推进截污纳管工程、实践"河长制"等内容，从而倒逼区块内"低、小、散"工业企业支出高昂环境保护成本，相当程度挤压了工业企业利润空间。而同时，工业建筑物通常呈现较快的折旧速度。因此，上述双重因素叠加造成现有土地利用条件下的工业区块实际地租的下降。诚然，随着时间推移，工业区块潜在地租的上升和实际地租的下降会促成"租差"不断增大，从而降低资本就空间进行再开发的门槛阈值。但是，囿于周边街道内工业区块多为零散分布、规模较小，且内部有些仍为"家庭工场式"企业，造成难以形成"土地价值洼地"的成片型、规模化开发气候，抑或重建改造存在较高成本门槛，这一定程度上影响了潜在地租的提升空间，以致区块更新周期相对较长。

4.4　小结

本章从空间的表征视角审视城市边缘开发区"区镇割裂"，即基于"地方政府主导下的空间功能演化与资本三重循环"分析框架，探讨了温州经开区和周边街道的功能演化与资本循环。

温州经开区作为较早批复的国家级经开区之一，为形成"地方—全球"经济链接、吸附全球盈余资本投资工业和促进区域经济快速增长，温州地方政府权力付诸土地资源垄断、管委会治理（下设城市发展与投资公司等准政府机构参与市场）、城市与产业规划、财税激励政策等空间管理与政策方式，而且不断调整政府与市场关系，以促使开发区空间功能演化，从而动态满足资本三重循环对空间属性的要求。由上述分析可见，温州经开区经历"现代化产业新区—'产城一体'滨海新城—滨海创新科技城"三度空间功能变迁，也即呈现典型的开发区"三次创业"发展阶段特征，而其应该说是迎合资本的工业生产投资、建成环境投资、科技创新投资等三重循环空间化的需要。如此，在经历 20 年的空间生产历程后，温州经开区发展成为较具前沿性的全球化空间。当然，从这一发展历程亦可管窥出，地方政府主导下的开发区空间功能变迁，似乎并不是资本发生回路危机时才发生的，如"十三五"以来，为应对经开区竞争力不足问题，温州地方政府和经开区管委会主动引导经开区"第三次创业"即创新发展，而不是等资本发生次级循环危机后才去作为，由此佐证上文利姆（Lim）、吴缚龙等学者提及的观点，新自由主义中国模型下的地方政府在服务市场的同时，也试图利用市场手段或通过市场行事来解决城市化发展矛盾问题，即呈现"以规划为中心、以市场为工具"的城市企业主义特征。

20世纪80—90年代，经开区周边街道曾经历农村家庭工业自发兴起而带来农村工业化并推动"自下而上型"城市化的繁荣发展期。然而，进入21世纪，地方政府权力对周边街道的空间功能构想与定位更多是以服务于经开区的具备良好居住功能和生活配套设施为主的城市组团，而这也就意味周边街道被"规制"、定义为经开区的外围区域，且囿于宅基地居民住房和以家庭兼业为生产形式的工业空间占满这一空间，以致企业化地方政府和市场资本都倾向于减少固定资产投资或仅仅维持社会事务正常运转，以让其加快衰败，从而进入下一轮再开发周期，即资本较少"光顾"及在此开展循环。因为，根据史密斯的"租差理论"可知，周边街道的潜在地租与实际地租之间的"租差"收益尚未达到资本进入重建改造的门槛阈值，而按照既有学者对中国经验研究得出，这一改造更新周期大概在30—50年。

第五章　空间的实践：温州经开区与周边街道的地理景观变迁

地理景观（亦称"地景"）的演变，是社会、经济和政治"创造性破坏"过程在地理空间上的烙印。聚焦到城市边缘开发区对象上，为实现无限积累和永不休止地获取利润，资本总是联合权力在一定时空范围内创造符合自身地理扩张和时间重配的地理景观，因而开发区的地理景观更多是作为承载资本积累白板的功能，映射资本增殖的各时间阶段的空间性。当然，这种开发区的地理景观也是不平衡地理发展中的"理性景观"，居于"核心—边缘"空间结构中的"核心"位置，由此与周边乡镇的地理景观形成分异变迁特征，也即后者更多时候被边缘化为"功能性景观"。故而，本章结合历年遥感影像等资料，首先解译与刻画温州经开区长时间序列地理景观演变及与周边街道的二元分异特征，再据此解构这一特征背后的政治经济和社会文化建构逻辑与蕴意。

5.1　景观的意义及其研究

景观抑或地景，对应英文单词 spectacle 和 landscape，前者源于拉丁文 spectae 和 specere，后者源于德文 landschaft，其中在《辞海》中景观被解释为"景色、景象"。景观一词最早出现在希伯来文本的《圣经·旧约》中，被用以描绘梭罗门皇城（耶路撒冷）的瑰丽景色，而最初作为生态学和地理学概念被提出，则多指自然界各种形态的地貌景观（俞孔坚，1987）。然而，进入以视觉体验为主的景观社会，视觉被提高到以前曾是触觉享有的卓越地位（德波，2017），也就是说，人们愈加依赖视觉体验和享受并制造了俯拾皆是、光怪陆离的文化景观，文化景观遂成为建筑学、风景园林学、地理学等人文社会学科的研究对象之一，其中人文地理学"视觉"研究的主要对象即为文化景观。由此，也可以反映出景观所包含的"景"和"观"双重含义，前者指人类实践感知的客观的、物化的对象，涉及自然景观或文化景观，后者指对客观对象的主要看法和态度，亦即"观看的方式"（way of seeing）。一言以蔽之，景观兼具客观现实和被展示的视觉对象的双重意涵（周志强，2011），是真实世界中分离、抽离出来的认知、意识、价值的领地（德波，2017）。

地理学中关于景观的理论研究方面，涉及传统文化地理学、马克思主义地理学、人本主义地理学以及新文化地理学等分支学科演化谱系。其中，以伯克利学派索尔为代表的传统（静态）文化地理学，认为景观是附加在自然景观上的人类活动形态，其着重探讨景观的划分、形态、分布等内容（李倩菁和蔡晓梅，2017）。以段义孚（2018）为代表的人本主义地理学从现象学和存在主义哲学方法论上，探讨景观之于人的感知、态度和价值观，例如其提出"地表景观里竖直的元素能唤起奋进精神，唤起对重力的反抗；水平的元素则带来和顺、平静的感受"。马克思主义地理学者则更多聚焦景观背后的生产方式和阶级斗争，如哈维（2017）认为资本总是会创造出自己的景观，但其总是要通过地理扩张和时间重配来解决经常出现的过度积累问题，故而某一时刻的景观又总是在未来某一时刻被摧毁，而这就是资本主义物理和社会景观发展过程中的创造性破坏历史烙印。进入 20 世纪 80 年代后半叶，人文地理学开始"文化转向"，以科斯格罗夫（Cosgrove）和丹尼尔斯（Daniels）为领军人物的新文化地理学从"视觉"角度深刻阐述了景观作为"文本"背后的社会文化建构含义以及一种自我符号化的过程，指出景观研究不仅要关注其形式功能变迁，更应关注背后所隐藏的社会关系和文化含义（Cosgrove，1984）。也就是说，景观是社会的、历史的、政治的和美学的（Relph，1987），充斥着控制权和所有权的暗示（Wylie，2007）。当然，在越来越多的学者开始关注景观背后隐喻的深层符号性意义之中，也有学者提出需要超越景观的表征这一流行的分析框架，如 Lees 和 Baxter（2011）就指出，"建筑（景观）不仅仅关乎表征，作为一种实践和一类产品，建筑具有表演性，它包含了持续的社会实践，由此使得空间被改变和使用"，进而言之，我们需要分析景观如建筑如何在不同的时间和空间语境下实施其功能，以及个体如何体验或者使用建筑来表达各自的身份。

在关于景观的实证研究面向，戴维斯（Davis，1990）在《水晶之城》（*City of Quartz*）一书中运用符号学理论解构洛杉矶这一后现代化城市中的建筑环境的社会意义，认为建筑风格以及房屋等空间布局维护了权力关系和社会控制。再则，新加坡学者鲍存彪（Pow，2009）探讨中国特殊的"后社会主义"及转型期住房市场化改革语境下上海门禁社区与建筑的审美泛化主题，强调门禁社区是城市空间重构和新自由城市主义的产品，而它的现代前卫"风格本质"、恐惧和安全感的审美泛化隐喻了身份展演、阶层分异和（空间）排斥。华裔学者张鹂（2014）借助人类学视角深描了 20 世纪 90 年代北京浙江村空间、权力与社会网络的重构，认为"建筑符号学"视角下的浙江村大院的地点和建筑风格可被视为城市里温州人被铭刻于空间之中的边缘（marginality）和阈限（liminality），是其"陌生人"社会身份的物质化、外在化的集中体现。与此相类似，张玥（2018）基于城市空间政治学学理，揭橥了北京前门大街、什刹海等典型历史街区改造为迎合消费主义而迅速"迪士尼化"，言明市政部门间的功能性割据为这种"符号式保护"创造了条件。在国内学者方面，有周尚意等（2010）探讨了改造后的北京前门—大栅栏商业区景观表征多以北京文化符号替代老商业区文化符号，而这一定程度削弱了地方认同及文化多样性。叶超等（Ye et al.，2018）则以高压线下上海和平村村庄为例，从隐喻视角批判性地揭示出当下中国新农村建设"自上而下"模式大量建设公园、公路桥梁、美化景观等"美化工程"和"政绩工程"，而较少关注居民切身利益及社区文化建设，认为这一现象的深层机理恰是权力、资本等话语空间化在乡村的体现，居民也由此在生理和心理上感知被边缘化。

综上看出，景观是一种可视化的物质实体，折射出背后的权力关系和社会变迁，同时也是不同社会行动者对其进行观看的方式（孙九霞等，2017），当然也包含着持续的社会实践。鉴于此，本研究融合新文化地理学相关理论，但更多从马克思主义地理学学理出发，借由景观包含的"景"和"观"双重含义，全方位解构温州经开区与周边街道的土地利用分异变化、物质景观差异特征和这些景观所表征的内容，以及背后所隐藏的政治经济和社会文化建构逻辑与含义，但不涉及其中社会实践所传递的符号意义。此外，这里需要说明的是，在本研究下面论析中更多时候是使用"地景"而不是"景观"一词，旨在强调本研究所应用"地景"的范畴不完全等同于德波的景观命题，但类似于朱津（Zukin）在《权力地景：从底特律到迪士尼世界》（*Landscapes of Power: From Detroit to Disney World*，2010）中关于"地景"的诠释：地景，它不仅代表实质环境地理意义，也指涉物质与社会实践及其象征再现的总和（刘润等，2016）。与此同时，本研究认为"地景"一词也更能突显土地置于物质景观、社会文化的基质作用。

5.2 土地利用分析的空间范围与数据来源

5.2.1 空间范围框定

城市边缘开发区"区镇割裂"研究涉及开发区与周边乡镇（街道）区域，而从温州经开区与周边街道的空间关系来看，研究适宜将经开区（星海街道）与周边沙城、天河、海城、永兴等四个街道框定为研究范围，即土地利用覆盖分析范围。在具体空间位置关系上，从 2020 年的遥感影像图可识别出，由滨海和金海两个园区组成的温州经开区，它的西侧相当一部分是沙城街道、天河街道和海城街道的旧街区，东北侧一大块空间是空港新区（市级产业功能区），东侧即为完工的围填海工程"龙湾二期"，而再向东空间则为停工中的围填海工程"瓯飞一期（北片）"（由于存在政策处理问题，未来一定时间内将难以开发利用），南侧则为跨行政边界的县级市——瑞安市。

5.2.2 数据来源与处理

收集覆盖温州经开区及其周边街道范围的 2000 年、2010 年和 2020 年三个时间断点遥感影像和 2011 年温州市 1：50000 地形图。结合上述遥感影像资料，运用 Arcgis 10.8 软件将地形图作为控制点对 2000 年影像进行几何配准，再以 2000 年的图像为准分别对 2010 年和 2020 年影像进行几何纠正。然后，利用 Arcgis 10.8 的空间分析和统计功能对三个时相遥感影像进行人工目视解译，提取河流水面、沿海滩涂和各类建设用地等边界线，并依据《国土空间调查、规划、用途管制用地用海分类指南（试行）》（自然资办发〔2020〕51号）科学划分用地用海类型（见图5–1）。最后，在此基础上进行空间图像叠加和面积变化属性统计。

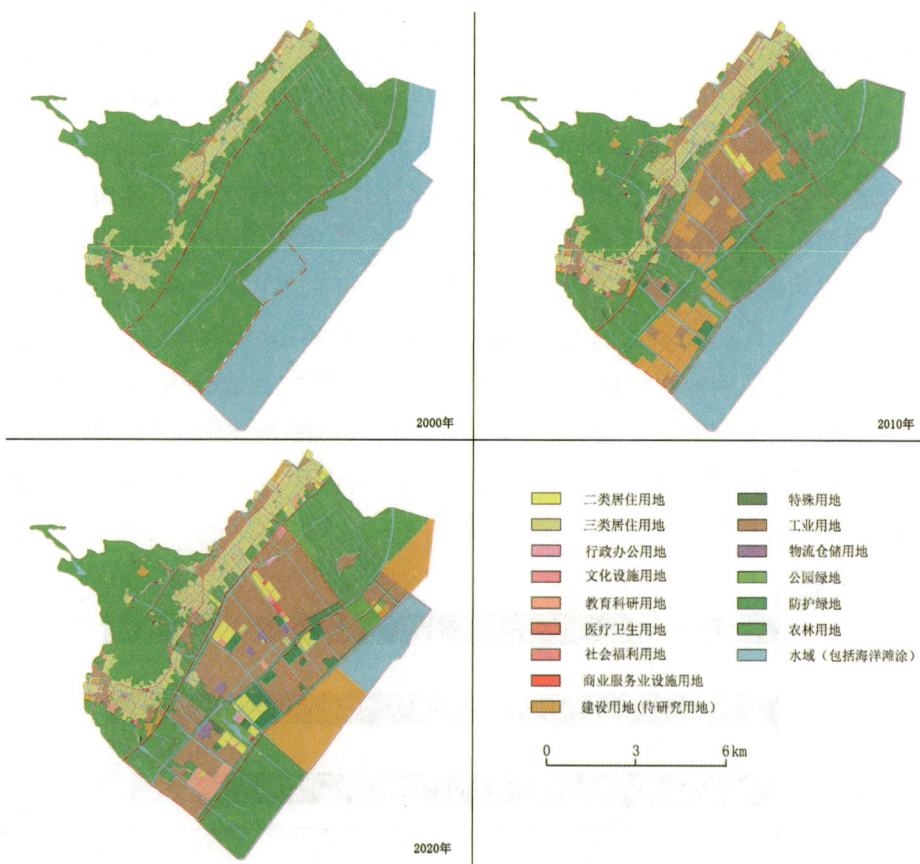

图 5–1 2000—2020 年温州经开区及周边土地利用覆盖变化

5.3 经开区地理景观的演变特征

5.3.1 土地利用变化

2000—2020 年短短的 20 年间，面积近 30 km² 的温州经开区内部土地利用覆盖呈现剧烈变迁特征，即既有农林用地以及包括海洋（沿海）滩涂在内的土地资源，大比例转变为建设用地类型（见图 5-1 和图 5-2）。

具体来说，由对历年各用地类型斑块面积进行数据统计可知，经过大规模、快速化的开发利用，经开区内部农林用地面积由 2000 年的 25.80 km²，减少到 2010 年的 11.38 km²，再到 2020 年仅留存 3.71 km²，总计减少 22.09 km²；再者，其间水域（包括海洋滩涂）面积也缩小了，从 2000 年的 4.01 km²，减少到 2010 年的 2.61 km²，到 2020 年则稍微增加到 2.73 km²，总计减少 1.28 km²，减少的这些数量大部分是海洋滩涂面积（经开区红线范围内中部东侧地块，即围填海"天成围垦"）。然而，上述大比例减少的农林用地和海洋滩涂面积，基本是被转变为以工业为主，居住、商业服务、公共服务等为次的建设用地类型，其中工业用地面积由 2000 年的零占地，增加到 2010 年的 7.65 km²，再到 2020 年的 16.61 km²，增加的工业用地大部分位于滨海园区内；同期，居住用地面积也从 2000 年的零占地，增加到 2010 年的 0.36 km²，再到 2020 年的 1.80 km²，特别是 2010—2020 年增加的居住用地多以金海园区的二类居住用地性质为主。此外，公园绿地、教育用地、物流仓储用地等也均有不同程度增量与占比。

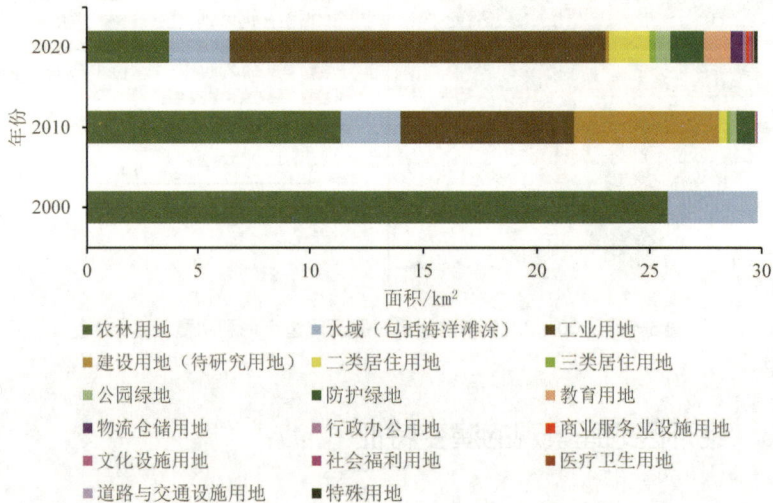

图 5-2　2000—2020 年温州经开区土地利用结构变化

由此观之，在中国的"压缩"城镇化和新自由城市主义下，温州经开区土地利用覆盖经由权力与资本政经要素参与而发生翻天覆地的变化，区域内自然空间（natural space）也即马克思的"第一自然"（first nature）经由城市增长机器作用后变得越来越少，更多的则是被动员改造为工业用地、居住用地、商业服务用地等土地类型的经济空间，以服务于资本流动增殖的需要。对此，列斐伏尔（Lefebvre，1991）曾批判道，现代资本主义生产模式下，自然空间无可挽回地消逝了，它被降贬为社会的生产力在其上操弄的物质。换言之，自然空间成了资本积累的生产资料和消费对象或者说载体与商品，不断被挤压和吞噬，于是，资本逻辑就替代了原有的自然哲学逻辑（姚华松等，2020）。

5.3.2　物质景观特征

从上述土地利用覆盖变化分析可知，在资本与权力不断角力、妥协和合谋下，温州经开区内部物质景观之创造性破坏与大型封闭式工厂、高档门禁社区、城市公园和购物广场等私人与公共空间高度联系在一起。故而，下文主要基于上述物质景观类型展开分析。

大型封闭式工厂。2000 年以降，在空间发展定位为"现代化产业新城区"的温州经开区滨海园区中，大型工厂规模建设方兴未艾，而福特主义与灵活积累两种生产方式同时存在于当前我国工业化生产体制的语境下，其理所当然成为维持工业生产的重要空间介质、过程和产物。位于远郊区的大型工厂更多像纪录片《人造景观》（*Manufactured Landscapes*，2006）中展示的无数工厂（如国内富士康厂区）一样，呈现出一种典型的"单调且实用"特征，即其普遍为灰色或白色的混凝土楼房或钢结构厂房，看起来是现代的，但完全没有装饰，建筑色彩昏暗、形象缺乏美感与辨识度，与周边高档门禁社区、消费场所、休憩公园等景观无法和谐统一，且封闭性是其标配，甚至有些工厂建筑体连窗户也没有。此外，虽然近些年住房市场化程度愈加提高，但温州经开区内仍还有相当比例的大型封闭式工厂为员工提供单身集体宿舍，而员工入住集体宿舍意味着需要接受封闭式管理。

高档门禁社区。"产城融合"理念指引下，2010 年后温州经开区金海园区内商品房住宅小区围绕金海湖城市公园大规模新建，而现在区域俨然一幅城市新城景象。现在这些已经建成的住宅小区几乎都是标准化的高档门禁社区，住宅建筑多数呈现典型现代欧式风格，外立面采用真石漆或石材干挂，色彩以黄色等暖色调为主，全局格调上显得标准形式、整整齐齐、一模一样。另外，小区内部普遍以雕塑、艺术品、华丽的门廊、宽阔的花园景观作为装饰。在空间治理方式上，门禁或封闭小区（Gated Communities，GCs）基本以围墙或者护栏加绿化隔离带方式形成实体空间围合，且有门卫、门禁、楼禁、层禁等严格的准入和监控系统；再者，普遍采用私人管理模式，而非由政府部门对其进行管理，如此就实现了某种程度上的"灭菌式"物理隔离。简言之，温州经开区金海园区这些整体风貌机械统一的"欧陆风"高档门禁社区，可谓是最普遍甚至疯狂的错乱，难以让人"阅读"，也即淋漓尽致地表现为胡大平（2015）认为的：建筑风格意象混乱、不中不洋、不伦不类，千篇一律和粗制滥造，景观上审美缺失，且存在排斥"他者"进入的现象。

城市公共空间。城市公共空间有公园、广场、商业步行街和非独立占地形式的开放空间等多种类型，而在温州经开区园区内，主要体现为城市公园和消费空间这两类公共空间。其一，在城市公园方面，2010年后开建的温州经开区金海园区，管委会提出"造城先造环境，造环境先做好水环境"行动口号，于是在强烈的权力意志主导下，占地面积达1289亩、其中水域面积400余亩的经开区唯一城市公园先期在金海园区核心区启动建设，规划定位为不仅是集休闲、娱乐、生态等功能于一体的现代化城市公园，更是温州东部区域城市建设的新地标。其二，在消费空间方面，金海湖公园内东北侧建有占地较具规模的消费空间——金海湖购物（美食）广场，其内部建筑多为多层、联排、方格子形状的房屋，景观呈现高度"消费美学"特征，购物广场提供精致餐饮休闲、幼儿创意辅导等较为高端的商业服务功能。此外，在滨海园区滨海六路形成有"底商上居"大众消费街区，包括其中的南龙商业步行街，提供廉价餐饮及住宿、低档服饰消费等日常生活服务功能。

5.3.3 地景变迁的表征

温州经开区地理景观的剧烈变迁是社会、经济和政治过程的创造性破坏产物。从宏观角度上来说，像温州经开区这类战略性制度空间的创设与地景变迁，可以说是国家20世纪80年代以降，"现代性转型""现代性工程"或

"现代性跳跃"的重要实践内容之一，某种程度代表了中国参与新自由主义全球化和融入想象的西方单一现代性的倾向，以及表明了与传统乡土社会生产方式的分道扬镳，即表现为农村的小农经济向中国特色社会主义市场经济的转型；同时，开发区亦是国家力求在新自由主义全球化强势话语笼罩下，通过自上而下的理性规划来发展经济，以谋求国家政治合法化叙事的重要政治工具之一，因而其地景的变迁渗透着权力意志的表达而呈现为一种"资本奇观"（周志强，2011）。而就中微观角度上来讲，一方面，温州经开区作为地方政府建构的具有地域重构和尺度重组性质的对外开放载体和温州城市与区域发展的"亚核"，其地理景观的重写说明"地方空间"向"流动空间"的嬗变，显示出以全球盈余资本为主的流动性的"光顾"，而这种流动性表征着区域发展的进步、前沿、希望、先锋、财富、富裕……意味着登上了驶向繁荣未来的"航船"（杨宇振，2009）。不仅如此，经开区地理景观剧烈变迁也显示出与温州传统海洋渔业（包括滩涂养殖）、农业种植，以及以家庭兼业为主要特征的温州农村劳动密集型工业生产形式的决裂。另一方面，值得注意的是，温州经开区既有的这些大型封闭式工厂（包括单身集体宿舍）、高档门禁社区、购物广场等物质景观，背后隐藏着一种有意识、有目的建构的结构与机制，因而，其毋庸置疑会对不同阶层群体的消费文化、身份认同、地方认同等造成改变，且进一步影响社会和个体的生产与再生产，特别是低收入劳动阶层群体的再生产。

譬如，从温州经开区滨海园区中规模分布的"单调且实用"的大型封闭式工厂景观，可以解读出：一方面，这些由色彩单调且形象缺乏美感的混凝土楼房组成的工厂，某种程度反映出园区产业处于价值链低位阶，此类工厂主会更加务实，不会花钱建设独特的工厂或工业建筑，更别说将工厂建成像苹果飞船总部大楼（Apple Park）或贝尔特圆形工厂（Belper Round Mill）这样具有广告般的宣传功能、在工业领域前沿地位的符号象征性，以及使它们的产品在消费者中更广为人知（弗里曼，2020），这也在一定程度上映射了工业资本"为积累而积累，为生产而生产"的本质。另一方面，这些大型工厂普遍呈现出封闭性的特征，对此弗里曼（2020）在其著作《巨兽：工厂与现代世界的形成》中对其的解构是，封闭性表明工厂主希望将工厂制造工艺或不利部分隐蔽在竞争对手或中间商、公众视线之外，以防某些技术被窃取、工厂恶劣作业条件被公益社会团体曝光批评。与此同时，部分工厂中提供的单身集体宿舍（大部分并非提供给流动劳动力家庭居住）进一步映射出封闭性。批判地理学、新城市社会学、空间政治经济学等领域学者认为工厂通过单身集体宿舍这种将生产空间与日常再生产空间去边界化的"宿舍劳动体制"（dormitory labour regime）生产形态，实现对流动劳动力的居住、出行、社交等日常再生产的规训乃至全景敞视控制，而这限制了流动劳动力建立组织和表达自身诉求的可能性（任焰，2006；张春龙，2013）。

再如，大规模房地产开发导向下的经开区金海园区，营建的这种建筑缺乏设计感、外立面千篇一律且色彩又极为单调的高档门禁社区，相当程度映射出商品经济时代建筑"多快好省"的工业生产模式，同质性或者说重复反映地产开发商"精于算计"的经济理性。因为，地产商为了实现资本超额利润获得，通常会推行建筑设计与生产的专业化、标准化，以最大化压缩建筑的边际生产成本，而此种重复范式下的建筑俨然成了工业品（王兴民等，2020）。这里或许可以借用本雅明的话来讲，"机械复制"成为时代主旋律背景下，建筑不再属于艺术范畴，而变成流水线上的标准化工业产品。再则，按照列斐伏尔说的"哪里有空间，哪里就有社会关系"，建成环境塑造着社会关系的结构，使不同性别、种族、族裔和阶级获得不同的空间认同（费恩斯坦，2019）。值得注意的是，由表 5-1 可以看出，位于滨海园区的像永丰家园、永和锦园、永乐家园等大部分住宅，均为周边街道本地居民的安置房，少部分为经开区企业员工购买用于居住；然而，位于金海园区的像温州碧桂园、府前1号、温州富力城等这些均价在 1.5 万元 /m² 左右的商品房，居住或购买群体大部分是温州市区高收入阶层，以及温州外县市（瑞安、文成、永嘉等）企业主、园区企业主等新生中产及以上阶层，而周边街道民居群体较少。

由此可知，温州经开区金海园区这些占据建成环境最优区位的高档门禁社区，某种程度上是社会经济地位不断上升的温州地区新生中产及以上阶层或群体的使用空间，它在传递给人以高贵典雅的人居风尚的同时，也表征着空间的绅士化和中产及以上阶层特定的身份意义。具体来讲，高档门禁社区对新生中产及以上阶层来说，它具有三重功效与符号性意义：其一，高档门禁社区满足了该群体对高品质居住环境的日益重视与追求；其二，高档门禁社区堡垒化的空间所附带形成的社区、划分边界、保持距离等特定功能，化解了该群体对流动性风险的或真或假的某种恐惧，毕竟只有让自己"躲在"物理的围墙之内，才能回避与低收入流动群体的频繁接触，获得心理安全感（吴缚龙和沈洁，2015），而这即是苏贾（2016）所言的"痴迷安全的都市主义"形式；其三，高档门禁社区成为展演阶层身份、强调阶层美感的自我意识和发展"品味结构"的最佳场所（Pow，2009）。简言之，这些高档门禁小区的封闭性是一种实体边界形式，但更为重要的是它表征着一种特定的身份认同与经济文化意义（强乃社，2016）。如此，代表着高尚、排他性生活方式的门禁社区不可避免地引致城市空间的私有化和破碎化，并加剧社会空间的区隔、剥夺与阶层化、资源不公平分配等问题（林雄斌等，2013；张祥智和崔栋，2020）。

表 5-1　温州经开区的住宅小区及购买群体

序号	小区名称	建成年份	建筑面积（万 m²）	住房（户）	主要购房群体
1	望海公寓	2003	15.76	929	企业管理人员（人才房）
2	旭日小区	2003	3.87	583	企业管理人员、周边街道居民
3	瑞银锦园	2006	—	224	企业管理人员和技术人才（人才房）
4	永丰家园	2009	—	706	沙城街道七二、七三、七四、七五、八甲、顺江等村村民（安置房）
5	瑞丰锦园	2009	—	499	企业管理人员和技术人才
6	永和锦园	2013	—	213	沙城街道七一村村民（安置房）
7	臻园	2014	2.28	192	经开区企业主、管理人员、周边街道居民

续表

序号	小区名称	建成年份	建筑面积（万 m²）	住房（户）	主要购房群体
8	永乐家园	2017	9.17	603	沙城街道永恩、烟台、四二、四三等村村民（安置房）
9	温州碧桂园※	2014—2015	16.30	1474	外县市（瑞安）企业主及其子女
10	金海嘉苑※	2017	3.63	419	正泰集团企业管理人员、技术人才
11	金海首府※	2017	16.46	638	企事业单位人员（人才房）
12	府前1号※	2017	9.93	843	温州市区高收入层
13	湖悦天境※	2019	14.97	1044	温州市区高收入层
14	未来城※	2020	38.94	3904	外县市（瑞安、文成）企业主及其子女
15	温州富力城※	2020	34.41	2178	温州市区高收入层
16	翡丽云邸※	2021	9.02	1927	外县市（瑞安、永嘉）私营企业主
17	红星天铂※	2021	50.23	2502	经开区省外（四川、江西）企业主

注：1. 住宅住房建筑面积通过温州市商品房网上销售管理系统查询获得，带"—"的为数据缺失；2. 主要购房群体情况通过向小区物业、房产中介、楼盘销售部了解获取；3. 带"※"住宅位于经开区金海园区，未带"※"住宅则位于经开区滨海园区；4. 主要购房群体这列，除标注的人才房、安置房之外，其余未标注的均为商品房。

又如，温州经开建造的城市公园与消费空间这两类公共空间，单从表象上看，似乎兼顾了开放性、宜居性和公共利益，但其实不然。马西（2013）认为公共空间不完全是一个物理性的空间，从某种意义上来讲，它是政治和权力以及空间化的社会实践和关系的媒介，具有相对开放性和封闭性特征。

而在中国，权力和资本更是公共空间生产的主角和配角（杨宇振，2016）。就温州经开区来说，自建区以来园区就缺乏公园绿地，特别是更具有公共品属性的社区公园时至今日也没见一个规划建设。然而，2010 年管委会为启动金海园区新城开发，前期建成占地面积 1289 亩公园，其目的是试图利用人们亲近自然的喜好，以公园绿地、水域等要素营建来推动周边高端居住住宅、商业服务设施的开发，吸引新生中产及以上阶层迁移至此，从而推动经开区金海园区发展，并继而获取土地财政；另外，有趣的是，公园巧取"金海湖"之名，似有向具有同名公园的上海临港新区这一标杆学习之意。正是在这种"经营城市"策略与行为下，紧邻金海湖公园的土地拍卖市场价格随着金海湖开发建设水涨船高，楼面价从 2013 年的每平方米 2000 元左右（碧桂园一期地块），涨到 2020 年的每平方米 6000 元左右（德信东望里地块）。另外，就利用人群来讲，因为较差的通达性，公园更多时候成为紧邻封闭小区住户健身休憩的"后花园"，而经过精心编码的商品化空间——金海湖购物广场更是成为特定阶层专属的日常消费空间，其景观化的建筑风格和半围合式的空间格局淋漓尽致地体现了排斥性和阶层性。由此观之，城市公共空间背后渗透着服务于城市企业主义和消费主义的逻辑，权力通过主导公共空间规划设计、发展战略和目标路径，以实现必要的控制与秩序；资本则通过市场机制影响公共空间开发、建设与运营等环节，以追逐最大化的效率与利润（陈水生，2018）。这样，公共空间也就失去了它本应该具有的多元化公共生活的功能，进一步言之，政经力量对公共空间占用与生产可能会牵涉空间正义性议题（Kalyukin et al., 2015）。

5.4　周边街道地理景观的状况特征

5.4.1　土地利用变化

自 2000 年以降，面积近 100 km² 的温州经开区周边街道区域特别是滨海大道以西的沙城街道、天河街道和海城街道的旧街区土地利用覆盖变化微乎其微，且土地利用形态显得破碎无序，与经开区内部土地利用覆盖的剧烈变迁以及形态特征形成鲜明对比（见图 5-2 和图 5-3）。

　　具体来讲，从 2000 年、2010 年、2020 年三个时间断面的各用地类型斑块面积数据统计可得，经开区周边农林用地面积从 2000 年的 61.50 km² 减少到 2010 年的 50.53 km²，再到 2020 年的 40.08 km²，总计减少 21.42 km²；水域面积（包括海洋滩涂）从 2000 年的 33.72 km² 减少到 2010 年的 24.18 km²，再到 2020 年的 10.46 km²，总计减少 23.26 km²；而工业用地则从 2000 年的 1.08 km² 增加到 2010 年的 10.19 km²，再到 2020 年的 23.37 km²，总计增加 22.29 km²；建设用地（待研究用地）从 2000 年的 0.15 km² 增加到 2010 年的 8.37 km²，再到 2020 年的 11.12 km²，总计增加 10.97 km²。由此，可以看出周边街道区域土地利用覆盖基本是在这四类用地结构中动态增减变化。

　　进一步的，从图 5-2 可以识别出，上述土地利用覆盖变化多集中于经开区红线范围东侧区域，也即大部分减少的农林用地和水域面积用于空港新区的工业用地开发利用，以及形成龙湾二期围垦上的建设用地（待研究用地）；西侧即滨海大道以西的沙城等街道旧街区，土地利用覆盖变化则微乎其微，时至今日区域内依旧充斥着大量三类居住用地，且区域整体上缺乏教育、文化、医疗等公共服务设施用地类型；再者，从土地关系来看，居住用地、工业用地等基本呈现凌乱分布形态。

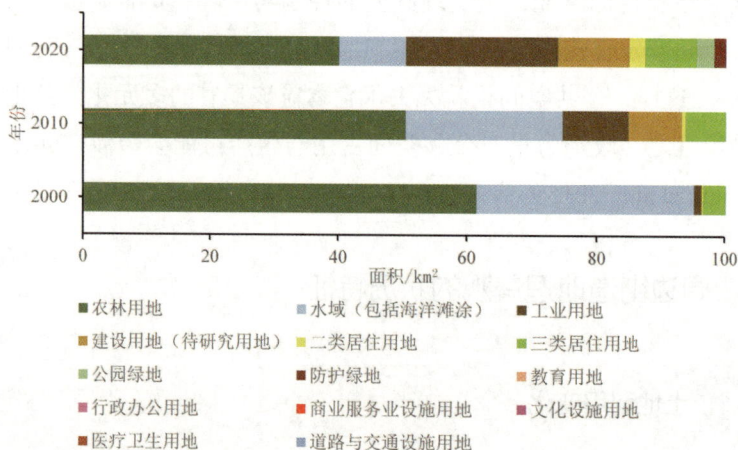

图 5-3　2000—2020 年温州经开区周边街道土地利用结构变化

由温州经开区周边街道的土地利用覆盖变化状况，我们可以看出，经开区与周边街道是一种"核心—边缘"的不平衡地理空间秩序与二元结构，也即经开区的空间选择或定向所带有的"集聚阴影"效应，导致周边街道特别是旧街区处于被边缘化和被支配的尴尬境地。依据苏贾（2004；2016）和史密斯（Smith，2008）的见解可知，新自由城市主义下的经开区与周边街道的这种"核心—边缘"是权力与资本等既定结构的空间存在样态，而如果没有不平衡地理发展，权力与资本是很难发挥其功能的。

5.4.2　物质景观特征

从上述土地利用覆盖变化分析可知，温州经开区周边街道（以旧街区为主）的区域物质景观较为单一、变化不太明显，且较为集中地体现在城市天际线、居民住房（宅）、家庭工场建筑等不同景观维度。因而，下文基于区域内物质景观客观实际，主要从三个面向展开论析。

其一，城市天际线。所谓城市天际线指的是构建物（多指建筑）与天空交接的界面。众所周知，在城市规划与设计领域，探究城市天际线认知愉悦程度是存在轮廓曲折性和层次感这样两个重要指标的（钮心毅和李凯克，2013）。有鉴于此，基于轮廓曲折性和层次感双重视角，对温州经开区周边街道城市天际线进行审视，发现从滨海大道与滨海十路交汇处的观测点向西瞭望，一定视野范围内的城市天际线界面内填充满了清一色的具有年代感的居住建筑，即多为 20 世纪 80—90 年代龙湾区沙城、海城等街道内本地居民在宅基地上盖的以自家人居住为主的 3—6 层自建房；另外，局部空间穿插农村集体经营性建设用地上建造的低层工业厂房；再者，滨海大道沿线区域电线杆矗立起来的"蛛网架空线"亦随处可见。因此，就总体上而言，温州经开区周边街道的城市天际线呈现界面线性、层次单一的特征，而这从侧面映现出温州经开区周边旧街区在 20 世纪 80—90 年代特定时期内的无序开发或野蛮生长的时空迹象；同时，也进一步说明千禧年以来，区域的开发与建设是处于停滞阶段的，亦即缺乏城市更新或重建改造类建筑项目的导入。

其二，居民住房。20 世纪 80 年代以来，温州经开区周边乡镇村民自发地非农发展，并推动乡村空间向城镇空间转变，即区域孕育制革、化工、印染、造纸等家庭工业，村民因此腰包鼓足而开始在宅基地上盖自住房，旨在改善居住条件。旧街区现有居民住房基本仍为 20 世纪后期建设的农村宅基地住房，由于"一户一套多层"的地域典型特征，这种住房被俗称为"落地房"抑或"通天房"，楼间距为 0.5—4 m，楼高多为 3—5 层，其内部格局 1 层或 1—2 层多为沿街餐饮商铺或家庭生产作坊，2—3 层多为本地居民自住，而 4—5 层则多用于出租给以开发区外来就业者为主的流动人口。然而，就总体上而言，旧街区住房虽然历经 20 余年风雨历程大部分住房功能保持良好，但是建筑形态普遍呈现老旧特征，且多数是"没有立面的建筑"；再者，囿于 20 世纪 90 年代温州地方政府秉持"无为而治"的施政理念，导致空间规划治理长期缺位，在居民住房空间上表现为杂乱、"握手楼"或"一线天"分布形态的宅基地住房野蛮生长，其中有部分住区人居环境呈现环境"脏乱差"且景观凋敝不堪的城中村特征（当然，也有学者认为城中村兼具社会和空间价值，是蕴含城市新生活范式的空间试验场），所以经开区周边旧街区多少给人以与现代化城市景观格格不入、较具突兀且土气的半城市半乡村的印象，这也多半与区域长时间的停滞发展有所关联。

其三，家庭作坊和家庭工场。在早期发展中，以家庭兼业为特征的温州农村劳动密集型工业生产形式，以农户兼业工业、家庭作坊和家庭工场等三种形态为主（王曙光，2017）。然而，时至今日，温州经开区周边街道区域内依然分布有家庭作坊式、家庭工场式生产企业。当然，也有少部分工业建筑为企业经营者租用农村集体经营性厂房进行生产活动。从辩证的角度来讲，家庭工业发展虽然给温州开发区周边区域带来了经济增长和居民增收致富，但其长期存在即生产形式在空间投影上更多还是"螺蛳壳里做道场"，而不是转型发展，这无疑造成了周边空间的失序，因为家庭作坊或家庭工场形式景观就是"生在里弄里，长在民宅中"、工业和居住空间交错混合的，而这种空间形态既不是土地的混合利用或多样化，也不存在适度的功能组团分区形态，或者毋宁说这就是一种生产与生活空间交杂的城乡接合部景观。所以，从温州经开区周边工业建筑景观状况亦可认识到，开发区的规模化生产方式与其周边区域的"家庭作坊式"两者之间不同生产方式的区分，一定程度上定义或界定了周边区域的边缘景观属性。

5.4.3　地景状况的表征

结合温州经开区周边区域地景实际，以及前文厘清的我国开发区空间生产内在逻辑可知，中央—地方政府给予开发区尺度跃升、制度享受、体制管理等方面的空间赋权和政策试验，导致开发区相较周边区域存在制度红利优势，而这诱发地理景观生产过程中形成"边界阴影"或"灯下黑"效应。也就是说，温州经开区作为城市经济发展"亚核"，其内部地理景观呈现扑鼻的现代化气息；而周边沙城、海城、天河等街道区域作为"核心"的二元对立面——"边缘"，其景观则呈现出城乡混杂的半城市化地带特征，分布"边缘群体"集聚生活的城中村，且环境脏乱差、景观凋敝不堪。某种程度上讲，温州经开区周边街道地景状况是更广泛的现代城市"分隔""碎片化"和"裂痕"中的一撇。而进一步的，按照马克思主义地理学学理话语来讲：在资本展开新自由主义全球化，多数地方空间被资本的流动性所光顾、支配与重构的时代语境中，"核心—边缘"景观的对立与共存是资本生产的地理组织的一种反映与常态，所以像温州经开区周边街道这种半城市化的"边缘"地理景观的呈现，其多少表征着静止中的落后、陈旧、衰败、绝望……一种"逝去"与"过时"的历史宿命，一种映射着流动性的多数现实，一种流动性获得运动的基面，一种哈维、卡斯特等人认为的"拒绝"与"出局"（杨宇振，2009）。当然，这里更可以引述费孝通（2020）在《乡土中国》中的话来讲，"土气是因为不流动而发生的……"

然而，恰恰由于近三十年来温州经开区周边区域未被"流动空间"中日益强大的流动性洪流创造性毁灭，也就是说，地方的权力仍然支配着地方的空间生产，而这使其在更多面向上呈现美国著名社会学家里茨尔（2006）所说的"实在"（something）的地方性，而不是全球化带来的"虚无"（nothing）。但是，在全球化与地方性的辩证统一关系中，这种地方空间某种程度上既是地方的，也是全球的，即其"静止"状态仍关联到城市、区域、国家、全球等不同空间尺度间的经济、政治和文化的复杂互动，因而其更多时候成为博任纳（2019）在星球城市化（planetary urbanization）理论研究中所称的"功能性景观"。所谓功能性景观，指资本主义全球化将全球范围的城市、城市边缘区和广大乡村地区卷入其中，而农村、工业生产腹地以及荒野等地理景观虽然可能不具有巨型城市、大都市圈等城市地域的密度和人口规模，但其通过供给大量的能源、水源、农产品、劳动力……或者通过承担物流、通讯和废物处理等辅助功能支撑着城市的发展，以服务于全球工业资本主义增长之目的（博任纳，2019；姚华松等，2020）。也如美国历史地理学者克罗农（2020）在《自然的大都市：芝加哥与大西部》中所言，每座城市都是自然的大都市，而每片乡村都是其腹地。这里，温州经开区周边街道就可理解为"功能性景观"：在"核心—边缘"的空间秩序与结构中，周边街道虽然不具有开发区的开发强度和密度，且也呈现落后城市意象，但其为开发区提供辅助配套功能，譬如为经开区的流动人口提供暂时居所、日常生活消费等功能服务，又譬如为经开区的生产活动提供物流、通信等功能廊道。

5.5 小结

本章以空间的实践视角审视城市边缘开发区"区镇割裂"，即对温州经开区与周边街道包括土地利用覆盖、物质景观等在内的地理景观差异变迁进行了较为全面而细致的刻画与分析，并在此基础上揭示了其背后蕴含的表征意义。

通过解译 2000 年、2010 年和 2020 年三个时间断面的遥感影像，识别出温州经开区的土地利用覆盖凸显剧烈变迁特征，其间土地类型从以农林用地和海洋滩涂为主，经过空间规划与建设开发，大规模、快速化地转变为以工业、居住、商业服务等建设用地；然而，周边街道的土地利用覆盖变化则相较不明显，特别是经开区西侧即滨海大道以西的沙城、永兴、天河等街道旧街区土地利用覆盖几乎没有变化，且全局空间机理形态破碎而无序，而存在较多变化的是经开区东侧海洋滩涂被围填海转变为用地性质有待研究的建设用地和农林用地，当然这些用地是供经开区未来发展所需的。概而言之，温州经开区与周边街道土地利用覆盖变化呈现截然相反的分异特征。

通过捕捉土地利用覆盖之上的人类经济活动创造物——物质景观，发现温州经开区与周边街道的物质景观存在较大的差异。其中，温州经开区的物质景观多是服务于资本增殖的，如"单调且实用"的大型封闭式工厂、"欧陆风"的高档门禁社区以及带有空间商品化属性的城市公园购物广场等。然而，与此形成鲜明对比的是，周边街道的城市天际线界面线性、层次单一，且空间内部充斥着大量 20 世纪 80—90 年代居民自发建设的宅基地性质住房，俗称"落地房"，以及穿插分布有生产方式较为落后的家庭作坊式和家庭工场式建筑体，这些建筑体多为民居建筑改造而来，或承租农村集体经营性厂房进行生产活动。

借由景观包含的"景"和"观"双重含义，解读温州经开区及周边街道地理景观变迁的符号意义，得到：温州经开区地景的剧烈变迁是社会、经济和政治过程的创造性破坏产物，意味着"地方空间"向"流动空间"嬗变之中的流动性"光顾"，而这种流动性表征着区域发展的进步、前沿、希望……但与此同时，这种有意识、有目的的地景建构，处处体现着排他性的宰制以及出于经济效益的精明算计，而这对社会和个体的生产与再生产带来影响。经开区周边街道地景的相对不变状况即城乡混杂的半城市化地带景观意象，凸显其作为"功能性景观"处于区域发展的边缘地位，表征着静止中的落后、衰败、绝望……而进一步的，这种被现代化前进步伐抛在后面的边缘处城镇或区域，总是能唤起人们的怀旧之情（希尔兹，2020）。概而言之，经开区与周边街道地景的分异演化，某种程度上代表着"现代—传统"的割裂，通过地景断面我们可以了解到温州经开区"增长故事"抑或"增长奇迹"，亦可以窥探到周边街道"失去的二十年"。

第六章　表征的空间：温州经开区周边居民的地方情感

全球化流动性加速背景下，城市边缘开发区的空间生产过程存在流动性的空间与经验性的地方之间的张力，即突出表现为：开发区在以地域重构和尺度重组方式形成"地方—全球"经济链接的过程中，吸引大量廉价"乡—城"流动人口就业，故衍生流动人口在新地方的认同与融入困境问题，且与此同时，对本地居民与（原）地方的情感联结产生影响。诚然，这种地方融入困境与地方感消弭会影响开发区的可持续发展，特别是新时代语境下，推动以人为本的新型城镇化和区域高质量发展的关键之一，即人地和谐相处。因此，对城市边缘开发区由于独特空间生产逻辑所衍生的流动人口地方融入困境和本地居民地方感嬗变开展研究就尤显必要。本章首先借鉴卡钦（Cutchin）提出的"地方融入"概念，探究温州经开区流动人口在周边街道的地方融入特征；其次，从人文主义地理学中的地方感视角出发，借由西蒙（Seamon）以"地方芭蕾"隐喻地方经验的概念，审视温州经开区周边街道本地居民地方情感流变特征。

6.1　社会融合、地方融入与地方理论及其研究

6.1.1　社会融合与地方融入理论

社会融合（social adaptation/ social integration）是一种相互同化和文化认同的过程，帕克和伯吉斯（Park and Burgess，1921）提出其是移民和本地居

民相互适应和渗透，相互分享各自的文化、情感、记忆和经历的过程。而与此同时，社会融合作为一个社会政策概念，最初起源于 1974 年学者勒努瓦（Lenoir）对法国社会排斥的研究，他当时估算法国被排斥者占总人口数量的1/10，"这些人（受排斥者）包括精神和身体残疾者、自杀者、老年患者、多问题家庭、边缘人、反社会的人和社会不适应者"（Lenoir，1974）。可以说，彼时的社会排斥仅限于社会发展领域中贫困问题或者经济排斥的探讨。随后，社会排斥内涵不断得到拓展，如吉登斯（Giddens，1991）将社会排斥分为经济排斥、政治排斥和社会排斥三种主要形式。其中经济排斥表现为生产上被排斥在劳动力市场之外，且日常生产消费上受到诸多限制；政治排斥是指个人无法参与政治活动；社会排斥则指社会社群生活呈现弱社会网络状态，较少参与公共事务活动。21 世纪初，越来越多的学者和政策制定者认识到社会排斥研究的局限性，即它仅仅关注特殊群体，缺乏让更多人参与其中的目标设定与实践行动，于是"社会融合"进入学界和政策界视野。从社会排斥到社会融合的动态演进，可以看出社会融合理论在社会发展尤其是转型过程中具有相当的理论与实践价值（胡雅萍等，2018）。

社会融合作为社会政策概念虽提出较晚，但其理论脉络源远流长，大体包括宏大叙事、族群模式、心理建构三个层次，涉及社会团结、熔炉论、多元文化主义等多个著名理论概念。其中，社会团结即通过国家、个人和法人之间的相互辅助与相互制约促成社会团结（涂尔干，2000）。熔炉论强调各民族可以通过互动共塑新型本土文化，从而达到社会融合状态（Crevecoeur，1981）。多元文化主义认为移民在保留既有种族身份认同的同时，可以实现在迁入地的部分融合（Kallen，1924）。此外，随着特别是西方国家社会融合理念实践，其监控与评估日益完善，出现了英国"机会人人共享"（Opportunity for All）指标、欧洲移民融合政策指数（Migrant Integration Policy Index）、半球社会融合指数（Hemispheric Social Inclusion Index）、美国俄勒冈州阳光指标系统（Oregon Shines Benchmarking System）等比较系统的评价指标（肖子华和徐水源，2018）。

囿于社会融合是个多维度概念，且社会学、地理学、政治学等学科在分析中存在理论与视角上的差异，因此社会融合研究到目前为止也尚未形成统一的理论分析框架和量化指标体系（汪明峰等，2015），当然研究的领域与目标越发清晰，即谁需要被社会融合（移民群体和流动人口、失业群体、贫困群体等）、谁来参与社会融合（国家、市场、公民等）、社会融合的关键领域或影响因素（经济收入、社区参与、身份认同等）。其中，国外社会融合研究多聚焦于少数族裔和难民等主体，不像国内较多针对"乡—城"流动人口，且影响因素上除了对社会资本、社会网络等进行探讨外，也关注种族（宗教）信仰、社会成员态度、国家移民（难民）政策等作用因子（Goldlust and Richmond，1974）。如康纳（Conner，2019）以爱尔兰都柏林的一个多文化、非教派的基督教教堂为案例，定性分析宗教与移民社会融合关系，得出宗教信仰、习俗和身份对社会融合进程既有益又约束的双重作用影响。2000年以来，伴随着我国"压缩型"城镇化推进，在"推—拉"力作用下的农村人口大规模向城镇流动和集聚。根据第七次全国人口普查数据显示，2020年全国流动人口3.76亿人，而《2020年国民经济和社会发展统计公报》又显示，2020年全国外出农民工1.69亿人，可见流动人口（外出农民工）规模庞大。然而，由于流动农民工经济收入低、文化适应差、社会参与少，再加上地方政府在户籍和集体消费（住房、公共服务等）方面对其采取甩"包袱"行为，他（她）们普遍面临社会融合矛盾，成为"非城亦非乡"的第三类主体，而城市也由此浮现流动人口与城市人口的不平等关系，即凸显"城市新二元结构"分割特征（肖子华，2021）。在地理学切入社会融合研究方面，吴缚龙和宁越敏（2018）在《转型期中国城市的社会融合》中详尽考察城市社区流动人口社会参与、邻里交往、居住稳定性等状况，提出收入等市场因素、户籍[①]和住房等制度深刻影响外来人口社会融合。

由上可见，既有社会融合研究多强调经济、社会与文化等较为宏观层面的内容，而较少探讨地理学中"人地关系"互动置于社会融合的影响机理，特别是"地方"与"融合"两者之间的辩证关系是缺少解释的。瑞尔夫（Relph，1976）认为地方是人们生活的经验世界，而人们的地方经历对于个体的社会性过程有着重要意义。因此，如果将社会融合转译为"人人关系"视角下个体的社会性过程，那么人地关系可以说是理解这一社会性过程的重要基础，故而地方因素在社会融合过程中的重要性需要被拾起并予以重视，有学者敏锐地察觉到这一学术问题的存在，试图开展"融入地方"理论的探索性研究。其

---

① 随着户籍制度改革的深入，"户口"已不再是阻碍流动人口社会融合的关键因素，特别是在中小城市。

中，美国一位从事健康科学研究的地理学者卡钦（Cutchin，1997；Cutchin，2001；Cutchin，2003；Cutchin，2004）较早意识到该问题，他在借鉴杜威（Dewey）人类经验与自然哲学观①，并糅杂地方、（社会）融合 / 融入理论和批判性重构环境适应（adaptation-to-environment）概念基础上（见图 6-1），创造性地生发出"地方融入"（place integration）概念系，并界定地方融入是"人们直接或间接地处理他们与地方关系中的一些定性问题，从而使人与地方重新融合并产生新的意义的过程"，也即个体由于时空转换过渡所产生的人与地方之间持续性互动的过程，而在这一过程中人与地方产生意义与关联，但同时，也因为个体及其经历和地方环境的不同而导致地方融入程度的不同。从中可见，作为个体进入地方并创造新意义的过程，地方融入概念既重视个体的社会性过程，也强调人与地方之间的连续性关联链接（Johansson et al.，2009），而其研究的对象主要指外来人口主体（Fleischer，2000）。由此，社会融合的"人人关系"研究可以转向地方融入的"人地关系"研究。

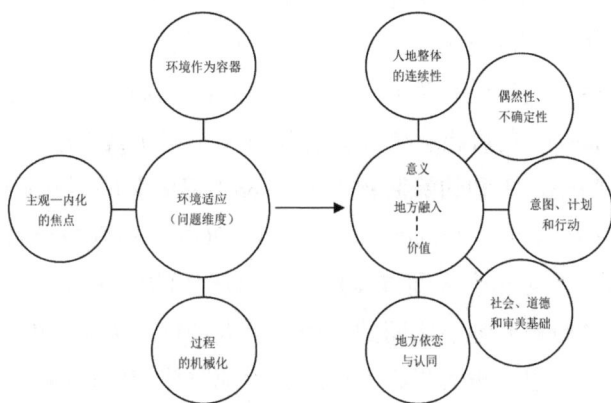

图 6-1　"环境适应"向"地方融入"的重构模型

注："环境作为容器"指环境与人的分离；"主观—内化的焦点"指个体有独立的动机去适应或影响环境；"过程的机械化"指人的经验的连续性被机械化为子系统和行为装配；"地方融入"则被分解为五个维度，即可以概述为主体在处理与地方的偶然性与不确定性之时，通过建立在社会、道德和审美基础上的意图、计划和行为，构建人地整体的连续性，形成地方依恋与认同。

资料来源：Cutchin，2004。

---

① 杜威即美国著名哲学家，被称为"美国实用主义传统的顶峰"，他就环境、连续性、偶然性和行动之间关系提出了人类经验与自然的世界观，强调人和环境（物质和社会）的连续性，但当这种连续性因变化而中断时，行动为重新整合个人和环境而创造意义，即形成新的人—环境组合。

目前，国外涉及地方融入主题的大部分研究仍囿于健康科学领域，且尚未形成统一定论，而国内地理学界对其的研究涉足较少或者说仅处于引介阶段，因此地方融入理论值得进一步阐发与探索。检索中国知网数据库，发现仅旅游地理学领域——白凯教授团队较早引介"地方融入"理论，并开展了西安回坊、丽江古城、拉萨八廓街等不同案例地旅游劳工移民的地方融入研究（白凯和王晓娜，2018；黄琦珂，2018；张娇，2018；李志鹏，2019），得出经验主义下的地方融入是人、活动、地方三者不可分割的交互作用结果。

6.1.2 "地方"的概念内涵

地方是人文地理学的一个最基本同时也是最复杂的概念，甚至可以说人文地理学就是地方的研究，但地方同时也是一个包裹于常识里面的字眼，与日常生产息息相关（Cresswell，2004）。然而，相对于"空间"（space）的"地方"（place）到底是什么？地方既简单又复杂，如海德格尔（Heidegger，1958）所说，"'地方'将人类置于其上，一方面揭示人类生存的存在联系，一方面也限制了人们的自由度与真实程度"（英伍德，2009）。而其中，与地方密切相关的概念应该说有两个，一个是地方性（placeness），另一个是地方感（sense of place），前者指一个地方所具有的不同于其他地方的特质，后者在格雷戈里（Gregory）和约翰斯顿（Johnston）等编著的第五版《人文地理学词典》（*The Dictionary of Human Geography*，2009）中则被诠释为：地方感，这个词通常被认为是指个人和群体对他们所居住的地理区域的态度和感觉，它还普遍暗示了自我和地点之间的亲密、个人和情感关系，因此在早期的人文地理学中，地方感在很大程度上被理解为地方依恋的积极情感品质，即情感、依恋和归属感，甚至是"对地方的爱"。

其实，自赖特（Wright，1947）首次提出"地方"，并界定其为主观建构的区域以来（孙九霞等，2017），地理学中的"地方"概念内涵便在人文主义、结构主义等各种哲学思潮下呈现多元面向。这其中，在 20 世纪 70 年代，以段义孚（Tuan Y. F.）、瑞尔夫（Relph）以及后起之秀萨克（Sack）等为代表的人文主义地理学者在海德格尔（Heidegger，1971）关于地方"存有"（being）、"栖居"（dwelling，根植于某个地点并实现"苍天、大地、神祇、世人"四位一体和谐）等的哲学理论根基上，系统阐述了作为感知的价值中心和关照场域的地方概念，并提出"敬地情结""恋地情结""地方感"等核心概念。在段义孚（Tuan，1974）看来，地方是一种"感知的价值中心"以及社会与文化意义的载体，由此他创造了英文新词 Topophilia——"恋地情结"亦译"地方之爱"，意指人与地方的情感联系，当然这种联系与依附感乃是地方作为关照（关怀）场域（field of care）观点的基础。而与此同时，瑞尔夫（Relph，1976）、奥热（Augé，1995）、特里格（Trigg，2017）等学者则从"非地方"（non-place）或者"无地方性"（placelessness）视角探索地方概念，如瑞尔夫在《地方与无地方性》（*Place and Placelessness*，1976）中就提出，"地方……充满了种种含义，充满了种种实物，充满了不断进行的种种活动……是人们与之有着深厚情感和心理联系的人类生存的深奥中心"，而无地方性则为"一种失去意义的地点的环境和那种不承认地点的重要意义的潜在观念"。简言之，人文主义地理学者发展了作为人类生活之核心意义成分的地方。

除此之外，受到马克思主义和文化研究激发的批判地理学者，则更多从宏观社会经济结构出发，关切地方是如何在新自由主义全球化的不平等权力关系中由 / 被社会所建构，再则地方如何表现这种被支配与剥削的关系（王志刚，2016）。譬如，马克思主义地理学者哈维批评人文主义地理学者去资本化、去市场化的地方理论建构，他将地方置放在更为宏大的全球化"时空压缩"或时空建构语境下进行审视，认为流动空间中全球盈余资本征服地方空间并使其成为获取"超额剩余价值"的场域，继而中和与消解地方性；但与此同时，在面对全球性势力挪用和侵蚀时，地方亦蕴含着反抗统一性的力量（Harvey，1990；哈维，2010）。再如，卡斯特（2001）深谙资本、物资、信息之流置于空间与地方关系的形塑与改造的作用，即流动空间渐进取代地方空间并居支配地位，地方走向终结。然而，马西（Massey，1991；Massey，2005）在拒斥"地方诗学"（local poetics）的基础上，呼吁一种"全球（进步的）地方感"［global（progressive）sense of place］，认为地方的独特性不是固定不变的，而是超越地方的全球广泛联系产物，是处于不断被建构过程中的，且具有多样性特征（钱俊希等，2011）。一言以蔽之，结构主义学者建构的地方概念，即地方所具有的差异性，不仅包括区位、自然条件等的差别，更涉及在全球政经发展格局中的相对位置（Cochrane，1987）。

中国地方议题的实证研究多在上述人文主义地理学（humanistic

geography)和社会建构学派(social constructionism)两大枝干理论基础上展开
(周尚意等,2011;郎朗和林森,2017)。一方面,人文主义地理学强调人的
主体性意识、行为在创造"地方"体验中的作用,论及(消极)地方感、(无)
地方性、地方认同等人地关系核心议题,文献以社会文化地理领域研究为主。
譬如,张骁鸣和翁佳茗(2019)借鉴"地方芭蕾"概念,探究广州天河体育中
心中的地方感,认为居民与天河体育中心的关系分日常式、周期式、背景式
三类人地关系图谱。另一方面,社会建构学派即结构主义则在更大的政治经
济系统内,探讨建构差异性的"地方"是社会结构、权力关系的空间体现,文
献则主要出现在经济地理领域。例如,李如铁等(2017)分析城乡迁移结构
性因素下城中村中外来流动人口的"无根式"消极地方感。诚然,国内地理学
界关于"地方"及"地方感"的研究,无论是在认识论、方法论层面,还是在
特色案例举证和"中国故事"分享方面,都为开发区空间生产下的地方感变化
研究提供基础与借鉴。聚焦到开发区与空间生产、地方感议题上的研究,国
内既有文献有基于空间生产视域,阐释开发区的资本循环逻辑、重构与扩张
以及多维度割裂特征等内容(李凯和王凯,2019;丁成呈等,2019;李一曼
和孔翔,2020),也有借助环境心理学方法,分析某一时间断面内开发区对地
方性消解的影响(孔翔和陈丹,2016),但就总体而言,研究成果不多,且鲜
有从"过程与流变"视角论述开发区权力结构过程与本地居民地方感变化的关
系,而这势必影响对开发区本体及其社会空间效应的深刻认知。

6.2 经开区流动人口的地方融入特征

6.2.1 地方融入研究的设计

(1)研究目标

当下,流动性(mobility)已然成为全球化进程中不可忽视的社会特征与
社会实践(杨茜好和朱竑,2015),它隐喻了一种新的生存方式与哲学理念。
作为全球性产业空间——我国开发区因提供廉价"乡—城"流动劳动力等生产
要素而成为资本"为积累而积累,为生产而生产"的重要地域化空间载体,但
是随之伴生的却是其中的流动人口群体面临迁入地社会融合问题,对此学界

已有较多研究且基本达成共识，认为其是户籍制度、经济收入、文化适应等主客观因素所致。然而，结合城市边缘开发区"区镇割裂"研究主题：一则从空间分析范围来看，开发区与周边乡镇空间尺度下的流动人口融合研究，地方应该说是较为适宜的分析尺度，而如果采用城市范围则存在泛化尺度的嫌疑；二则就人文地理研究而言，流动人口不仅因时空转换而面临"人人关系"的社会融合矛盾问题，更面临"人地关系"的地方归属与认同情感重新建构过程，如克雷斯韦尔（Cresswell，2006）就认为流动性模糊了人们的地方情感。而进一步的，地方融入可以说是社会融合过程中的前置条件。因此，回到"地方与人的意义"层面上来，借用地方融入理论开展流动人口在地融入分析应该说更为贴合研究主题的需要。

具体来讲，在城镇化的"推—拉"力作用机制下，我国大量农村剩余廉价劳动力向城市迁徙，典型的如从中西部农村向东部沿海工业城市的流动[①]，而这一被称为"流动人口""外来人口""农民工""迁移劳工""打工者"的群体从原居住地迁徙出来，也就意味着其既有完整的知识背景和价值观念受到迁入地的地理景观、地方习俗、邻里关系等地方性因素影响，即在迁入地面临人地关系上的不连续性、不稳定性和不确定性，那么他（她）们在新地方的在地根植与融入就成为一个"棘手问题"，而这一"流动性＋'缥缈'地方情感"的问题亟待地方融入理论给予解答。特别是在温州经开区这样的城市边缘开发区案例中，"乡—城"流动人口因经开区工作而来，但是多数又暂居在被边缘化了的、半城市化景象的经开区周边街道，且周边街道居民对经开区又具消极地方情感，那么流动人口在周边街道的地方融入困境是否更为严重？这需要学术界和公共政策界予以关注。此外，这里需要强调的是，本节研究借用地方融入而不是地方感理论进行诠释，是因为：一方面，地方融入相较地方感而言，其分析对象更适于流动人口群体（Fleischer，2000）；另一方面，正如卡钦（Cutchin，2004）所言，现象学对地方的观点不能让人超越对环境的适应，即其地方观太过静态，更多强调的是存在，而不是通过实践行动来融入新地方。鉴于此，本研究的核心目标是：在流动性不断加强的背景下，借由

---

① 2008年金融危机后，虽然我国东部沿海地区的劳动密集型产业和资源密集型产业逐渐向中西部地区梯度转移，而劳动力尤其是农民工也有伴之从东部沿海地区向中西部地区（特别是像重庆、成都、武汉等中西部中心城市）回流，但这一现象尚未汇聚形成主流，中西部农村劳动力向东部沿海中心城市集聚依旧是趋势。

卡钦"地方融入"理论，探究温州经开区"乡—城"流动人口在周边街道的地方融入结构与特征，旨在为促进经开区内流动人口的在地根植与融入，以及引导周边街道管理者进行地方治理提供实践借鉴。

（2）量表设计

在现有研究文献中，卡钦（Cutchin，1997；Cutchin，2003）从连续性、不确定性、计划与行动、地方依恋等地方融入的内涵与外延出发，提炼以地方评价（place valuation）、非家庭性参与（non-family social involvement）和地方依恋（place attachment）三个维度来构建流动人口地方融入指标体系。鉴于此，为保证研究结论的可靠性和科学性，在综合考虑温州案例地实际情况和调查对象典型特征的基础上，本研究以卡钦建立的指标体系为模板，搭建流动人口地方融入测量指标。研究采用结构式调查问卷（见表6-1），主要内容一部分是被调查对象的基本信息，包括性别、年龄以及个人月均收入等，用以了解被调查对象的人口学和社会经济学特征，以评估样本的代表性。另一部分是流动人口地方融入的调查，问卷采用五个等级的李克特量表（Likert scale）来要求被调查对象回应相关项的打分。题项设计以卡钦的量表为基础，再结合社会融合、地方感等实证研究方面的指标体系进行适度调整，涵盖地方评价、社交参与、地方依恋三个分量表，这里用"社交参与"替代"非家庭性参与"，是因为卡钦等（Cutchin et al.，2003）在其论文中将"非家庭性参与"解释为人们为调和进入新地方所面临的紧张人地关系而采取的系列行为活动，可见这一指标所要强调的实则是"社交参与""活动参与"的意思，且"社交参与"在中文语境中更贴合对活动参与程度的表达。此外，为使量表中的题项更趋科学性，邀请人文地理学社会文化地理方向教授一位和博士四位，对问卷进行科学评估，然后进行问卷初测以剔除存在歧义的选项，最终保留10个测项。

表 6-1　地方融入指标

一级指标	二级指标	5 分	4 分	3 分	2 分	1 分
地方评价	感觉周边人居环境适宜	非常同意	同意	一般	不同意	非常不同意
	满意社区公共服务供给	非常同意	同意	一般	不同意	非常不同意
	感觉邻里之间相互支持	非常同意	同意	一般	不同意	非常不同意
	感觉周边本地居民友好	非常同意	同意	一般	不同意	非常不同意
社交参与	结识周边很多本地居民	非常同意	同意	一般	不同意	非常不同意
	经常与本地居民聊天	经常	有时	一般	很少	没有
	经常参与社区活动	经常	有时	一般	很少	没有
情感依恋	喜欢现在居住的这个地方	非常同意	同意	一般	不同意	非常不同意
	持有长期居住意愿	非常同意	同意	一般	不同意	非常不同意
	留恋现在居住的这个地方（如果离开）	非常同意	同意	一般	不同意	非常不同意

（3）数据来源

本研究所用数据来源于 2020 年 8—9 月和 12 月在经开区周边街道进行的问卷调查，部分问卷通过"问卷星"渠道发放。问卷调查对象是在经开区工作但租房居住在周边街道的外来人口，所以进行问卷发放之前，首先询问被试者是否为经开区工作、周边租住且居留时限达六个月以上的外地劳动者，在得到肯定答案之后，再对其进行问卷调查。本次调查共发放问卷 260 份，回收 235 份，剔除无效问卷后得到 212 份，有效回收率为 81.54%，达到了样本数量高于测项数据 10 倍的要求。从样本人口学特征及分布来看（见表 6-2），被调查者中，女性稍微多于男性，年龄主要介于 21 岁到 40 岁之间，学历以高中或中专为主，居留时间多在 1—5 年，婚姻状况未婚多于已婚，月收入普遍在 3001—5000 元，家庭月均收入则在 5001—10000 元，职业类型以一线普工为主。本次调查样本的情况与近些年文献中反映的温州流动人口的特征大致相同（Lin 和 Piper，2017；林赛南等，2018），一定程度说明样本具有一定代表性。与此同时，为更好地了解地方融入指标量化打分背后个体的具身体验与感知，选择其中的 12 位问卷调查对象进行半结构化访谈以例证说明，12位受访者（编号 L1–L12），男性 7 位、女性 5 位，受访对象涵盖不同属性特征，应该说样本具有较好的代表性（见表 6-3），而每位的受访时间在 30—50分钟不等，访谈以面对面形式为主。

表 6-2 样本人口学特征及分布

项目	类别	样本数（个）	比例（%）	项目	类别	样本数（个）	比例（%）
性别	男	104	49.06	婚姻状况	已婚	37	17.45
	女	108	50.94		未婚	175	82.55
年龄	≤ 20	12	5.66	个人月收入（元）	≥ 5001	38	17.93
	21—30	105	49.53		3001—5000	123	58.02
	31—40	65	30.66		2001—3000	41	19.34
	41—50	23	10.85		1001—2000	8	3.77
	≥ 51	7	3.30		≤ 1000	2	0.94
受教育程度	本科及以上	17	8.02	家庭月均收入（元）	≥ 20001	3	1.41
	大专	21	9.91		10001—20000	15	7.08
	高中或中专	96	45.28		5001—10000	161	75.94
	初中	60	28.30		3001—5000	27	12.74
	小学及以下	18	8.49		≤ 3000	6	2.83
居留时间（年）	≥ 10.01	14	6.60	职业类型	公司中层及以上管理人员	2	0.94
	5.01—10	39	18.40		公司办事人员	25	11.79
	3.01—5	83	39.15		公司专业技术人员	33	15.57
	1.01—3	60	28.30		公司一线普工	116	54.72
	≤ 1	16	7.55		其他	36	16.98

注：职业类型中的其他包括商业服务人员、个体经营户、保洁服务人员等。

表 6-3 受访者基本信息

编号	性别	年龄（岁）	居留时间（年）	迁出地	具体职业类型
L1-SC	女	20	1	四川广安	销售业务员
L2-SC	女	26	5	四川宜宾	一线普工
L3-SC	男	31	5	河南信阳	专业技术人员
L4-SC	男	34	10	四川绵阳	专业技术人员
L5-HC	女	25	3	贵州六盘水	一线普工
L6-HC	男	39	6	丽水遂昌	人事管理员
L7-HC	男	36	8	贵州遵义	专业技术人员

编号	性别	年龄（岁）	居留时间（年）	迁出地	具体职业类型
L8-HC	男	42	9	贵州六盘水	一线普工
L9-TH	女	28	4	湖北荆门	人事管理员
L10-TH	男	55	12	湖北恩施	安保人员
L11-YX	女	26	2	衢州开化	外贸业务员
L12-YX	男	42	7	台州路桥	中层管理人员

注：文中出现的访谈资料编码，L1—L12 表示访谈对象编号，SC 表示沙城街道居民，TH 表述天河街道居民，HC 表示海城街道居民，YX 表示永兴街道居民。

6.2.2　地方融入测度结果的分析

（1）流动人口地方融入的探索性因子分析

首先，对 10 项地方融入指标进行皮尔逊相关性检测，结果显示各项指标均显著相关，因而所选指标无须剔除；其次，检验问卷变量可信度，得到克朗巴哈（Cronbach's Alpha）系数为 0.834，各分量表的内部一致性系数都在 0.8 以上，表明样本数据可信性良好；最后，对指标进行因子分析，得到巴特利特球形度检验的近似卡方统计值为 173.22，自由度为 45，显著性系数 Sig 为 0.000，KMO 检验值为 0.754，两项检验均说明以上 10 项指标适合做因子分析。经 SPSS 22 软件因子分析，流动人口的地方融入结构维度有 3 个，这里用 F_1、F_2、F_3 表示主因子，旋转后的载荷值见表 6-4。如前所述，目前学界关于地方融入的测量尚未形成统一标准，本研究将地方融入程度以各主因子的方差贡献率为权数，按照标准分转换到数值 1—100，3 项新因子得分也做同样的处理。结果得到，地方融入均值为 45.58，表明经开区周边居住流动人口的地方融入总体水平较低。

表 6-4　地方融入指标的因子载荷

自变量	F_1	F_2	F_3
感觉周边人居环境适宜	0.132	0.677	0.441
满意社区公共服务供给	−0.002	0.788	0.147
感觉邻里之间相互支持	−0.079	0.762	0.036
感觉周边本地居民友好	0.545	0.674	0.176
结识周边很多本地居民	0.775	−0.099	−0.040

续表

自变量	F_1	F_2	F_3
经常与本地居民聊天	0.787	0.097	0.146
经常参与社区活动	0.683	0.055	0.362
喜欢现在居住的这个地方	0.537	0.270	0.648
持有长期居住意愿	−0.037	0.120	0.928
留恋现在居住的这个地方（如果离开）	0.334	0.224	0.718
特征值	7.119	1.889	1.069
方差贡献率（%）	41.18	16.96	10.67

从各个主要维度因子来看，流动人口对周边街道的情感依恋较高，均值为53.41，说明流动人口在与周边街道的长期"打交道"中，或多或少形成了对周边街道的地方依附与情感。正如一些居留时间较长的受访者共识性地认为："在这边居住有4个多年头了，虽然基本每天都在现在租住的地方和工厂之间来回，但是休息日的时候也会约上老乡来街上逛逛，买点或者吃点东西，再或者去大罗山、千步梯、天柱寺等景点走走、爬爬山，感觉这个地方挺好的，还是比较喜欢这里的。"（L9-TH）"今年疫情，本来我和老婆打算在老家遵义（某个）县城找份工作，不打算回来的，但是有点舍不得，最后还是决定过来，毕竟这边有很多亲朋好友在，也非常适应和喜欢现在住的这个地方，而如果去老家县城反倒是人生地疏，还需重新适应，年纪大了，也不愿意多折腾，现在最大的心愿是继续努力几年，以后有能力在这里定居。"（L7-HC）然而，一些居留时间较短的受访者依恋情感则表现得较为平淡，如一位前后加起来仅居留8个月（中间因为疫情，有大约半年时间滞留老家）的女性受访者谈道："我是去年高中毕业后，经朋友介绍来到温州的，现在跟小姐妹租住这边本地人的民房套间，你问我是否喜欢和愿意留在这里，我现在可能答不上来，但是有一点可以肯定的是这里比我老家广安农村山沟里面要好很多，这边比较有生活气息，如果以后一切都顺利的话，应该会长期留在这边生活工作。"（L1-SC）由此观之，流动人口在周边街道生活久了，与周遭环境形成接触、相处、缠绕等多形式联系，由此产生人地关系上的情感联结，进而导向"地方芭蕾"生成，当然这一逻辑可能存在一些前置条件，如这一地方在与流动人口老家或者其他地方的横向比较中是确实存在某些吸引人和使人放松、

舒适等多样与区别性的自然和人文特质。

流动人口对周边街道的地方评价均值为 40.32，反映出流动人口对于迁入地的主观评价存在偏消极的态度，就如下面受访者所讲："我现在租住本地人民房单间，一个月 500 元钱，一张床和一张桌子，够睡觉的地方。周边都是老房子，不像我一些在温州市区工作的朋友，租住本地人的新安置房套间，居住环境好。但是话又说回来，我收入有限，也只能租得起这样的房子。"（L2-SC）"这里就是城乡接合部，居住环境一般，脏乱差。"（L10-TH）"公共服务这块，我想说一件正上头的事情，你看我跟我老婆在这边 10 年了，今年 7 月份把小孩从老家爷爷奶奶那边接过来准备上这里的小学，但是到现在快入学了都还不能解决入学问题，公办的就放弃了，没有本地户口，可是民办的都这么紧张，我都托人找关系了，所以你说公共服务怎么样？"（L4-SC）当然，多数受访者对其中的邻里之间互助和本地居民友好程度持积极评价态度，他（她）们谈起："本地人对我们外地人还是挺帮助的，你像有次夜里我发高烧，房东专门早上开车送我去医院看病。"（L5-HC）"邻居老奶奶人很好，会时不时地送我她自己在田里种的小青菜、丝瓜等蔬菜，相处起来就像自己的亲奶奶一样。"（L12-YX）"在这边生活 6 年多了，总体上感觉周边本地人还是挺友好的，反正他（她）们是一次都没有跟我拌过嘴什么的。"（L6-HC）从上可知，流动人口收入有限，故他（她）们只能租住在城乡混杂的半城市化的周边街道，而后者又缺乏像学校等公共服务设施的相应配套，这导致流动人口对周边街道人居环境和公共服务评价不高；但是，流动人口对周边街道内的邻里互助和居民友好持正面态度，而并不存在有些学者（孔翔和宋志贤，2018）认为的，流动人口大量涌入导致与本地居民在共用基础设施等方面产生利益冲突，两类群体存在交往隔阂。

最后，流动人口在周边街道的社交参与均值为 35.83，一定程度说明周边街道或流动人口自身存在某些因素导致社交参与程度偏低。从访谈者的访谈信息多少可以管窥其中的主客观原因，在结识周边街道本地居民方面，如下面访谈者所述："我认识比较多的本地居民，有天河街道建丰、庄泉、金益等村的，也有沙城街道永埠、永恩等村的，但是你说跟他们结识或者说跟他们相处成朋友关系谈不上，感觉我们跟本地人之间还是存在隔阂的。"（L8-HC）"作为外来者，我们与本地人在生活方式、风俗习惯等方面还是存在不同的，很难融进他们的圈子，平时跟自己老乡和亲友玩得比较多。"（L10-TH）在与本地居民聊天方面，有访谈者说道："会跟本地人聊天，但也都是路上遇到才拉几句家常。"（L4-SC）"本地人在生活中都是用方言交流，你也知道温州话是比较难懂的方言，所以也很少能跟他（她）们搭上话或聊上天。"（L11-YX）在参与社区活动方面，访谈者普遍说道："记不得哪年过除夕，参加过一次街道还是社区组织的关爱留守农民工联欢活动，除此之外，就没有参加过了，好像也只有重大节庆日社区才组织举办一些活动。"（L8-HC）"基本没有参加过什么社区活动，据我了解，我现在居住的四甲社区也没有什么社区活动，有也多是面向本地人的。"（L3-SC）由此可知，流动人口因与周边街道居民存在生活方式不同、风俗习惯差异、语言交流障碍等因素，导致其难以与后者建立社交网络，且更为突出的问题是流动人口的社区活动参与程度非常低，或者说几乎就没有，而这可以说是地方融入过程中最为重要的环节。因为，个体通过积极参与社区活动以与新地方建立紧密联系，才能使新地方成为"自己的"（Gustafson，2001；Cutchin，2003）。

（2）流动人口地方融入群体差异的测度

由于流动人口对迁入地的地方融入具有一定的主观性，不同性别、个人月均收入、职业类型等属性特征的流动人口对迁入地的地方评价、社交参与和情感依恋等主观认知和心理感受可能不尽相同，也可能相同。因此，本研究根据变量本身特征，在借鉴既有相关研究基础上，分别选择适用于两组独立样本等级资料的 Mann-Whitney U 检验、双向有序资料的行列表 -Kendall 等级相关检验和多组等级资料比较的 Kruskal-Wallis 秩和检验方法来分析流动人口在温州经开区周边街道地方融入的群体差异（史兴民和刘戎，2012；林李月等，2016）。经计算，流动人口的不同属性特征与地方融入总体得分和地方评价、社交参与、情感依恋 3 个维度得分的相关性结果见表 6-5。

表 6-5　流动人口个人属性与地方融入的相关关系

属性	项目	地方融入	地方评价	社交参与	情感依恋
性别	Mann-Whitney U	11076	9872	11534	12648
婚姻状况	Mann-Whitney U	10568	10654	9987	9861
年龄	Kendall's tau-b 相关系数	0.042*	−0.021	0.013*	0.055*

续表

属性	项目	地方融入	地方评价	社交参与	情感依恋
居留时间	Kendall's tau-b 相关系数	0.261***	−0.003*	0.097**	0.382***
方言适应程度	Kendall's tau-b 相关系数	0.078*	0.004	0.286**	0.022
受教育程度	Kendall's tau-b 相关系数	0.104	−0.487**	0.123*	0.209
个人月均收入	Kendall's tau-b 相关系数	0.192**	−0.018*	0.265*	0.198*
家庭月均收入	Kendall's tau-b 相关系数	0.097**	−0.009	0.159*	0.090*
职业类型	χ^2	15.359**	7.065**	20.376**	12.455**

注：*** 表示 $p<0.001$；** 表示 $p<0.01$；* 表示 $p<0.05$。

从人口学特征与地方融入关系看，性别和婚姻状况与地方融入及其 3 个子维度的关系检验未通过显著性检验，反映出温州经开区流动人口的性别差异和结婚与否对其在周边街道的地方融入不产生影响。再则，年龄属性对地方融入及其社交参与和情感依恋有影响，而对地方评价则没有影响，这一定程度上说明年龄大的流动人口在为人处世、交际经验等方面所具有的优势，能更好地帮他（她）们在周边街道开展与本地居民的社交活动；且与此同时，年长者群体通常目标较为明确，可能存在选择了一个地方就在这里扎根的"既来之则安之"倾向，不像年轻人群体因在工作、生活等方方面面处于摸索与适应阶段而存在随时流动的可能性，所以他（她）们对迁入地相较年轻人容易产生情感依恋。

从社会经济学特征与地方融入关系看，第一，居留时间与地方融入及其社交参与和情感依恋存在正相关，反映出流动人口在周边街道居留时间越长，越容易与本地居民"打成一片"，且也越容易形成情感依恋，就如上文提到的，人在一个地方生活久了，就会与其彼此亲密且感到舒适，情感依恋也就自然而然地生成；然而，居留时间对地方评价呈现负向影响，侧面说明居留时间越长，流动人口对周边街道的人居环境、公共服务等的不合理之处了解得就越深入，那么地方评价自然就偏低，而这也佐证了上文由居留时间较长的受访者（L4-SC、L10-TH）访谈信息所得出的结论。第二，方言适应程度对地方融入及其社交参与产生显著影响，相当程度上说明流动人口若能适应温州方言（南部吴语）或其中的永强话，那么将有利于其与周边街道居民的社会交往，而这样能促使地方融入程度提升。第三，受教育程度对地方评价形成负面影响，这可能与流动人口受教育程度越高，见识也就越广，相应地对某一地方的主观评价标准也就越高有关；再则，其对社交参与形成正向影响，说明受教育程度高的流动人口能较好地处理与本地居民的人际关系，进而提升社会交往水平。第四，无论是个人月均收入还是家庭月均收入都对地方融入及其社交参与和情感依恋构成正向影响，反映出具有较高经济资本的流动人口，可能相应地也具有较高的文化资本和社会资本，如此他（她）们能较好地实现地方融入；个人月均收入对地方评价呈现负相关，说明收入高的流动人口对建成环境要求也高，从侧面也反映出当下周边街道建成环境难以匹配这部分群体的需求。第五，职业类型与地方融入及其3个子维度都存在显著关系，说明不同职业的流动人口在周边街道的地方融入状况不尽相同，即白领工作者相较蓝领工作者能更好实现地方融入，当然这与上面的受教育程度、个人月均收入等因子存在某种共线性。

6.3　周边街道本地居民的地方感流变特征

6.3.1　地方感研究的设计

（1）研究目标

在资本展开全球化，国家和城市失去其固有边界而被流动性重构的时候，开发区作为我国改革开放后以地域重构和尺度相互嵌套转换来链接"地方—全球"的资本地域化制度空间，其生产过程存在着流动性的（资本）空间与经验性的地方之间的张力。诚然，这种张力是内嵌权力结构过程与个体主观地方情感变化关系的。也就是说，城市边缘开发区建设改变原有自然环境，侵蚀自然空间以及拆除部分农民居所建筑，继而打造了同质化工业园区，这也就意味着原区域以农业种植、海洋养殖与捕捞为内容的农村小农经济一去不复返；再者，作为制度空间的开发区生产存在"集聚阴影"效应，即其发展上可能并未将周边及其居民包容性地纳入增长序列中，由此引发周边街道本地居民对开发区地方情感与认同的消弭，但是这种地方感的消弭是一个动态变化过程，而不是时间截面的静态或固定状态。鉴于此，本研究的核心目标是：在开放性与"过程与流变"中，探讨温州经开区生产是否引致周边街道本地居民地方情感嬗变，或者说是否带来地方感积极向消极流变的特征？而如果有，表现形式又是何样的？

当然，这里需要进一步说明的是，从本章前面理论基础描述可知，结构马克思主义和人文主义关于"地方"的研究是存在分异的：前者强调地方是与外界建立功能联系时所具有的区位、自然条件等差异性，即地方是全球盈余资本积累的固定资本形式；后者则人本化地勾勒地方是构成人类互动基础的意义核心和关怀领域。然而，多数学者认为这种分野阻碍对"地方"的全面理解，且实践中的地方形成是存在着社会结构和个体行为相互影响机制的，两者相互很难分开。因而，在新近的研究中，这种二元认识论的距离被不断拉近，抑或窠臼被打破。如后结构批判地理学者认为地方不仅是社会再生产过程的一部分，也是社会各部分之间持续斗争的政治工具与结果。其中，克雷斯韦尔（Cresswell，1996）认为地方既是记忆的地方，也是政治的地方，并在《地方：记忆、想象与认同》（Place：A short introduction）中书写"安适其位"（in-place）与"不得其所"（out-of-place）。在国内实证（经验）研究中，周尚意等（2011）指出结构主义和人文主义机制共同促使北京 798 和 M50 艺术区以景观体现城市的地方性；蔡晓梅和何瀚林（2016）认为广州高星级酒店的无地方性空间感知，深受现代技术、行业标准以及资本扩张等结构性因素影响；孙九霞等（2017）揭示旅游地特色街区的"非地方化"是制度脱嵌的结果；郎朗等（2017）在论证北京三里屯的空间职能、社会认同及其与外部相对关系中，提出"地方"是"社会（宏观社会经济结构）—个体（经验与意义）—地方"多维互动的产物。与此相类似的，魏航和石楠（2020）认为（非正规经济）街道市场日常生活中的非正式"恋地情结"不是独立于政治经济过程之外的人文情感现象；Qian 和 An（2021）以阎连科的神实主义小说——《炸裂志》为分析对象，提出城市化是政治经济过程与日常生活实践相互协商与建构的过程。通过对（后）结构主义与人文主义关于"地方"研究的解读，本研究认为开发区周边街道本地居民地方感变化的分析既要强调人的主体性意识、行为在体验"地方"中的感受，也要将其置放在更大的社会结构、权力关系系统内去探讨，也就是说，主观的地方情感形成与权力结构过程之间存在辩证关系。

（2）研究路径

目前，学界对"地方感"的相关研究主要分成两条路径：一条是以段义孚和瑞尔夫等人文主义地理学者创造性借鉴胡塞尔和海德格尔等人现象学、存在主义的方法论探讨"地方感"的路径，另外一条则是以威廉姆斯（Williams）等人应用环境心理学方法量化"地方感"中的心理多维层面的路径，像乔根森和斯特德曼（Jorgensen and Stedman，2001）就从地方认同（place identity）、地方依恋（place attachment）、地方依赖（place dependence）出发，构建12项指标模型进行地方感测度，普雷蒂（Pretty，2002）亦将地方感分层为社区感（sense of community）、地方依赖和地方依恋等面向进行量化分析，其中量表设计是环境心理学研究地方感的重要手段。当然，以量化为主的研究方法存在一些被人诟病的弊端，诸如其先入为主地使用一些基于环境心理学的划分维度进行概念上或者语义上的地方感研究，再者，对研究对象和数据可靠性有着严苛要求，且具有明显的科学实证主义范式倾向（张骁鸣和翁佳茗，2019）。

考虑温州经开区周边街道本地居民多为年长者，且受教育程度普遍不高，大规模问卷调查存在门槛，因此本研究对周边街道本地居民地方感的研究秉承开放性态度，即更多时候从日常生活和生产实践出发探究人的实存现象的具体的人地互动，而西蒙的"地方芭蕾"（place ballet）理论正好为审视作为日常操演的地方本质提供思路，且契合本研究范式与价值取向。所谓"地方芭蕾"指扎根于固定地点的人们的"身体芭蕾"和"时空惯例"的组合交织、复杂互动。其中，"身体芭蕾"（body ballet）是指人们在日常生产中的身体呈现出一种特殊韵律和节奏——自主性、连续性和近乎机械般的一套姿态和动作，而"时空惯例"（time-space routine）是指人们在生活场域中时间和空间上的一套例行性身体行为（Seamon，1979；Buttimer and Seamon，2015）。故此，研究借鉴西蒙（Seamon，1979）在总结"地方芭蕾"中包含吸引（attraction）、多样（diversity）、舒适（comfortableness）、邀请（invitation）、区分（distinctiveness）和依恋（attachment）等六要素论的观点（见表6-6），开展温州经开区周边街道居民的地方感变化特征分析。

表 6-6 西蒙的"地方芭蕾"六要素论

关键内容	具体含义
吸引	某个地方具有一定的吸引力，能使得人们有前往的需求，如去餐厅就餐，去商店购买商品、去公园休闲散步等。
多样	某个地方功能越多样化，就越有人频繁过去活动，如雅各布斯（Jacobs）在《美国大城市的死与生》中就强调多样性是维持城市活力的重要因素，而这些活动的规律性得到加强，"地方芭蕾"就会生发。
舒适	让人感到放松、舒适的地方，会降低人的意识在行动中的介入，且增加身体—主体（body-subject）自主形成规律可能性，那么也就容易形成"地方芭蕾"。
邀请	人们受邀直接或间接地参与地方活动，并感受地方的独特性，若加以认同并重复前往，则自然而然形成"地方芭蕾"。
区分	某个地方相较其他地方在"气氛""环境""特点"等维度具有一定的独特性，且人们认同该地的功能或特性，从而重复前往，那么这样将有助于"地方芭蕾"形成。
依恋	参与者在"地方芭蕾"中感受到投入感，并依恋着生于个体的心灵，那么感受到依恋的人们将会本能地关心地方。

资料来源：张骁鸣和翁佳茗，2019。

（3）调研方法与样本

调研方法主要包括文献调查和半结构式访谈。①文献调查。通过历年《龙湾年鉴》、《温州市龙湾区志》（2013）、温州问政网络平台和柒零叁温州论坛等文本资料与网络渠道，了解经开区周边街道历史、近些年居民对发生在经开区或与经开区有关的事件的态度和想法以及本地居民日常生活习惯。②半结构式访谈。于2020年6—8月，在街道工作者、前村民委员会主任和村民的协助下进行目的性抽样，对街道32位本地居民进行半结构式访谈，并尽量以日常聊天"打交道"方式打消受访对象的疑虑；另外，在访谈中注意受访对象讲述过程中的神态、语气等情感态度变化，并在事后详细分析其讲述的具体内容，包括揣测受访对象可能的心理活动。访谈提纲借鉴西蒙总结的"地方芭蕾"六要素理论来设计（见表6-7）。

表 6-7　半结构式访谈提纲

访谈提纲	具体问题
个人信息	性别、年龄、职业、居住地点、居住时间、收入水平、文化程度
地方感陈述	你曾经或现在是否经常去那里 / 频率如何 / 一般什么时候去 / 通常去做什么
	您感觉那里有什么特别吸引人的地方或构建物
	您一般是自己去，还是和谁一起去
	您对那里近 30 年发生的变化有什么感受，或者说以前和现在有什么不一样的感受
	您能否讲述一些曾经在那里发生的事情，或者让你印象深刻的事情
	那里的变化，给您所在街道发展或自己日常生活和生产带来什么影响
	那里对您来说，意味着什么或者说重要吗

注：地方感陈述行中"那里"指经开区所在区域，以 2000 年为时间断面划分经开区原地方（村集体农地和沿海滩涂）和现空间（工业园区）。

　　目的性抽样主要考虑到样本的性别、年龄、职业、现居住地等因素，32 位受访者中（编号 Y1—Y32），男性 21 位、女性 11 位，受访对象的经济、社会、人口属性涵盖各类群体（见表 6-8），特别是居住时间基本在 20 年以上，且了解经开区这一区域发展历程与大事件，以及与经开区原地方和现空间或多或少有"打交道"经历，样本具有较好的代表性；此外，每位的访谈时间在 50—110 分钟不等，访谈以面对面形式为主，个别受访者采取电话访谈方式，其中在访谈过程中如遇受访对象比较感兴趣的话题，则尽量给予时间讲述，以充分挖掘其对经开区所在区域的地方感知。

表 6-8　受访对象基本信息

编号	性别	年龄（岁）	身份信息	编号	性别	年龄（岁）	身份信息
Y1-SC	男	67	前村委会主任	Y17-HC	男	59	私营企业主
Y2-SC	男	65	私营企业主	Y18-HC	男	45	企业管理人员
Y3-SC	女	43	外贸业务员	Y19-HC	男	44	企业管理人员
Y4-SC	男	48	餐馆经营者	Y20-HC	男	42	工厂普工
Y5-SC	男	53	私营企业主	Y21-HC	男	58	工厂门卫
Y6-SC	女	52	早餐店经营者	Y22-HC	女	43	家庭妇女

编号	性别	年龄（岁）	身份信息	编号	性别	年龄（岁）	身份信息
Y7-SC	男	47	家庭作坊经营者	Y23-HC	女	44	家庭妇女
Y8-SC	男	38	公司职员	Y24-HC	男	62	普通村民
Y9-SC	女	42	管委会工作人员	Y25-HC	男	69	普通村民
Y10-SC	女	30	街道办事员	Y26-HC	女	56	普通村民
Y11-SC	女	42	家庭妇女	Y27-YX	男	68	水产销售者
Y12-SC	男	64	普通村民	Y28-YX	男	62	务农工作者
Y13-TH	男	51	私营企业主	Y29-YX	男	29	工程咨询师
Y14-TH	男	52	灯具经营者	Y30-YX	女	45	家庭妇女
Y15-TH	女	50	普通村民	Y31-YX	女	34	公务人员
Y16-TH	男	52	普通村民	Y32-YX	男	38	城乡规划师

注：文中出现的访谈资料编码，Y1—Y32表示访谈对象编号，SC表示沙城街道居民，TH表示天河街道居民，HC表示海城街道居民，YX表示永兴街道居民。

（4）分析方法

在对原始访谈内容整理并剔除冗余信息和文字的基础上，运用扎根理论进行从范畴、主范畴到核心范畴的逐级编码处理，在此基础上，尝试建立温州经开区建设对周边街道居民地方感的影响特征的理论模型。扎根理论是质性研究中应用最广泛的方法之一，其强调通过对访谈录音或文本等的编码方式探索社会现象的核心概念，由下至上建立实质理论（科宾和施特劳斯，2015），在某种意义上其理论方法弥补了计量研究方法不能深刻揭示社会现象的不足。具体步骤如下：①开放性编码（open coding）。按照贴近材料的原则，对原始文本资料逐句阅读、筛选和标记，并根据语义和逻辑关系进行概念化并赋予范畴，继而聚类形成日常生产实践、物质精神依存、社会交往联结等13个地方感范畴（见表6-9），以为下一步主轴编码提供依据。②主轴编码（axial coding）。依据并列、因果等逻辑关系，推究上一步开放性编码中形成的地方感范畴之间的可能性的关联线索，进而归总提炼土地依赖、地方认同、空间排斥等6个主范畴。③选择性编码（selective coding）。结合原始访谈资料和整理的温州经开区及周边街道相关文献资料，通过对概念与范畴进一步的反复比较与对照，发现可以用"地方感的流变"这一核心范畴来概括并统领其他范畴和概念，具体地方感流变模型见图 6-2。④理论饱和检验。将上面提炼形成的概念与范畴带回资料现场，进行补充调研并反复检验与质询，最终并未得到新的概念与范畴，于是停止采集与编码。最后，研究根据编码分析的结果，以叙事的方式从"过程与流变"视角，探究温州经开区周边街道居民地方感的变化特征。

表 6-9　开放性编码示例

编号	原始语句	概念化	范畴化
Y2-SC	我们这里有春、夏、秋"三播"和夏、秋、春"三收"以及轮作套种的农耕传统习俗，当时像我这样的多数农民一年四季几乎每天都跟农地"打交道"……我当时在农田里就种植水稻、菜籽、水芋头等不同农作物	日常农耕	日常生产实践
Y12-SC	在农田上，大家会种植水稻、番薯、洋芋、糖蔗等农作物，你像清明前番薯种要落泥培育，小满前要收菜籽、槐豆等，十二月糖蔗收后要套种洋芋。当然，上面这些都需要进行田间管理，像水稻虫害要用农药除三四次。此外，糖蔗收后要制糖、番薯收后要制作番薯丝等		
Y17-HC	村里年轻点的小伙子，当时（20 世纪 80—90 年代）会搞些阀门、电器、轧管等家庭作坊工业，但也都是小打小闹的，在农忙季节他们必须帮忙收割稻谷什么的，不然家里就没人了		
Y4-SC	1994 年的 17 号台风之前，这边是全国重要的盐场——永嘉盐场，下兴村、沙园村、榕树下村等周边村许多盐民的日常生产就是在盐田里摊晒蒸发制卤	盐业生产	
Y1-SC	沙城现有含"甲"（三甲、五甲、七甲等）的地名，都是以前制盐灶户编制名称……我在（20 世纪）80 年代也搞制盐的，蒸发、打花、结晶……		
Y25-HC	在滩涂围垦之前，我们这里（海城）有近一万多亩海涂，是"虾虮宝库"，特别是遇到每个月的涨潮时间，捕捞 50—60 公斤不是问题，有时都能到上百公斤……	滩涂渔业	
Y28-YX	在滩涂上，有些村的农民会搞些海产品，如青蟹、跳跳鱼、蛏子、血蛤……形成了现在大家叫的"一村一品"特色，像大郎桥抬鱼、梅头（海城）张虾虮、四甲捣泥塘、五甲钓海鳗和拔鲻鱼、七甲打蓠网、八甲捉沙蟹、永寿划油苲、五溪靠钩钓……		

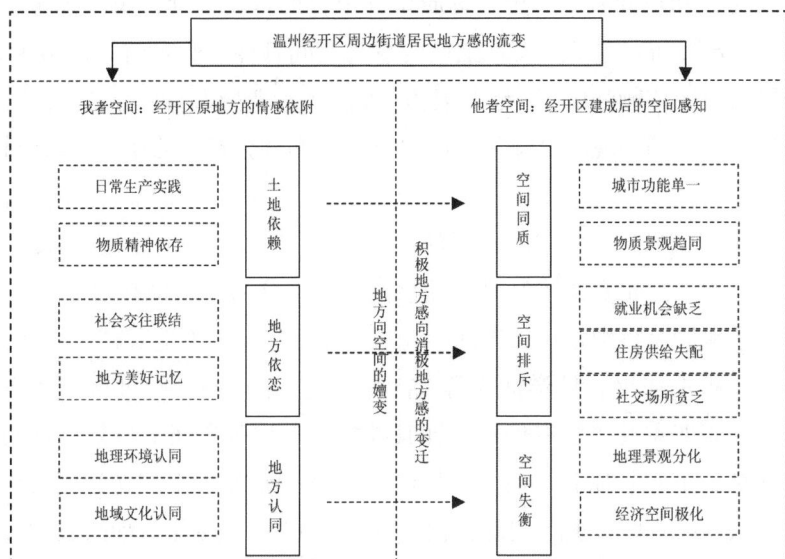

图 6-2　温州经开区周边街道居民地方感流变模型

6.3.2　地方感质性研究的发现

（1）我者空间：经开区原地方的情感依附

段义孚（Tuan，1977）认为，在某个地方根植（rootedness），就培育或者说拥有某种地方情感的经验。换言之，在一个地方生活久了，人们就会对周遭生活中的一草一木、一山一水、一砖一瓦产生情感，这种感情就是地方感（周尚意，2013）。温州经开区周边街道本地居民在与经开区原地方（即农地与滩涂）的日复一日"打交道"中，不断上演"人与地""人与人"之间的接触、相处、缠绕等多种形式的联结，以至自然而然地产生彼此之间的亲密与舒适，继而"对地方的爱"的本真情感油然生发，而其主要体现为土地依赖、地方依恋以及地方认同三个面向。

其一，土地依赖。农民离不开土地，土地是农民的"命根子"，是农民生存的基础，更是后续生活的保障，且农民"粘在土地上"，大多数一辈子生活在血缘地缘性的村落中（费孝通，2020）。也就是说，土地是农民日常实践的主要对象和空间载体，更是物质精神依存的重要基础，农民普遍依托土地理解"地方"，而"地方"又是土地的意义空间延伸（薛东前等，2019）。诚然，居民对土地依赖呼应于"地方依赖"概念，后者指人与地方之间的功能性关联，也即地方的环境和设施为人们提供物质和社会资源的条件（蔡晓梅等，2012）。

日常生产实践。温州"腴田沃壤一岁三获"，而经开区原地方又濒临东海，滩涂广阔、海水资源丰富且含盐度高，当海之弓，得渔盐之利。在2000年之前，本地居民特别是年长者基本扎根于土地上从事农业种植、内河捕抓、涂头作业、近海张网、外洋捕捞等"农耕渔盐"生产内容，且日出而作，日落而息，一年四季几乎没有停歇，即其扎根于土地等空间上日复一日操演着育种、播种、施肥、抓获、煎煮、摊晒等一系列动作。多位访谈者介绍道："这里有春、夏、秋'三播'和夏、秋、春'三收'以及轮作套种的农耕传统习俗，当时像我这样的多数农民一年四季几乎每天都跟农地'打交道'。"（Y2-SC）"在农田上，大家会种植水稻、番薯、洋芋、糖蔗等农作物，你像清明前番薯种要落泥培育，小满前要收草籽、槐豆等，十二月糖蔗收后要套种洋芋。当然，上面这些都需要进行田间管理，像水稻虫害要用农药除三四次。此外，糖蔗收后要制糖、番薯收后要制作番薯丝等。"（Y12-SC）"1994年的17号台风之前，这边是全国重要的盐场——永嘉盐场，下兴村、沙园村、榕树下村等周边村许多盐民的日常生产就是在盐田里摊晒蒸发制卤。"（Y4-SC）如此，农民的日常生产实践在与空间的相互嵌套和融合中，生发出西蒙所认为的具有规律性的时空惯常与"身体芭蕾"，继而凝聚形成强烈的主体价值，也即对土地的依赖情感。引述段义孚（Tuan，1974）的话来讲，地方因为人们日常生活的重复体验而产生意义。当然，20世纪80年代中后期的温州，农村"离土不离乡"工业化发展迅速，商品经济高度发育，经开区原地方村里也有相当一部分年轻农民从事阀门、轧管、铸钢等家庭作坊工业，也即多数农民家庭存在"以代际分工为基础的半工半耕"生计模式，但是在特殊时间节点上特别是农忙时节，上述从事工业生产的年轻群体又会添补家庭劳动力缺口，返回农地"春耕"和"双抢"，因而农耕劳作亦是其日常生产实践的重要内容之一。如访谈者所言："村里年轻点的小伙子，当时（20世纪80—90年代）会搞些阀门、电器、轧管等家庭作坊工业，但也都是小打小闹的，在农忙季节他们

必须帮忙收割稻谷什么的，不然家里就没人了。"（Y17-HC）

物质精神依存。土地，承载万万物产，孕育万万生命，或者说民以食为天、食以土为本、万物土中出。土地是农业的基本生产资料，是农民的重要生活保障（宋洪远，2018）。自1978年国家开始分田到户实行家庭联产承包责任制以来，以耕地和滩涂为主的土地资源便成为经开区原地方本地居民生活的最基本保障。通过农耕劳作、消耗身体能量等方式，农民与土地发生能量交换，从而获取生存所需的自然产品和资源；且与此同时，虽然土地的生产节奏缓慢，但是土地生长循环的自然秩序和能量交换的平衡感，却给予农民精神上一种平静而安全的感觉（张柠，2013），也就是说，农业生产与人的生物节奏相协调，"活的身体由各种节奏组成，身体的每一个器官、每一个部分都有自己本身的节奏规律"（Lefebvre，2004）。正如一位访谈者说到的那样："如果农地不征收，水稻等农作物种植收成在国家征购之后，我们完全可以自给自足；再在农忙空闲时间，去滩涂里'赶海'下，抓些小鱼小虾小蟹，这样吃的就不用愁了，心里有底气，日子也过得比较踏实。"（Y7-SC）当然，这里引述海德格尔（1996）的话来讲，就是"充满劳绩，但人诗意地，栖居在这片大地上"。

其二，地方依恋。地方依恋表达人与特定地方的情感联结，人们希望栖居在这个地方，因为这里让人感到放松、舒适、幸福以及给予人安全的心理状态，即地方依恋强调人在心理上对于地方的情感依恋，而不强调客观环境本身（朱竑和刘博，2011）。就如我们对故土和家的留恋即是一种地方依恋，因为地方凝聚着我们的亲情关系、（集体）记忆与情感投射（张娜和高小康，2020）。由编码可得，周边街道居民对经开区原地方的依恋情感主要表现在社会交往联结和美好地方记忆两个维度。

社会交往联结。农耕文化有个特点，即把人束缚在土地上，一代一代地传承下去，不太有变动，而也正是这种扎根于土地上的不流动性，促使乡土社会形成稳定的"熟人社会"（费孝通，2020）。经开区原地方的土地即将周边农民束缚在小地方上栖息而不能流动，人们在此进行日常人际交往与联结，可以说原地方是人们社会交往不可分离的介质。如访谈者所言："几代人都在这边围绕着农地和海洋、滩涂生活，大家彼此熟悉。"（Y23-HC）进一步而言，在这片土地上的这种社交互动，帮助建构起一种规则和秩序，以致形成一个独特的"熟人社会"关系性空间。当然，社会交往联结背后实则反映的是人对于情感的需求，因为人是社会生物，需要在交往中获得友情、尊重和知识（石楠，2020），而人们在情感的互动和传播过程中也就共同创造了地方。

地方美好记忆。地方承载着我们的某些（集体）记忆，或者说，记忆总是依附于真实的地方存在，且主体在与地方环境互生中产生的记忆又往往成为主体与地方维系的中间纽带，这就说明地方的重要本质之一即记忆（哈布瓦赫，2002；汪芳等，2017；张娜和高小康，2020），且是值得长久记忆的。经开区原地方是个"山海气象"之地，其间的河网、农田、滩涂等既是农民的生产空间，亦是人们特别是小孩子的休闲游憩场所，人们在此聚集、生产、休闲，享受由此带来的满足、欢喜、愉悦的情绪与温馨美好的氛围。几位访谈者回忆道："记得小时候，父亲会隔三岔五带我和哥哥，以及隔壁小伙伴去海涂上抓螃蟹、小虾，捞贝壳类的海鲜……这些记忆非常美好，后来长大些，跟小玩伴再约去玩的时候，因为滩涂围垦而找不到入口，最终徒劳而返。"（Y31-YX）"以前，小学同学家是在五溪村种西瓜的，西瓜成熟的季节我们每年都去摘西瓜，再在田埂上追逐嬉戏……现在想起来还是挺开心、向往的，而那位同学现在是我最好的朋友之一。"（Y3-SC）而Y3-SC这位访谈者在2021年农历春节期间，发微信朋友圈记录道："带两妞(其女儿及其同学)去我们想当年'倒三烂'的地方（海涂）……可是不断的填海，其实也早已不再是我们当年的那个滩涂了。"可见，经开区原地方承载着本地居民相当多的美好地方记忆，其使得居民之间精神上有共鸣，邻里和睦，而这种抽象的地方记忆又进一步强化主体对这一特定地方的"恋地情结"。

其三，地方认同。地方认同是一种同一的情感联系，是主体对那些界定"我是谁""我们是谁"的地方的物质环境与象征情感的特殊感觉（蔡晓梅等，2012），地方成为自我或社群的一种符号和象征（朱竑和刘博，2011）。无论是土地依赖还是地方依恋，最终都要落脚到地方认同话题上（张娜和高小康，2020），即对地方依附与依恋情感塑造个人或群体对于地方的认同；反过来，"局内人"对地方的积极认同亦会加深对地方的依赖和依恋情感，继而建构自觉意识和生活目标。由编码可知，经开区原地方独特地理环境、地域文化影响居民对地方的认同情感，而这种地方认同感造就充满"寓居"意味的和谐人地关系。

地理环境认同。在某个时段内的不可移动的地理环境构成区域的第一本性，即地方性建构的重要基础（周尚意，2015）。经开区原地方及周边区域独居一隅，依山临海，西面是给人以雄伟、秀丽之感的大罗山，东面是浩瀚无边的东海（太平洋之西），《温州市龙湾区志》（2013）对其的描述是，典型的"三山六水一分地"特征，山（大罗山）环海（东海）拥，中间一片二三十里方圆的永强冲积平原（温瑞平原重要组成部分之一），平原之上河网密布、土地肥沃，且沿东海拥有漫长海岸线，海洋与滩涂资源丰裕。一方水土养一方人，居民在与区域独特的"山海气象"地理环境长期互动即因地取材和借地生存人地融合发展中，自然而然形成对地方的感知及认同情感。正如一位访谈者说道："温州的自然地理是'七山二水一分田'，人均可耕农地少，很多地方的农民都只能出去谋生，而我们这块区域背靠罗山，面向东海，是块肥沃的田地，还有海洋涂滩，物产丰富，可谓'鱼米之乡'，但是反过来讲，也没有出过什么大的文人墨客，有吃有喝，大家生活过得相对安逸。"（Y1-SC）

地域文化认同。在由河网、农田、滩涂、海洋组成的地理环境中，经开区原地方经由居民的日常实践而孕育出以"水文化"为内核的"无所不在，如水渗透极具扩张力"的地域文化特色，也即：一"水"重河湖，平原沃野，良田桑畴，以传统农耕为生计方式；另一"水"重海洋，东海辽阔，滩涂丰富，海鲜众多，以靠海吃海为生计方式（史晋川等，2020）。"在离村庄较近、土地盐度较低的农地上，农民们会种植水稻等农作物；在滩涂上，有些村的农民们会搞些海产品，如青蟹、跳跳鱼、蛏子、血蛤……像大郎桥抬鱼、梅头（海城）张虾虮、四甲捣泥塘、五甲钓海鳗和拨鲻鱼、七甲打罱网……"（Y28-YX）由此观之，这一独特地域文化是农耕文化和海洋文化的杂合体，前者形成相对安逸的定居生活文化，后者则体现为"敢于冒险、开放包容"的开拓包容精神，而两者也共同界定了地方主体的身份，或者说是"我"存在的反映，这个"我"即居民中既有农民，又有渔民和盐民，更为重要的是作为"永强人"的归属感与认同感。诚如哈维（2015）所言，某个特定的空间（地方）构成人们定位自己的参照系，而这个参照系影响我们理解世界的方式。引申自

"永嘉盐场"①(简称"永场")的"永强",是曾经的政区地名,更是千余年发展中形成的乡土文化区域,生活于此的居民普遍具有较强的地域文化意识(方坚铭,2012),经开区原地方及周边区域属于永强地域的核心区。如一位访谈者自豪地讲:"这里以前能作为盐场,正是因为独特的地理环境……由此才孕育永强特色文化,并有了永强人的称呼……最大的文化差异算方言了,你像我们虽然说的话都是温州方言,但是永强话跟'城底话'(城里话)还是不一样的,城底话念'水'为'死',永强话则念'许'。"(Y5-SC)概而言之,在长期人地关系演化中形成的地域文化定义了本地居民是一个什么身份的人,并赋予了特定地方生活意义和目标,在此基础上永强人身份认同得以不断建构与强化,继而成为区分"我们"与"他人"的内容,"我们"通常共同生活与工作,且拥有同样的习惯和风俗。亦如,情感地理学家邦迪(Bondi,1993)认为"我是谁"的身份问题通常是被转化为"我在哪里"这一空间问题而得以回答的,而地方是这一答案的本质。

（2）他者空间：经开区建成后的空间感知

21世纪以来,伴随着现代化和全球化进程中日益增强的"地方空间"向"流动空间"嬗变,温州经开区原地方受到全球性势力的挪用和侵蚀,同质性景观等内容与形式充斥整个空间生产过程,且其无论在经济、社会还是空间等层面,都未将周边及其"生于斯,长于斯,奋斗于斯,充盈于斯"的本地居民包容性地纳入增长序列中。于是,曾经相对稳定且具有地方特质与意义的"我者空间"向现在高度标准化、商品化的非地方的"他者空间"嬗变,而本地居民地方感也就由积极向消极流变。从半结构式访谈编码得到的主范畴来看,这与经开区的空间同质、空间排斥、空间失衡等因素存在密切相关性。

其一,空间同质。在"时空压缩"的新自由主义全球化语境中,温州经开区作为商品化空间产品,无不充斥着同质化、同一性的趋向与特质,且其集

---

① 永嘉盐场始设于唐代,《唐书·食货志》记载"(肃宗)乾元元年,盐铁、铸钱使第五琦初变盐法……盐铁使刘晏以为因民所急而税之,则国用足。于是上盐法轻重之宜……有涟水、湖州、越州、杭州四场,嘉兴、海陵、盐城、新亭、临平、兰亭、永嘉、大昌、侯官、富都十监",永嘉盐场系十监之一,其他也是温州最早的盐场。永嘉盐场即现在龙湾区永中、永兴、七甲等一带,境域濒临东海,滩涂广阔,海水资源丰富,含盐度高;大罗山燃料丰富,永强平原水网密布,水路交通便利,为盐业生产提供了充足的发展条件。永嘉盐场在长期的使用过程中也简称为"永嘉场",后又来进一步简称为"永场",因"场"与"强"在温州方言里是谐音,"永场"最后演变为"永强"。

中体现在城市功能单一、物质景观同质这两个面向上。可以说，温州经开区空间已然成了本杰明（Benjamin，2004）口中机械复制时代下的"虚无"产品，空间不再是上帝的作品，而是标准化的产品。进一步的，在瑞尔夫（Relph，1976）看来，这种因现代化、城市化与标准化而人为构建的"千城一面"的空间，是"失去意义的地方"，而无地方性的空间在引致"不真实的态度"的同时，也就不会被作为地方体验和地方情感的载体而存在。

城市功能单一。从 2000 年滨海园区批复开建，以及后来在此基础上扩建金海园区至今，温州经开区在历经第一、第二次创业并向第三次创业动态演进过程中，虽然曾经的"有产无城"工业区逐渐向多功能综合性产业区嬗变，但是就目前情况讲，经开区依旧以工业生产功能为主，其 2020 年工业用地面积达 16.61 km²，占总面积比例超半，而居住、商业等城市配套功能占比则不高，这由土地利用结构变化（见图 5-2）可以直观地识别出来。故而对本地居民来讲，经开区现在仅是空间商品化后的生产空间，而不是曾经可以生活的地方。如访谈者感慨道："温州经开区一直以来给我们的感受是，它就是工业与厂房集聚的地方，虽然后来也建起了金海湖公园、美食广场、碧桂园等休闲场所与居住空间，但还是感觉城市功能比较单一，没有什么生活气息。"（Y32-YX）"经开区就是一个'大厂房'，如果你不在里面工作，是没有什么地方可以去的。"（Y10-SC）诚然，温州经开区这种功能单一的空间致使周边街道本地居民缺乏与其发生日常实践层面的持久接触、相处与缠绕，所以也就难以形成亲密的互相"黏附"，而结果是居民对其地方依附情感不断淡化。

物质景观趋同。伴随着以工业化、城镇化为依托的现代都市文明在中国大地上野火般蔓延，传统的乡土物质景观迅速被工业、城镇等景观取代，且都是共用"一张脸"的同质化景观，这映射出中国的实践似乎也逃不过现代化"千城一面"的宿命。而就温州经开区而言，无论是以工业生产为主的"有产无城"——滨海园区，还是以居住、商业等城市功能配套为主的所谓宜居、宜业、宜商的滨海新城——金海园区，空间中到处充斥着单一、同质化的现代化"模板式"产业园区特质，且其淋漓尽致地体现在如复制粘贴般的宽阔道路、标准厂房、高档商品房等物质景观上。如几位访谈者多次提到："标准厂房，再加四四方方道路，这是经开区最大的特点，但也是最没有特色的地方。"（Y14-TH）"这里除了工业厂房还是工业厂房，日常工作之外，基本不会在这边逗留。"（Y9-SC）"之前的法派厂区，还有后来的置信立体公园等，还是有点特色的，但是园区内这样的地方太少了，都是些钢板厂房。"（Y18-HC）由此可见，现代化和全球化颠覆性力量吞噬着自然空间，使其成为资本增殖的载体与商品，并生产单一、同质化的物质景观，而这使得空间由生活的"场所"变成了"商品"，地方真实性受到挑战，也即惯常性地方意义面临解体的危机（郑昌辉，2020）。

其二，空间排斥。众所周知，资本流动与积累带来空间集聚的同时，也带来日渐增长的空间隔离。正如费恩斯坦（2019）所言，"分隔""碎片化"和"裂痕"是形容现代城市的关键词之一。作为资本地域化的制度空间，温州经开区每一寸土地都被资本尽可能地利用与商品化，成为由公司或机构所有的有价地块，这导致周边街道集体对土地直接所有权的近乎丧失，而资本联合权力又在土地上选择性地生产特定空间与供给特定工作。因而，对周边街道本地居民而言，经开区是带有排他性的社会空间——就业机会缺乏、住房供给失配且社交场所贫乏，而这也意味着本地居民失去了对其占有的主体性。

就业机会缺乏。作为国家级开发区与浙江14个省级产业集聚区之一，温州经开区聚集有正泰电器、楚天激光、长江汽车等上千家工业企业，但是囿于多数工业处于价值链低位阶环节，导致提供的大部分岗位仅是匹配外来流动人口就业，即需要长时间流水线作业且工资报酬相对较低，而供给周边街道居民的相对合适的工作岗位偏少，似乎仅有少量行政机关和国有企业岗位，而这些都可以由经开区流动人口数据以及居民访谈信息佐证。根据《温州经开区2019年度国民经济和社会发展统计公报》显示，2019年滨海园区所在的星海街道有来自贵州、四川、湖北等地流动人口8.92万人，而户籍人口才828人，可见外来流动人口是经开区的就业主力军。就周边高学历年轻人而言，经开区缺乏提供与之学历相匹配的工作岗位，一位访谈者提到："大学毕业后，也曾考虑和找过经开区这边的工作，但是白领类的工作岗位太少了，所以后来就没在这边工作了。"（Y8-SC）再者，对失地农民来说："土地被征只得到一点补偿，不够以后生活的，所以就自谋去村里菜市场摆摊卖鱼了，毕竟自己老本行是搞滩涂养殖的，对这个行业相对熟悉，而去经开区工作的话，就只能当保安什么的。"（Y27-YX）"没有农地种植后，就同姐妹合伙做早餐生意了，没办法，要有生计出路啊。"（Y6-SC）可见，农民土地在被征收后，不得不改变原有生产和生活方式，而从访谈信息中也能感受到他（她）们离开土地后好像就丧失了某种"自由感""安全感"，这可能与他们的技能和教育水平极难使他们在经开区陌生环境中谋生，或者说被经开区"抛弃"有关。张柠（2013）就隐喻农民只有一具尚未被拆解的"完整的身体"，难以通过拆解法、身体的碎片化去获得社会分工下的专业化工作。

住房供给失配。为实现经开区以产促城、以城兴产即"产城融合"发展，2010年开建的经开区金海园区引入国内大批房地产开发商，规模兴建像碧桂园、府前1号、金海首府等高档门禁社区，这些高度房地产化的高档门禁社区在传递给人以"至尊豪庭、奢华名邸"定位的同时，某种程度上也映射出空间的中产阶层化倾向与意味，而对本地居民来说其是难以"抵达"的空间。正如有访谈者说："金海湖那边房价太高了，不是我们一般老百姓买得起的，据我了解那边住的要么是瑞安塘下的企业主，要么就是经开区的老板。"（Y1-SC）"以前，也就2005年前后，滨海十六路这边的安置房价格还能接受，而现在金海园区那边的商品房，这个价格就高了，难以接受；再者，这些商品房位置属于以前瑞安梅头地域，离我们这里有近10公里路程，所以这些房子就是为瑞安人和经开区老板开发的。"（Y11-SC）也就是说，经开区金海园区建设的高档门禁社区成为温州市区高收入层、外县市（瑞安、文成、永嘉等）企业主、园区企业主等中产及以上阶层或群体的使用空间及其再生产的介质或工具，其与周边街道民居关系不大，而这也反映经开区的"产城融合"仅是居住与工业功能的混杂，而非真正意义上的职住平衡。

社交场所贫乏。在增长优先理念指引下，温州经开区近20年的发展重心在于经济增长，而这也导致园区公共服务设施配建滞后，其中在公共社交场所贫乏问题上体现得尤为明显。虽然，这些年经开区也在金海园区建起了金海湖公园、城市书房等屈指可数的公共社交场所，但是其基本是服务于居住在金海湖周边的中产及以上阶层的，整个园区发展较少考虑周边街道居民的日常休闲与社会交往需求。如有访谈者质疑道："是不是哪里的经开区都是工业园区？反正温州经开区是的，没有什么可供日常游玩休闲与社会交往的场所，唯一像样点的金海湖公园，又是在区块东南角，离我们这边街道距离很远，不知道是为谁建设的。"（Y29-YX）亦有太极拳爱好者说："龙湾太极拳协会在金海园区纬石浦公园有个日常练习基地，每周两次的交流活动都得驱车过去，太远了，但是也没有办法，经开区类似场所太少了，更别说离街道近些的地方。"（Y4-SC）因此，可以说，由社交场所缺乏导致的周边街道本地居民与经开区的贫乏社交状况，磨灭了经开区的地方意义和认同建构。

其三，空间失衡。在全球新自由主义—后福特制的调节模式和积累体制下，资本为永不休止地获取利润，总是联合权力在不平衡地理发展中将空间重置为具有等级结构、依附关系的"核心—边缘"空间秩序。温州经开区亦然，其与周边街道在发展上形成空间二元结构特征，而对本地居民来讲，这一特征集中体现在地理景观的分化和经济空间的极化上。因为经开区的这种"集聚阴影"效应，导致周边街道更多时候沦为辅助性功能供给区域，造成居民的失落感及其对经开区情感的不断弱化。

地理景观分化。从第五章5.2节中温州经开区与周边街道的土地利用覆盖变化（见图5-1）、物质景观以及相关分析可知，经开区经由城市增长机器参与生产，地理景观发生剧烈变迁，成为区域发展的前沿阵地，而周边街道地理景观则变化较少，更多的是呈现城乡混杂的半城市化特征，可以说周边街道已经沦为区域发展中的落后地带。对此，周边街道本地居民普遍感慨万千："回头看这20年，那边（经开区）快速发展，厂房、办公大楼、商品房等陆续建设起来，这边（周边街道）还是上世纪（20世纪）的老样子，到处是落地房、家庭作坊……经开区发展到底带给我们什么，其实明眼人都看得出来。"（Y20-HC）"村里这条通过经开区的断头路，修了8年多都还没有修通，所以何来的城镇风貌变化。"（Y2-SC）"连唯一的行政审批中心都从中心街搬到经开区去了，你说这边（周边街道）会有什么大建设大发展的可能？"（Y4-SC）

经济空间极化。新自由城市主义下，开发区作为与产业和经济增长有关的战略性地域类型，企业化地方政府与管委会势必倾其全力促其发展，而供给的土地和税收政策等社会经济资产，可以说满足了盈余资本寻找全球优质空间生产资料进而实现积累的需要，但经济发展上的空间极化问题也相伴而生。如访谈者说道："管委会只知道发展经开区，这么多年过去了，在我们这边（街道）的投入真是少之又少。"（Y19-HC）"经开区的企业很少有链条上的订单分包给我们这边街道相关企业的。"（Y5-SC）而一位管委会人员则道出其中缘由："经开区管委会基本不会考虑在街道那边开发建设的，以前是这样，未来的相当一段时间应该也还是这样的，因为后者开发涉及拆迁、维稳等棘手工作，且需要大量钱投入，钱从哪里来？管委会没钱，而开发商介入意愿也不大。"（Y9-SC）由此观之，经开区生产存在"集聚阴影"效应，而"大树底下并不好长草"的结果是周边街道本地居民对经开区地方情感与认同的不断弱化。

6.4　小结

本章基于表征的空间视角审视城市边缘开发区"区镇割裂"，即开展经开区流动人口于周边街道在地根植与融入特征，以及周边街道本地居民于开发区地方情感流变特征的探讨，以及得到如下结论。

流动人口因"乡—城"时空转换而面临迁入地的不连续性、不稳定性与不确定性。借由卡钦的"地方融入"理论，建立包括地方评价、社交参与、情感依恋 3 个一级指标及其 10 个二级指标的地方融入指标量化表，开展问卷调查并对其中 12 位调查对象进行半结构化访谈，再进行问卷数据因子分析、访谈信息文本分析和流动人口个人属性与地方融入相关性分析，得到：经开区流动人口在周边街道的地方融入整体水平较低，且内部结构得分呈现从情感依恋、地方评价到社交参与依次降低特征，特别是地方评价和社交参与均值分别仅为 40.32 和 35.83，且相关量化分析结果得到受访者访谈信息佐证。另外，在流动人口的地方融入群体差异测度上，显示年龄属性等人口学和居留时间等社会经济学特征与地方融入及其中的地方评价、社交参与、情感依恋 3 个子维度存在不同程度的相关性影响。诚然，上述数据量化与文本分析结果，从侧面反映出温州经开区周边街道在建成环境等面向上被边缘化的尴尬境地对流动人口在其地方根植与融入产生实质性影响。

地方在作为全球化中资本流动增殖的固定资本形式之余，也是处于结构之中的主体地方体验的主观感知对象。基于人文主义地理学中的"地方感"视角，借由西蒙以"地方芭蕾"隐喻地方经验的概念，审视温州经开区周边街道本地居民于经开区的地方情感流变特征，从对访谈文本信息扎根分析得到：经开区的空间生产对作为地方感寓居地的乡土家园形成冲击，曾经相对稳定且具有地方意义的"我者空间"——"农耕渔盐"之地、日常实践载体、美好记忆场所等地方原始特质、本真性一去不复返，而建起的却是高度规范化、商品化的无地方的"他者空间"——空间同质化、空间排斥和空间发展失衡的问题突出，由此周边街道本地居民的地方感由积极向消极嬗变，也即形成"虚无"地方情感。当然，上述结论也印证了段义孚（2011；2018）的观点，人们在地方的积极实践会使人们在情感上对地方形成"恋地情结"，而如果外部力量对地方实践施加压力，地方就会变得规范化、特质消解和意义贬值，那么人们内心就会失去对地方的美好想象，更甚者会产生抵触、疏远、厌恶和恐惧心理。

第七章　城市边缘开发区"区镇割裂"的机理与对策

中国城市边缘开发区为什么会存在"区镇割裂"现象？其形成机理是什么？又该如何去辨析？其实，马克思主义地理学的叙事话语已经为该命题预设了答案：城市空间生产是社会行动者在其经济、文化和政治结构中生产空间机制的含义，也就是说，资本、权力等政经力量会对空间进行不断设计、开发与利用，使其成为介质与产物，以及对其使用价值和交换价值进行博弈，故而不平衡地理发展、空间剥削、空间排斥等空间非正义问题随之衍生。因此，本章将主要从权力、资本、社会与空间四者之间的错综复杂关系出发，解析城市边缘开发区"区镇割裂"形成机理；且与此同时，结合温州经开区实例中暴露的"区镇割裂"具体问题，给出因地制宜的响应对策与建议。

7.1　城市边缘开发区"区镇割裂"形成机理

随着政府企业主义转向以及资本全球化增殖流动，新区域主义下的区域与城市空间生产倾向"核心—边缘"非均衡地理发展，其主要缘由在于：其一，为了获得利润最大化，"资本一方面力求摧毁交换的一切地方限制，夺得整个市场作为它的市场，另一方面，它又力求用时间去消灭空间，把商品从一个地方转移到另一个地方所花时间减缩到最低限度"，于是，"资产阶级，由于开拓了世界市场，使一切国家的生产和消费都成为世界性的了"（马克思和恩格斯，2018）。也就是说，资本就其本性而言，为获得超额剩余价值，它总是力求超越或摧毁一切空间界限（哈维，2017），且与此同时，资本在地理空间移动扩张和加速中又倾向于创造符合自身利益的不平衡地理"理性景观"，即生产弗里德曼等人提出的具有等级结构的、依附关系的"核心（中心）—边缘"空间秩序。正如苏贾（2004）直言的，资本主义的增殖仰仗于对一种零散的、同质化的并具有等级结构特性的空间的占有，以此保障自身永不休止地获取利润。其二，资本空间化与积累的高效率运行需要空间的稳定性，而这是依靠权力来保障的，故而空间从来不是被意识形态或政治扭曲了的对象，它自始至终就是政治性的（Lefebvre，1991），存在服务于资本增殖的"既是工具又是目标，既是手段又是目的"的政治化倾向。具体而言，国家和城市为了在新自由主义全球化时空矩阵中保持或增强竞争力，通常会采取不平衡地理发展策略，以迎合资本对于空间的特定区位选择。

由上可得，在经济与政治倾向于汇合的资本主义全球化中，具有"核心—边缘"二元结构特征的空间，虽然在表象上看起来是一种物象的或者人们选择的形态，但是本质上却是资本的空间存在样态（任平，2007）。不平衡地理是资本积累内在矛盾在地理空间中的表达（Smith，2008），而核心和边缘的空间等级关系既是不平衡地理发展的一种产物，更是不平衡地理发展的一种工具性手段（苏贾，2004）。因此，城市与区域空间只有保持"核心—边缘"的秩序与结构，才能维持资本的循环流动，并为其获取超额利润提供机会与场域（陈品宇，2017）。诚然，在这种"核心—边缘"非均衡地理发展语境中，我国开发区特别是城市边缘开发区作为改革开放后以地域重构和尺度重组来链接全球的、与产业和经济增长有关的资本地域化的空间，其空间生产过程存在流动性的空间与经验性的地方之间的张力，而其突出表现形态之一即作为"流动空间"的开发区与更多时候还是"地方空间"的周边乡镇之间出现的"区镇割裂"现象，也即"核心（开发区）—边缘（周边乡镇）"之间在空间功能（与资本循环）、地理景观、地方情感等面向暴露社会空间连续体的断裂，而这些空间过程与产物嵌套在权力、资本与社会三者构成的复杂矩阵之中，即城市增长联盟造成城市边缘开发区"区镇割裂"不平衡地理发展。

7.1.1 地方政府主导形成差异空间功能

为吸引外部资本和技术等生产要素、促进区域经济发展，中央和地方政府在保持工农业产品价格剪刀差的同时，供给开发区土地和税收政策、低成本劳动力、完善基础设施等社会经济资产，以满足资本空间扩张的需求。因为，资本是 "为积累而积累，为生产而生产" （accumulation for accumulation's sake, production for production's sake，Harvey，1978）的，它总是以力图寻找全球优质空间生产资料或者说最具有成本竞争力的空间属性为前提的，特别是那些在积累策略上更倾向于劳动力、优惠政策、机构中继和技术资源等企业，他们最有可能在能够提供要素禀赋和交易成本节约的优势地域投资，以获得社会经济资产（Storper and Walker，1989；孔翔等，2013）。由此可见，开发区承担着全球盈余资本实现无止境积累的栖息场域的空间功能，而进一步的，这种空间功能又会因资本时空修复需要而呈现动态变化特征，亦即资本三重循环诱发开发区空间功能由单一经济指标功能工业区向兼具居住、工业和商业的多功能综合性产业区并进一步向创新型科技新城演进与嬗变。

当然，在开发区的空间功能建构方面，中央政府更多是作为国家制度与战略设计者，地方政府则处在政治集权和财政分权并置结构之中，兼顾行使委托代理人和城市经营者权责。也就是说，在纵向 "行政发包制" 和横向 "政治锦标赛" 的双重压力下，开发区成为地方政府实现土地财政[①]、经济增长的重要空间载体和政治晋升的 "政治工具" 之一，因此地方政府通常以 "准市场主体" 身份积极参与生产与产业和经济增长有关的差别性制度空间——开发区，并通过土地资源垄断、管委会治理（下设城市发展和投资公司等准政府机构参与市场）、城市与产业规划和财税激励政策等空间管理与政策方式主导开发区空间功能的建构，具体内容体现如下。

其一，利用建立在土地公有制基础上的一级市场垄断权力，地方政府以较低价格征收城乡 "二元化" 土地市场结构中的城市边缘区集体土地，以保障开发区以较低土地成本吸引资本在此展开循环，同时也最大化土地财政收入。其二，地方政府派出管理机构——管委会进行政府型治理，即其一般代替一级成建制政府行使规划编制、项目审批等部分行政和经济管理职能，实

---

① 1994年以来的财政分权化制度是内嵌央地权责失衡矛盾的，而地方政府为应对财权与事权不相匹配问题，普遍遇上严重的 "土地财政依赖症"，因为分税制改革在挤压地方政府预算内收入（税收收入）时，允许地方政府扩大预算外收入和非预算收入（城市国有土地使用权有偿出让金收入），所以像开发区这类建设用地开发及其 "圈地式" 土地增量扩张成为地方政府热衷之事。

现"小政府，大服务"高效管理（孙崇明和叶继红，2020）。当然"第二次创业"以来，部分开发区出现"区政合一"体制复归现象。此外，开发区管委会通常下设地方国有城投、城建企业，简称"城投公司"（urban investment and development companies，UIDCs）借助其平台进行包括银团贷款、城投债、基础设施产业投资基金等方式的投融资以及园区"七通一平"等（新型）基础设施的建设和经营。其三，辅以土地利用、城市与产业规划技术工具，管委会明确开发区功能定位、土地用途和产业发展，特别是在招商引资中制定包括亩均产值、低污染性、高科技产业等标准在内的产业准入门槛，旨在规制国土空间开发与主导产业发展。其四，为促进开发区在区际竞争中形成项目投资、科技创新、人才招引等内容，管委会普遍出台资金补贴与奖励（涉及企业技改、上规、上市等方面）、企业退税、贷款贴息等财税激励政策，确保开发区以政策洼地引培目标产业和发展新动能。（参见图 7-1）

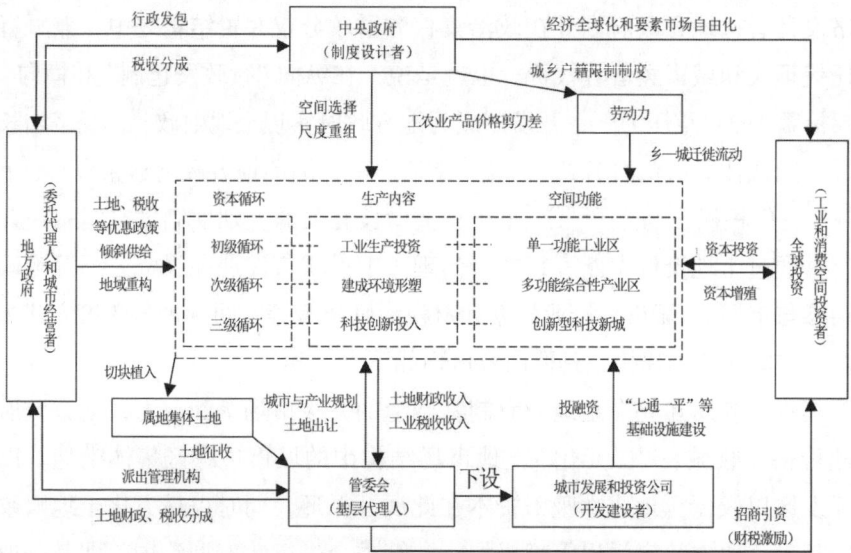

图 7-1　开发区的空间功能演化与资本三重循环的机制

注：地方政府派出管理机构——管委会进行开发区管理是目前国内开发区的典型治理模式，称为政府型治理模式，其中有少数管委会复辟为（准）一级成建制政府。除此之外，我国少数开发区还存在企业型治理和政企型合作治理两种治理模式，前者为独立开发公司进行管理，后者为政府与企业合作进行管理。

　　然而，如哈维、史密斯、萨森等马克思主义地理学者所批判的，无止境的资本积累逻辑总是带有"掠夺性"的，资本选择性占有我国开发区更多是权衡城乡二元结构下的廉价劳动力和制度空间范围内的优惠土地、财税政策等因素后的区位选择，而如果没有这些社会经济资产，资本就存在寻求地理和/或区位"移动"的更新版本，即空间修复的可能性；与此同时，我国开发区是在长期条块分割外部环境下，"自上而下"创设发展起来的，不完全市场机制和不健全法律体系难以规训资本突破开发区"制度空间"界限开展循环积累（李凯等，2007；袁航和朱承亮，2018；李一曼和孔翔，2020）。如此，我国开发区经地域重构与尺度重组成为资本栖息的载体，且不断进行空间功能再生产，而开发区特别是城市边缘开发区界线外的紧邻乡镇则由于开发区经济增长需要，更多时候被地方政府定位为辅助性功能供给的边缘区域，即为开发区提供居住、农产品、能源……或承担物流、通信和废物处理等辅助功能（姚华松等，2020）。综上可见，城市边缘开发区与其周边乡镇的"差异"空间功能是企业化地方政府主导下的有意为之的建构结果，也就是说，通过区域的社会建构推进开发区这一制度空间建设，以满足资本新自由主义化的不平衡地理发展空间逻辑。

7.1.2　政经力量生产不平衡地理景观

　　为在新自由主义全球化时空矩阵中保持或增强竞争力，国家与城市通常采取非均衡空间发展策略迎合资本对空间的特定区位选择，而如此，世界经济—地理景观就呈现为既有集中又有分散的空间形态。开发区可谓国家—地方采取"核心—边缘"非均衡空间发展策略中的"核心"，以吸引与承接全球资本（再）地域化。诚然，资本在地理和/或区位上的"转移"，意味着有些相对固定静止的地方在历史特定的、多尺度的去地域化与再地域化辩证运动中被不断地"创造""调整"与"转型"（布伦纳，2008），而结果常常是加剧不平衡地理的发展（哈维，2016）。其中，具体到城市边缘开发区地理景观上，则主要表现为：企业化地方政府在权衡土地财政增量、最大化"租差"诉求以及城市外延式扩张需求等因素后，通常实践"圈地运动"，将开发区以地理切块方式植入城市土地价格较低的城市边缘区，并通过系列"经营城市"行动策略联合资本在短时间内促成开发区内的土地利用覆被，以及道路等基础设施、市政设施、建筑物（大型工厂、商品住宅、办公大楼）等地理景观发展剧烈变迁（吴金群，2019），可以说，城市边缘开发区的这一创造性破坏的地理景观是适合全球盈余资本追逐"超额剩余价值""价值的地理转移"的物质空间（孔翔和宋志贤，2018）。

但与此同时，开发区作为选择性的制度空间，内隐空间边界性下更为关注自身空间而忽视、边缘化或排除余者倾向，而也恰恰是这种只聚焦自身内部经济状况、忽视空间均衡发展的城市增长行径造成了开发区与其周边乡镇在土地利用、空间形态、建筑景观等方面的巨大分野，地理景观呈现显著空间断裂的"不平衡"特征（曹姝君等，2018）。也就是说，在区域发展历程中，周边乡镇囿于地方政府权力的"规制"和资本较少的"光顾"，空间样貌呈现大片发展程度低下、公共服务设施零散且建筑形态老旧的城乡混杂半城市地带景象，其与近在咫尺的开发区地理景观形成鲜明对比。可以说，权力联合资本生产"不平衡"地理景观的这一机理也在相关学者研究中得到佐证，如钟顺昌和王德起（2015）研究认为作为城市增长极定位的开发区建设带来了地理景观分异，但同时也加大了二元社会空间结构，因而可以说开发区带有明显的"孤岛经济"特征；亦有，李一曼和孔翔（2020）开展上海张江高科技园区空间生产研究，识别出在权力与资本等构成的城市增长联盟作用下，张江高科技园区与周边街镇的土地利用覆盖呈现显著空间二元结构演化特征，即历经近30年发展，园区内部地理景观剧烈变迁而周边却大多还是传统乡土地理景观，变化不大。

7.1.3 空间生产消解主体地方情感

（1）周边乡镇人居环境、公共服务、社区活动与流动人口地方融入困境

在资本展开全球化的"流动空间"中，流动人口特别是"乡—城"迁移人口为得到就业机会而不得不背井离乡在异乡开始新的生产和生活，但与此同时，囿于迁入地存在的不连续性、不稳定性与不确定性，流动人口普遍面临地方根植与融入困难问题。就城市边缘开发区——温州经开区的"乡—城"流动人口在周边街道的地方融入所反映出来的结构与特征来看，其表象背后可以说是存在某些共性与个性的深层次机理的。

在特定的发展进程中，周边乡镇被权力界定为开发区的"边缘"，成为开发区流动人口暂时居所等功能服务的"功能性景观"，且在资本较少"光顾"的情况下，其地理景观就自然地倾向于呈现城乡混杂的半城市化景象，而租住在其中的流动劳动力对其人居环境适宜性评价自然也就不会很高。但是话又说回来，受制于全球价值链分工地位，我国城市边缘开发区的产业多为劳动密集型的加工制造业，如此也就意味着多数流动劳动力收入不高，那么他（她）们就只能就近租住在这些能提供廉价出租房资源（宅基地私人住房）的半城市化的周边乡镇。当然，从积极性角度看，后者或多或少成为外来人口的暂居地，甚至有学者（安黎和冯健，2020；陈明星等，2021）认为，像周边乡镇这样的城乡过渡带（特别是其中的城中村）是落脚型流动人口进入城市中心的"跳板"，即如果他（她）们收入水平提高，自然也就不会租住在开发区周边乡镇，而会居（租）住在城市新区或市中心"潮汐式通勤"往来。那么，在这一逻辑链条中的人居环境适宜性评价相应地也就提高了。

再则，作为战略性制度空间的开发区通常过于或者说更多关注与聚焦自身空间增长，由此给周边乡镇带来"集聚阴影"效应影响；与此同时，后者空间发展上又受到地方政府权力的"规制"，那么处在此情景中的周边乡镇势必缺乏社会经营性资本与地方财政资金的投入，这尤其体现在区域缺乏教育、医疗等基本公共服务设施配套，而对这方面的感受体会，可以说流动人口相较周边街道居民更为强烈。因为，在城市企业化的"精于算计"经营中，为降低经营城市成本（主要为节省财政支出），无论是开发区管委会，还是地方政府，普遍会控制流动人口的集体消费，也即在基本公共服务等公共政策与设施配套方面，对流动人口采取甩"包袱"企业主义行为（Wang and Fan，2012；宁越敏和杨传开，2019）。而如果乡镇隶属上一级行政区，而不是托管开发区，那么这一情况将更为严重，毕竟会存在这样的经济利益权衡问题——开发区发展未给周边乡镇带来多大好处，那么乡镇属地政府为什么还要出钱给租住在其中的流动人口配套公共服务呢？由此，也就造成开发区流动人口（特别是中低收入外来劳动者）对其租住的周边乡镇公共服务供给的较低评价。

三则，从社区性质来看，城市边缘开发区周边乡镇多数还是基于血缘、地缘关系建立的熟人社会的农村社区（区别于基于业缘、房屋产权或者收入水平而建立的城市社区），亦即居民依靠共同的生活方式、风俗习惯、道德规范等来维系并形成相对稳定的社会生活共同体（community），而迁徙到这一新地方的"乡—城"外来劳动力群体，则会面临身份和地方认同的双重转变，特别是会陷入难以融入本地居民的熟人社会网络，乃至建构起新的社交网络的困境（孔翔和宋志贤，2018）。此外，由于流动劳动力群体仅是因为开发区就业机会而迁移至开发区及租房居住在周边乡镇，而周边乡镇居民对开发区又存在"虚无"地方情感，那么这就多少连带影响到居民对工作在开发区、租住在周边乡镇的流动人口的情感认同，也就是说，本地居民在情感认同上更多时候会认为他（她）们是开发区"那边"的人，而不是我们"这边"的人，而这势必造成外来人口被排斥在由本地居民掌握绝对话语权的社区活动之外，毕竟社区活动资源是有限的，没有理由共享给"外人"。由此可得，上述原因造成流动人口在周边乡镇偏低的社区活动参与度。（参见图7-2）

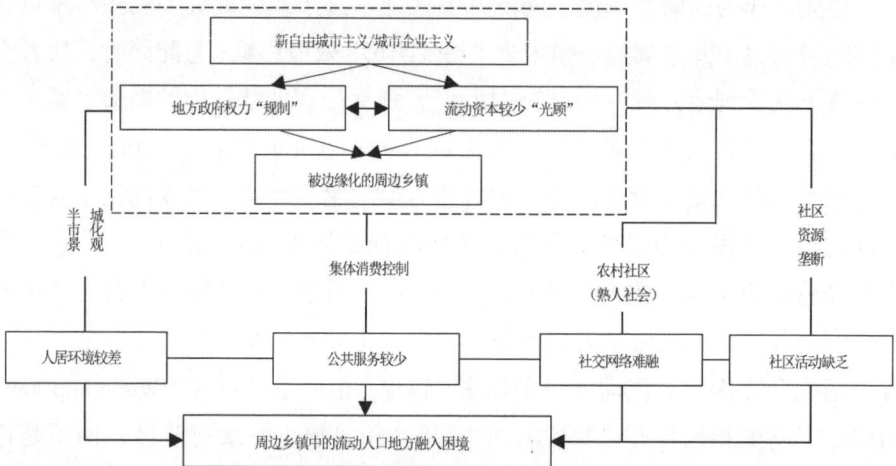

图7-2　开发区流动人口在周边乡镇融入困境的机制

（2）开发区空间同质、排斥、失衡与本地居民地方感消解

在资本夺得并开拓世界市场过程中，商品的交换是以抽离了具体劳动之间质的差别的价值量为标准的（王丰龙和刘云刚，2011），如此在资本摧毁空间向度上，空间商品化出现千篇一律的同质化、同一性就不可避免，就像列

斐伏尔所指出的，"以生产之社会关系的再生产为取向，空间的生产发动了均质化的逻辑和重复的策略"（包亚明，2003）。再者，国家意识形态以及政府权力对空间同质化和区位低价竞争力差异供给形成支配影响，即如果资本对地理条件组成的空间差异品质更加敏感，那么统治者就可能会主动改造其空间来迎合高度流动的资本的需求（哈维，2017）。杨宇振（2010）认为，企业化政府为了提高空间在全球化下生产、流通、消费等环节的效率，消除空间中存在的所有障碍就显得非常必要，这类似于"车同轨，书同文，行同伦"统一成为一种"律"、一种通约的游戏规则。进一步的，在同质化空间的生产过程中，作为"一切活动的汇集处、纽带和共同根基"的社群日常生活渐而成为资本、权力赖以生存的基础和加以控制的对象，特别是其中主体赖以获得文化认同、集体认同、身份认同与情感的地方载体，日益被代表财富、力量的流动性洪流冲垮、摧毁，导致地方性消解和地方中原有的、历史脉络中的社会关联与文化认同被扯断（杨宇振，2009；许中波，2019）。城市边缘开发区的空间生产，就相当程度上改变了原有地方地貌、水文、植被等自然环境，不断侵蚀耕地、林地、滩涂等自然空间以及拆除农民居所，并在此基础上打造具有标准厂房、宽阔道路的现代化"模板式"工业园区，也即生产一个割裂发展历史、具有均质化和可复制特点的可交换空间产品（孔翔和陈丹，2016），如此也就意味着开发区成了"失去意义的地方"。

与此同时，在"时空压缩"的全球化中，同质空间的浮现并不意味着空间的消弭——"地球是平的""地理消亡"抑或"距离已死"，吊诡的是空间的这种同质性又与其对立面——异质性、差异性——以一种辩证统一的方式共存着，空间越是统一，资本对空间的差异就越是敏感，分裂特质对于空间来说就越重要，也就是说，空间在"律"之中呈现"千篇一律的多样性"，就开发区来讲，社会经济资产即是空间中的"多样性"，其中哈维（2011；2017）就特别指出，对可持续的资本集聚及资本家阶层权力的固化来说，最主要的一个障碍就是劳动力因素，其对劳动力市场价格差异非常敏感。而资本在我国开发区开展积累也正是看中和利用后者通过特色制度设计而吸引大量农村（特别是中西部）剩余、廉价"乡—城"流动劳动力，但正因为如此，周边乡镇居民在开发区的就业机会就相较显得缺乏。再则，在开发区的空间生产中，地方政府是城市土地所有权交易的唯一代理人，其在以较低价格征收城乡"二元化"土地市场结构中的城市边缘区集体土地的同时，通常调控土地批租价格以兼顾产业发展与土地财政。即前期采取"量体定做"协商方式招引生产企业入驻，有时甚至以零地价吸引纳税大户，因为生产企业提供持续性税源收入且带来人口集聚等外部性效应；而后期将剩余或增量土地采用市场化的"招拍挂"方式，以"价高者得"形式出让给房地产、商业用途等开发者，从而最大化地方政府土地财政收入，并借由土地财政配平机制弥补开发区工业用地较低出让价格和基础设施、公共品等较高建设成本的差额。如此，也就形成了独具"中国特色"的土地资本化、以地工业化和以地城镇化的逻辑（吴缚龙和沈洁，2015）。在这一最大化土地财政逻辑下，开发区建起的商品房也就必然是高档门禁社区，而对周边街道居民来说，其是难以负担的空间商品，因而带有某种空间排斥特性。三则，目前，国内开发区通常实施管委会治理模式，这也就意味着开发区发展多聚焦于经济增长，而像公共空间配建等就成为次要考虑问题，或者说即使有建设更多也是服务于土地增值和特定群体，如此公共空间供给缺乏就成为现阶段开发区发展中的普遍现象。

  城市企业主义内蕴企业化政府更为关注其辖区内的政治经济状况，而不是行政区域内的（哈维，2016）。众所周知，我国的分权化和经济市场化改革提升了地方政府参与发展区域与城市经济的积极性，但与此同时，也促使地方政府成为相对独立的以辖区发展为利益取向的行为主体（官永彬，2014），亦即地方政府愈加企业化经营，而其直接结果是地方政府只关注自身行政区范围内的经济增长和社会福祉（官永彬，2014；宁越敏和杨传开，2019）。虽然我国开发区不是行政区，但是鉴于上级部门以经济增长为"目标责任制"的政绩考核导向，以及特殊经济功能区的边界性，作为派出机构的开发区管委会也就自然地更多关注自身区域内的经济增长。在这一情境下，企业化地方政府与管委会作为权力机构与工业、地产、金融等资本结成"经营型"城市增长联盟共促开发区生产，特别是资本选择性占用开发区，攫取其中社会经济资产而实现无止境积累，那么长此以往，城市边缘开发区与其周边乡镇就会出现上文所述的地理景观分化和经济空间极化现象。综上机理，城市边缘开发区在空间生产过程中衍生空间同质、排斥、失衡等问题，而这意味着作为周边乡镇居民的"我者空间"被剥夺，由此居民积极地方感向消极地方感流变，且留给居民无尽乡愁，而这一乡愁也映射出如西方著名社会理论家鲍曼

（2018）所言的，流动的现代性与全球化下，越来越多的人感觉自己被时代所抛弃，不再相信形形色色的乌托邦假想，他（她）们希冀回到那已失去、被盗走却未死的过去，寻找各式各样的"怀旧的乌托邦"（retrotopia）。（参见图7-3）

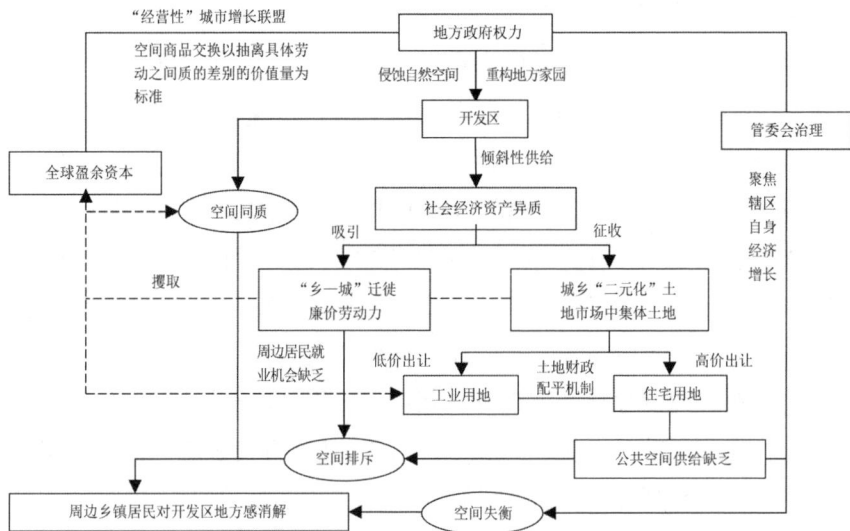

图 7-3　周边乡镇本地居民对开发区地方感消解的机制

7.2　城市边缘开发区"区镇割裂"对策建议

在新时代，国家促进区域高质量协调发展情景下，新型城镇化如何在追求空间集聚经济的同时，又能兼顾空间正义和社会公平，成为近年学界和公共政策界关切的热点议题，而目前达成的某种共识是"在集聚中走向平衡"发展。聚焦到城市边缘开发区与周边乡镇协调发展上，当前已有不少学者从管理学视角出发，探讨开发区与乡镇之间互动发展的新型管理体制建设议题，但是"地方—全球"治理视角下的城市边缘开发区与周边乡镇协调发展在正确处理"资本逻辑"和"空间逻辑"关系、城市空间权利分配、发展成果共享等"共同富裕""以人为本"普遍性议题方面，具体路径应该说不仅限于管理体制上的整合，更涉及树立城市空间正义的发展观、合理化区与镇的功能分工及优化区与镇的要素配置、增进本地居民的全球（进步的）地方感、促进流动人口的地方融入等从宏观理念到具体实践的社会空间连续体再构论域。因此，下面就如上议题给出具体的建设性响应对策。

7.2.1　树立城市空间正义的发展观

全球盈余资本栖息于开发区，很大程度上是因为开发区供给土地和税收优惠政策、廉价"乡—城"流动劳动力、完善基础设施等社会经济资产，或者说，在全球高度流动性中，全球盈余资本仅是将开发区视为实现其循环增殖的固定资本形式之一。如此，也就造成了作为"流动空间"的开发区与更多时候仍是"地方空间"的周边乡镇的"区镇割裂"现象，而这一现象又淋漓尽致地反映出区域发展中的"核心—边缘"空间结构。"核心—边缘"空间模式可以说就是空间正义缺失的重要表现。所谓空间正义，按照任平（2006）的阐释就是指人民在空间资源与产品占有、利用、交换、消费等权益方面的社会公平和公正。所以，呼应城市空间正义论，城市边缘开发区从"区镇割裂"走向"区镇融合"的首要任务，即需要树立城市空间正义观。

面对城市边缘开发区"区镇割裂"议题，树立空间正义观不仅需要关注特定时间范围内开发区与周边乡镇的空间均衡发展，与此同时也不能忽视其中人群拥有享受与占有自然资源和环境、获得生存与发展机会的权利。关于空间平衡发展方面，关键是急需在再生产、占有、交换、消费等各个环节平衡"资本逻辑"和"空间逻辑"两者之间关系。也就是说，经由地域重构与尺度重组，我国开发区成为"零距离和无界限沟通"流动空间而嵌入全球新国际分工体系，然而其在服务于资本积累逻辑的同时，需要兼顾作为"地方空间"的周边乡镇的空间协调发展，或者更准确地说，考虑周边乡镇的发展诉求即赋予周边乡镇"流动"的权利。毕竟，剥夺流动的机会和能力是对发展权的一种剥夺，同理，赋予更多的流动机会和能力可以被看作是一种发展权的赋能（孙九霞等，2016）。关于城市权利获取方面，当前的城市边缘开发区空间生产更多的是以"经济建设为中心"的增长，而不是以"人为中心"或者说以人为本的发展，因此存在空间的剥夺、隔离与排除等矛盾问题，而未来需要确定的是开发区发展所建立的应当是"人"的空间，而不是"物"的牢笼，毕竟城市空间是作为人的生存和发展而存在的，属人性应该说是其最为重要的属性（袁超，2020），其中最为重要的是赋予相关利益群体一切与城市和城市发展有关的居住权、生活权、工作权、发展权等权利，避免出现边缘人群与"城中村"等边缘社区。

7.2.2 探索"区镇融合"的管理体制

作为特殊时期所采取的一种"过渡性"行政体制，以政企统合（管委会+开发投资公司）为主要模式的开发区管理体制与其切入的原行政区管理体制存在相异性，再加上开发区更多关注自身辖区内经济增长即"功能区经济"现象，由此区与镇之间因行政壁垒的存在而导致缺乏有效衔接，甚至出现资源争夺问题。诚然，这种各自为政即区镇割裂、重区轻镇、资源流动受阻的不均衡增长现象，与新时代推动区域高质量和协调发展目标相悖，因此打破开发区"孤岛式"封闭管理藩篱，建立"区镇合一"的协调机制，促进区镇资源有效集中与要素双向流动就尤显必要（孙洁等，2015）。当然，开发区与乡镇之间的融合发展治理机制探索需要置放在"政区"尺度下予以探讨，毕竟乡镇归于属地政府管理，即使是像温州经开区托管的街道，其行政"所有权"也还是属于龙湾行政区。

以温州经开区与周边街道关系案例来讲，虽然前者托管周边其中4个街道，但是囿于托管产生行政"所有权"和"经营权"的分离，被托管区域成为"中间地带"，以致开发区与行政区在涉及成本承担等方面互相推诿，被托管区域出现基础设施建设不足等问题（胡丽燕，2016），而未托管的周边街道更是被边缘化为外围区域。开发区发展存在"托管行政区—'政区合一'—直接设立行政区"的演替谱系（毕铁居，2018），因此政区尺度视角下的"区镇融合"管理体制创新存在两种路径可走：一种是探索扁平化、双向互嵌式的"政区合一"共管模式，即开发区与行政区按照"一套班子、多块牌子"体制架构进行管理，当然后者仍保留精简机构、简政放权的体制优势和特色，专注于经济建设，且要防止行政复归，这方面可以借鉴青岛经开区等成功经验案例，而巧合的是温州市政府今年正在借助浙江省大力建设"省级新区"契机，探索将龙湾区与经开区合并为"龙湾新区"，实现"政区合一、产业优先"管理体制；再者，在"政区合一"基础上，由集中化权力出面统筹协调，促进开发区与周边乡镇建立内涵式增长的合作治理机制，而这方面苏州"区镇合一"模式实践已走在全国前列。另一种是"区镇融合"可探索将一些发展能级高且潜力大的开发区与周边乡镇一同转设为县级市或市辖区等兼具居住、工业和商业的"边缘城市"政区，以一步解决行政体制上的掣肘，促进"区镇协调"发展。

7.2.3　协调区与镇之间的合理分工

在"压缩型"城镇化进程中，城市边缘开发区经快速空间生产成为"零距离和无界限沟通"的全球化经济空间，而周边乡镇则更多时候被剥夺流动的机会和能力，被边缘化为城乡混杂的半城市化地带即呈现"功能性景观"特征，当然这一切可以说是权力空间意志表达的结果。不平衡是普遍的。然而，在新时代推动区域高质量与协调发展情景下，地方政府在主导开发区空间生产过程中需要关切区与镇之间的适度均衡发展，一方面要防止开发区建设向使用价值和交换价值过度倾斜，另一方面要推动开发区辐射带动周边乡镇协同发展，即促进"开发区偏向"向"以区带镇""区镇协调"转型，以实现在集聚中走向平衡，在发展中营造平衡。当然这其中较为关键的治理策略之一，是依据符合自然的和历史的发展规律性，以空间格局为导引，协调开发区与周边乡镇之间的城市职能分工以及产业、土地、财力等要素在高效集聚中的合理流动与调配。

具体而言，第一，城市职能方面，在明确开发区"第三次创业"发展任务的前提下，赋予开发区周边乡镇更多城市发展权，也即科学设定城市功能定位，特别是要补齐社会事业、社区管理等城市功能短板，以形成区与镇两个空间的功能互补或融合发展。第二，产业协同发展方面，结合开发区产业发展基础和周边乡镇产业承接能力，统筹区域内各类产业发展平台，建立产业链区镇关联的布局与发展格局。第三，土地要素供给方面，根据新一轮国土空间规划，统筹区与镇之间的土地利用规划，合理安排建设用地指标，特别是引导社会资本对周边乡镇存量土地空间进行有机更新，这样才能减少对自然空间的增量侵占。第四，财政政策倾斜方面，完善区域补偿和财政转移支付机制，加大对开发区周边乡镇的财政投入和支持力度，以提高公共服务水平和强化城市服务功能。第五，城市设施配套方面，统一编制区与镇之间包括基础设施和公共服务设施在内的"一张蓝图"规划，共同促进区与镇设施规模、服务水平与标准的协调（李玲君等，2017），以使区镇通过完善设施配套形成空间一体化结构。例如在城市公共服务维度，城市基本公共服务均等化需要秉持公平、均衡和效率的基本目标与原则，加快优质教育、医疗、卫生等服务资源向开发区周边乡镇均衡化配置，以使开发区发展的一切成果惠及本地居民。

7.2.4　促进流动人口的在地根植与融入

在"社会性的社会"向"流动性的社会"嬗变的新的时代情景之中，人口迁移/流动可谓流动性最为显著的表现特征之一。诚然，人的迁移不仅是经济社会要素推拉作用的表征，更是地方与身份认同以及情感体验变迁的过程，也是重塑自我的过程（孙九霞等，2016）。换言之，在迁入地，流动人口需要重新建构一种新的文化身份，重新寻找到人与地之间的联结。根据卡钦（Cutchin，2001；Cutchin，2004）的观点，当人—地关系发生变化，或者说人与地方（情况）变得有问题时，面临的挑战是怎样通过实践行动或活动重新整合人和地方，而没有整合的地方即为不连续的地方。由此可见，实践行动居于地方融入的中心位置，只有采取行动，直接或间接地解决与地方关系中的一些定性问题，才能使人与地方重新融合并生发出新的意义，而这种实践行动可以从主—客视角，也即迁徙人口自身和迁入地两个维度予以响应。

流动人口的地方融入通常与时空转换问题相伴随，且其是一个从个体进入新地方到离开地方的持续性过程（白凯和王晓娜，2018）。因此，对流动劳动者而言，在进入"新地方"之后，需要正确处理"新地方感知"与"旧地方感知"之间的关系，努力在新的地方开展社会化的生产与生活，比如日常生活实践中多与当地居民"打交道"，积极参与社区举办的各类活动，从而与新地方产生良好交互并融入当地生活，以建立正确的地方情感，实现人地互动、在地融入（张娇，2018）。总之，流动劳动者需要在新的空间环境中发展"在家里"（at homeness）的地方情感，而这种地方是通常不被注意的理所当然的舒适和熟悉日常世界的状态（Cutchin，2003）。再则，就地方管理者来说，在面对外来流动群体涌入同一空间可能造成多元利益主体争夺空间之际（孙九霞等，2016），其能做的有：首先，帮助流动人口有效识别自我与迁入地（包括地方文化、习俗和地方性特征等），减轻其在地方融入过程中的心理压力与文化隔阂，减少或避免因融入水平较低而带来的经济文化冲突（李志鹏，2019）。其次，探索开辟如老乡会联络办公室等特定"异质情感空间"，在供流动人口建构共同体与寻求"家乡人"地域性认同的同时，更可以以此空间为桥梁增进流动人口与新地方的联结，如文化地理学家布朗（Brown，2011）认为移民在新地方的认同感可以通过教堂、餐厅等空间得以延续与重构，而弗里多尔夫松和伊兰德（Fridolfsson and Elander，2012）也提出类似观点，提出清真寺在瑞典世俗社会存在的一个重要作用，即它是穆斯林与当地社会沟通的重要桥梁。最后，协调举办各类流动人口与本地居民都能参与的社区活动，以此促进两个群体的交流互动，继而提升流动人口的地方融入感与归属感，而最终的目标是使流动劳动力成为"新 X 人"（如新温州人）。

7.2.5　增进本地居民的全球地方感

在资本展开新自由主义全球化的当下，地方承载着流动性力量带来的同质性等问题，地方的独特性被不断中和，地方感也随之被消弭，地方似乎走向终结且难以再被建构起来。但是，在这些焦虑与悲观之外，亦有部分学者持开放的态度，如瑞尔夫（Relph，1976）就认为，在任何一个社会阶段中，或多或少都存在无地方性空间，但无地方性空间的存在也为下一轮地方的建构埋下种子；与此相似的是，马西（Massey，1991）呼吁全球（进步的）地方感，提出地方并非单一固化、一成不变的，而是内部充满矛盾与冲突且处于不断被建构的动态变化过程中，地方独特性是超越地方的全球广泛联系的产物。进而言之，马西提倡的这种地方是开放与混种的——是相互联结的流动的产物，是路径而非根源的观念（克雷斯韦尔，2006）。就如张娜和高小康（2020）认为的，后全球化时代下的全球性空间建构与其说赋予了空间某种霸权性的入侵能力，毋宁说空间在与地方互生与形塑中不断"混杂"与"再融"，由此重构或者说延伸了地方的形态与意义。因此，我们需要一种"地方的想象力"，以促使地方在全球性的时空压缩矩阵中得到定位与表达。

在此意义上，温州经开区在关注与外界建立功能联系时所具有的社会经济资产等差别之外，更应该考虑本地居民的情感依恋与认同，促进其作为全球性的空间与地方性经验的混杂、重组与再融，使居民生发出"地方芭蕾"，毕竟运动中的每一次停滞都存在使空间变成地方的可能性（蔡晓梅和何瀚林，2016）。具体言之，其一，完善开发区城市功能配套，特别是补齐公共服务设施中的公共社交场所缺乏的短板，使居民有与经开区产生更多空间互动的可能性。其二，针对园区现在同质化物质景观俯拾皆是的问题，因地制宜营建具有差异性、多元化特色的物质景观，从而改善人居环境并吸引居民来此栖居。其三，加快促进园区现有处于价值链低位阶环节的产业转型升级，为居民提供更多生产性和生活性服务业方面的工作机会；同时，努力解决周边失地农民后期就业与生活困难问题，以增强不同群体对于经开区的地方认同情感。其四，倡导区域经济协调发展理念，促进开发区辐射带动周边街道包容性发展，让周边广大居民共享经济增长成果，而不是将成果截留给产业投资者、土地开发商和金融机构等经济精英群体，以此培养周边广大居民对开发区的依附情感与认同。总而言之，温州经开区需要兼顾更为稳定、开放与包容的发展，通过多元物质景观营造、经济利益捆绑、区镇协调发展等方式关切周边街道居民，在内爆—外爆（implosion-explosion，指城市经济集聚形态与更广阔的领土、景观和环境的转变之间的相互递归联系）空间性的拼贴中重新构建社会生活、特色文化和集体记忆（李一曼和孔翔，2020），以将无地方性或者说非地方性的"他者空间"重构为充满精神栖息意味的家园。

第八章 结论、创新与展望

作为实施特殊体制、政策和管理手段且具有明确界线的开发区，它的独特的空间生产过程和机制，使得其与周边乡镇出现"区镇割裂"现象，而这在切块植入城市边缘区的开发区实例上体现得甚为显著。诚然，城市边缘开发区"区镇割裂"与国家当初设定开发区以形成"示范、引领、辐射、带动"效应的目标相距甚远，且也与国家在新时代倡导的区域协调发展相违背，因此对其开展研究尤显必要。本书在厘清我国开发区空间生产内在逻辑基础上，界定城市边缘开发区"区镇割裂"这一范畴的内涵外延与基本属性，再据此搭建基于"概念三元组"、纳入多学科交叉知识的分析框架，并以温州经开区为案例开展实证研究，以期能更好地推动城市边缘开发区与周边乡镇"区镇融合"发展。本章将总结城市边缘开发区"区镇割裂"的一些一般性规律特征，与此同时就本研究的主要创新之处和存在的不足，以及今后有待继续深入研究的问题展开讨论。

8.1 主要结论

城市边缘开发区与周边乡镇存在"区镇割裂"问题。全球新自由主义—后福特制的调节模式和积累体制语境下，空间治理模式由凯恩斯主义治理向新区域主义治理嬗变，而我国地方政府在地方分权化改革中也纷纷采用"空间定向"方式生产与产业和经济增长有关的制度空间，其中开发区便是其中重要空间类型之一。然而，经过地域重构与尺度重组，以切块方式植入城市边缘区且经济管理独立于原有行政区的开发区，因在发展进程中企业化地方政府和全球盈余资本过于聚焦开发区发展而相对忽视或边缘化原行政区域特别是周边乡镇发展，造成开发区与周边乡镇的不平衡地理发展，即城市边缘开发区存在"区镇割裂"现象，而这与国家当初设定开发区形成"示范、引领、辐射、带动"效应的目标相距甚远，也与国家在新时代倡导的区域平衡发展理念不相协调。与此同时，按照马克思主义地理学"（社会）空间是（社会）产物"的叙事话语，城市边缘开发区与周边乡镇在生产实践中陷入的这种"区镇割裂"尴尬境地，从社会与空间互相建构的辩证关系视角看，可以转译为作为"流动空间"的开发区与更多时候还是"地方空间"的周边乡镇之间出现的社会空间连续体的断裂，而其特征显著体现在"差异"空间功能、"不平衡"地理景观、"缥缈"与"虚无"地方情感等社会空间向度上；且与此同时，其存在社会空间性、空间位置性、集聚阴影性、时序阶段性等基本属性。

温州经开区"区镇割裂"呈现空间三元辩证演化特征。作为较为典型的城市边缘开发区，温州经开区与周边沙城、天河、海城等街道区域存在"区镇割裂"矛盾，而其呈现列斐伏尔提出的"空间的表征、空间的实践和表征的空间"空间三元辩证演化特征。

其一，在空间的表征即概念化的空间维度上，温州地方政府与开发区管委会主导经开区空间功能由"现代化产业新区（单一经济指标功能工业区）—'产城一体'滨海新城（多功能综合性产业区）—滨海创新科技城（创新型科技新城）"动态演变，以迎合盈余资本选择性占用开发区社会经济资产进行初级（工业生产投资）、次级（建成环境投资）和三级（科技创新投资）循环的空间属性要求；而周边街道则沦为辅助性功能区域，即被规制为以服务于经开区的良好居住功能和生活配套设施为主的城市组团，如此区域也就失去了资本的眷顾。

其二，在空间的实践即被感知的空间面向上，温州经开区与周边街道范围内的地理景观被重置为具有某种表征意义的"核心—边缘"空间秩序与结构。具体来讲，就是经开区原有农林用地、海洋滩涂等自然空间经创造性破坏而转变为工业、居住、商业服务等土地类型，建起大型封闭式工厂、高尚门禁社区、城市滨水公园等"前沿地带"物质景观，以作为商品化空间承载资本增殖的功能；与此同时，周边街道则被边缘化为城乡混杂的半城市化"功能性景观"，也即区域仍旧充斥着 20 世纪 80—90 年代的宅基地居民住房、家庭工场式建筑体等物质景观。

其三，在表征的空间即民居和使用者的空间轴向上，空间的表征与空间的实践之下的温州经开区与周边街道存在人与地方的紧张关系，在这其中包括：租住在周边街道的经开区流动人口，因为周边街道较差的人居环境和公共服务供给，以及难以参与社区活动等因素，而形成在地根植与融入的困境，亦即"缥缈"地方情感；另外，周边街道居民因曾经的乡土家园被经开区规范化、商品化的空间所取代，且经开区发展未将其包容进去，以致形成对经开区地方感的消弭，也即"虚无"地方情感。

城市增长联盟致使城市边缘开发区"区镇割裂"发展。在经济与政治倾向汇合的新自由城市主义中，任何一种空间单元发展的基本问题和动向无外乎嵌套于权力、资本与社会这三者相互作用而构成的复杂矩阵之中，而城市边缘开发区衍生"区镇割裂"现象的机理亦在此之内。具体来讲，为达成"政治任务"中的经济增长目标，处在政治集权和财政分权并置结构之中的企业化地方政府以"准市场主体"身份积极生产与产业和经济增长有关的差别性制度空间——开发区，并通过土地资源垄断、管委会治理（下设城市发展和投资公司等准政府机构参与市场）和城市与产业规划等空间管理和政策方式，来满足资本需要在稳定性空间中进行无止境流动与积累的要求，由此地方政府和管委会与工业、地产、金融等资本结成经营型城市增长联盟共促开发区生产，资本在其中实现增殖，权力也从开发区经济增长中攫取土地财政和"符号价值"（地方官员仕途晋升）。如此，开发区经生产成为前沿的全球化空间，但是周边乡镇则由于开发区"核心"角色发展需要，被权力"规制"、资本"抛弃"，成为"边缘地带"；而进一步的，这一空间模式与机制又分别诱发流动人口和本地居民的"缥缈"与"虚无"地方情感。由此，企业化地方政府与管委会作为权力机构与全球盈余资本共促城市边缘开发区空间生产，并造成"区镇割裂"不平衡地理发展。

社会空间连续体再构成为城市边缘开发区"区镇割裂"响应对策。在经济全球化的当下，不平衡地理空间秩序与结构是资本积累内在矛盾在空间中的表达，只有"核心—边缘"的不平衡地理空间秩序与结构，才能维持资本的无止境流动与增殖，所以城市与区域中的不平衡地理发展是不可避免的，也即意味着并不存在绝对的空间平衡发展状态，因此促进空间在集聚中走向平衡发展，可谓区域协调发展的辩证法。面对纷繁复杂的"全球—地方"治理命题，城市边缘开发区与周边乡镇在发展实践中急需推进协调与融合发展，更确切地讲，就是在核心与边缘、现代与传统、全球与地方、效率与公平等一系列流动性导致的社会空间断裂中，城市边缘开发区需要正确处理"资本逻辑"和"空间逻辑"关系、城市空间权利分配、发展成果共享等议题，而具体到响应对策上，则包括树立城市空间正义发展观、整合管理体制、优化区与镇之间功能分工和要素配置、促进流动人口在地根植与融入、营造本地居民全球地方感等开发区与周边乡镇之间的社会空间连续体再构论域。

8.2　主要的创新之处

本研究主要的创新之处体现在以下三个方面。

第一，从空间政治经济与日常生活实践两者辩证统一的视角，条分缕析我国城镇化进程中的城市边缘开发区"区镇割裂"现象。通过"重新上手"反刍列斐伏尔、哈维、索亚、段义孚等（后）结构主义与人文主义学者的代表性论著和文献，借由"（社会）空间是（社会）产物"理论，从空间政治经济与日常生活实践两者辩证统一的视角，审视我国城市边缘开发区"区镇割裂"作为地方政府、开发区管委会、工业生产者、地产商等结构性政经力量作用的产物，当然这里面更涉及处在其间的本地居民和"乡—城"迁徙人口日常生活实践中的感知、情感和行动。也即"区镇割裂"不仅包括土地利用、建筑景观等物质空间，还指涉流动人口在新地方的根植与融入困境、本地居民地方感流变等人地关系和人人关系，甚至关乎人的"自我"。可以说，本研究某种程度上弥合了政治经济和日常生活实践两种研究范式之间的二元分野。

第二，援引"概念三元组"方法论，构建了一个融合多学科交叉知识的城市边缘开发区"区镇割裂"分析框架。按照社会与空间相互建构、有机统一的理论逻辑，界定我国城市边缘开发区"区镇割裂"现象呈现多维度、多尺度的内涵特征，在此基础上援引列斐伏尔"概念三元组"方法论，搭建了一个融合资本循环、权力景观、地方融入、地方感等多学科交叉知识的"区镇割裂"具体分析框架，从而以空间批判兼人文关怀视角审视城市边缘开发区与周边乡镇的割裂关系，这弥补了既有开发区相关研究多偏重经济发展单一维度、相对忽视社会文化面向的缺憾；与此同时，这一分析框架也为审视其他空间如城市新城、特色小镇、旅游街区等的不平衡地理发展提供了可借鉴的模板，而且进一步的，这也在某种程度上促进了人文地理学与城乡规划学、城市社会学等其他相关学科的知识交流。

第三，基于温州经开区研究案例，发现中国独特政治和制度下的地方政府在服务市场的同时，也试图利用市场手段或通过市场行事来解决城市发展矛盾问题。温州经开区"区镇割裂"问题，可以说嵌套在权力、资本与社会三者构成的复杂矩阵之中。但是，中国独特政治和制度下的新区域主义空间治理模式，突显出地方政府在温州经开区"区镇割裂"发展中占据主导地位，而这一角色在服务市场的同时，也试图利用市场手段或通过市场行事来解决发展矛盾问题，譬如在资本并未发生次级循环危机的时候，为应对经开区竞争力不足问题，温州地方政府主动引导开发区"第三次创业"即创新发展，当然现阶段的地方政府并未介入"区镇割裂"问题。这一研究发现可以说提供了全球发展中国家中的中国特殊经验，弥补了空间生产理论中政府总是服务资本积累的叙事不足，此外也为解决城市边缘开发区"区镇割裂"问题提供了某种思路，即如何引导地方政府决策与行为成为关键。

8.3 研究不足与展望

在"超地域"空间借由地域重构和尺度重组不断征服地方空间以形成"地方—全球"经济连接之时，社会空间的断裂性、不平衡发展也就随之产生，而这与国家在新时代倡导的区域（空间）协调发展有所出入。鉴于此，基于社会空间视角，研究城市边缘开发区"区镇割裂"议题应该说具有深刻的理论意义和实践价值。然而，本研究虽然在系统梳理国内外最新空间生产理论与开发区相关文献的基础上，立足理论推导与实证分析，对边缘开发区"区镇割裂"生成、特征及机制进行了审视与探究，且也得到了几条研究结论，但受时间、篇幅和水平等客观因素限制，本研究仍难免存在一些不足与遗漏之处。

第一，列斐伏尔的"概念三元组"方法论虽然强调社会、空间与时间的辩证互构，但它并没有论及空间与物的关系。当然，目前学术界对此也还存在争辩，空间与物是否共构不分，物体内蕴了空间关系，空间遂依托于物而实体化，或是说，应该保持空间与物的基本区别，空间是实体之外或之间的关系，与实体有所区别。因此，有学者如戈特迪纳和哈奇森（Gottdiener and Hutchison，2011）将空间作为审视社会的视角，王志弘（2018）则倡议将空间视为方法——社会与物的空间本体论。本研究援引列斐伏尔"概念三元组"构建了由多学科交叉知识组成的分析框架，当然其中也回避了空间与物的关系，实际分析中更多是将空间物质化和物化，即将空间简化为宛如地景形态构造般的存在，可触可感，而这种将空间与物画等号的处理方式是否妥当，仍有待空间本体论层面上的哲学思辨。

第二，随着后现代主义及后结构主义等流行思潮被广泛引入人文地理学研究中，越来越多的学者偏重社会与个体的研究，强调社会的多样性、复杂性及个体的能动性。例如，吉登斯（1998）就在超越结构—行动的二元关系论之中，提出结构化理论，强调结构和行动、社会与个体是一个相互影响的统一体系，而非彼此独立的两个既定现象或二元矛盾。这些研究对于马克思主义地理学的研究是一个很好的补充，同时也丰富了人文地理学的研究。然而，本研究更多还是在"社会结构和历史过程"中观察和诠释城市边缘开发区"区镇割裂"问题，特别是在地方感和地方融入面向上，流动人口和本地居民这两个主体通过日常的想象、协商和实践来重构空间意义和价值的潜在可能性有待进一步挖掘，而这难免成为研究的一大不足与遗憾。

第三，我国人文地理学的传统研究范式为"格局—过程—机理"，而其可以说正好呼应于列斐伏尔"概念三元组"关于空间、时间以及社会三者之间互相建构、有机统一的辩证哲学观点与立场。但是，也有学者提出新时期具有中国特色的人文地理学研究范式应该是"格局—过程—机制—效应"，可见效应研究受到地理学界重视。然而，本研究是借由列斐伏尔"概念三元组"方法论开展的对城市边缘开发区"区镇割裂"格局、过程与机理的研究，其中并未涉及如流动人口地方融入困境、本地居民地方感消解对开发区生产与创新绩效等方面会带来何样的影响效应，而如此，城市边缘开发区"区镇割裂"完整分析链条似乎缺少一个环节。

第四，人文地理学研究既有寻求普适性诠释的传统，也有对特殊性解释的强调。诚然，本研究构造了一个由资本循环、权力景观、地方感等多学科交叉知识构成的分析框架，这为勾勒城市边缘开发区"区镇关系"图谱提供了一个较为全面的解释途径。但是，在实证分析中，囿于数据等主客观因素，研究仅以温州经开区为案例进行了城市边缘开发区"区镇割裂"佐证研究，而单个案例研究难免会存在片面化的理解，研究结论可能一定程度上削弱了对更大范围城市边缘开发区"区镇关系"的普遍性解释力度，或者更准确地说，不同发展阶段城市边缘开发区的"区镇割裂"样态、程度等应该会有所差异，且其在多大范围内存在这一问题也值得进一步探究，这些都有待扩大化的案例研究支撑。

鉴于以上所论述的不足之处，未来的研究拟重点解决或关注如下四个方面内容：首先，辨析社会空间辩证法理论建构中空间与物到底存在何样的关系，空间与物是否共构不分，即物体内蕴了空间关系，空间遂依托于物而实体化，还是空间与物存在基本区别，即空间是实物之外或之间的关系或虚空，因而与实体有所区别（王志弘，2018）。其次，基于后结构主义语境，在社会结构之外，更多地挖掘个体行动在城市边缘开发区空间生产中的能动性作用机制，如开发区流动人口在融入新地方的日常生活实践中具有哪些行为活动，再如，周边乡镇本地居民对开发区是否存在地方营造行动，等等。再次，实践新时期人文地理学"格局—过程—机制—效应"的研究范式，开展开发区流动人口地方融入困境和周边乡镇本地居民地方感对消解开发区生产绩效等涉及"区镇割裂"影响效应方面的探索性研究。最后，遴选浙江省内杭州、宁波、台州、金华等城市，以及中国其他区域的不同规模等级城市中的开发区案例，以开展中国城市边缘开发区"区镇关系"横向比较研究，从而发现一般普适性的特征与规律。

参考文献

［1］ AHMED W. The political economy and geopolitical context of India's economic crisis, 1990-91［J］. Transactions of the institute of British geographers, 2014, 35（2）: 179-196.

［2］ AMIN A. An institutionalist perspective on regional economic development［J］. International journal of urban & regional, 2010, 23（2）: 365-378.

［3］ AUGÉ M. Non-places: introduction to an anthropology of super modernity［M］. London: Verso, 1995.

［4］ BEAUREGARD R A. When America became suburban［M］. Minneapolis: University of Minnesota Press, 2006.

［5］ BENJAMIN W. The work of art in the age of mechanical reproduction［M］ //Rivkin J, Ryan M. Literary theory: an anthology. 2nd ed. Oxford: Blackwell, 2004.

［6］ BHABHA H K. Locations of culture: the postcolonial and the postmodern［M］. London: Routledge, 1994.

［7］ BONDI L. Locating identity politics［M］//Keith M, Pile S. Place and the politics of identity. London and New York: Routledge, 1993.

［8］ BRENNER N. New state spaces［M］. Oxford: Oxford University Press, 2004.

［9］ BRENNER N. The limits to scale? Methodological reflections on scalar structuration［J］. Progress of human geography, 2001, 25（4）: 591-614.

［10］ BROWN J. Expressions of diasporic belonging: the divergent emotional geographies of Britain's polish communities［J］. Emotion, space and society, 2011, 4（4）: 229-237.

［11］ BRØGGER D. Urban diaspora space: rural-urban migration and the production of unequal urban spaces［J］. Geoforum, 2019（102）: 97-105.

［12］ BRUNO A V, TYBEE T T. The encyclopedia of entrepreneurship［M］. N J: Prentice-Hall, 1982.

［13］ BUSER M. The production of space in metropolitan regions：a Lefebvrian analysis of governance and spatial change［J］. Planning theory, 2012, 11(3)：279-298.

［14］ BUTTIMER A, SEAMON D. The human experience of space and place［M］. London：Routledge, 2015.

［15］ CARRINCAZEAUX C, LUNG Y, RALLET A. Proximity and localization of corporate R&D activities［J］. Research policy, 2001, 30（5）：777-789.

［16］ CASTELLS M. The rise of the network society［M］. Oxford：Blackwell, 1996.

［17］ CASTELLS M, Hall P. Technopoles of the world：the making of 21st century industrial complexes［M］. London：Routledge, 1994.

［18］ CHOON-PIEW P. Neoliberalism and the aestheticization of new middle-class landscapes［J］. Antipode, 2009, 41（2）：371-390.

［19］ CLARK E. The rent gap and urban change：case studies in Malmö 1860-1985［M］. Lund：Lund University Press, 1987.

［20］ COCHRANE A. What a difference the place makes：the new structuralism of locality［J］. Antipode, 1987, 19（3）：354-363.

［21］ CONNER N. Religion and the social integration of migrants in Dublin, Ireland［J］. Geographical Review, 2019, 109（1）：27-46.

［22］ COOPER A C. The role of incubator organizations in the founding of growth-oriented firms［J］. Journal of business venturing, 1985, 34（3）：94-116.

［23］ COSGROVE D. Social formation and symbolic landscape［M］. London：Croom Helm, 1984.

［24］ CRANG M, THRIFT N. Thinking space［M］. London：Routledge, 2000.

［25］ CRESSWELL T. Geographic thought：a critical introduction［M］. New Jersey：Wiley-Blackwell, 2013.

［26］ CRESSWELL T. In Place and out of place：geography, ideology and transgression［M］. Minneapolis：University of Minnesota Press, 1996.

［27］ CRESSWELL T. On the move：mobility in the modern western world［M］.

London: Taylor & Francis, 2006.

[28] CRESSWELL T. Place: a short introduction [M]. Oxford: Blackwell Publishing, 2004.

[29] CRÈVECOEUQ H S J. Letters from an American farmer and sketches of eighteenth-century America [M]. London: Penguin Classics, 1981.

[30] CUSMANO L. Technology policy and cooperative R&D: the role of relational research capacity [R]. Druid working paper, 2000 (3): 173-188.

[31] CUTCHIN M P. Deweyan integration: moving beyond place attachment in elderly migration theory [J]. International journal of aging & human development, 2001, 52 (1): 29-44.

[32] CUTCHIN M P. Physician retention in rural communities: the perspective of experiential place integration [J]. Health & place, 1997, 3 (1): 25.

[33] CUTCHIN M P. Using Deweyan philosophy to rename and reframe adaptation-to-environment [J]. The American journal of occupational therapy, 2004, 58 (3): 303-312.

[34] CUTCHIN M P, OWEN S V, CHANG P J. Becoming "at home" in assisted living residences: exploring place integration processes [J]. Journal of gerontology, 2003, 58 (4): 234-243.

[35] DAVELAAR E J. Regional economic analysis of innovation and incubation [M]. Great Britain: Aldershot Hants, 1991.

[36] DIJK M P V. Government policies with respect to an information technology cluster in Bangalore, India [J]. European journal of development research, 2003, 15 (2): 93-108.

[37] DAVIS M. City of quartz: excavating the future in Los Angeles [M]. New York: Vintage Books, 1990.

[38] DELANEY D, Leitner H. The political construction of scale [J]. Political geography, 1997, 16 (2): 93-97.

[39] ELLISON G, Glaeser E L. Geographic concentration in U.S. manufacturing industries: a dartboard approach [J]. Journal of political economy, 1997, 105 (5): 889-927.

［40］ FOUCAULT M. Power/Knowledge: selected interviews and other writings, 1972-1977［M］. Brighton: Harvester Press, 1980.

［41］ FOUCAULT M. Space, knowledge, and power［M］// Paul Rabinow. The foucault reader. New York: Pantheon, 1984.

［42］ FRIDOLFSSON C, ELANDER I. Faith and place: constructing Muslim identity in a secular Lutheran society［J］. Cultural geographies, 2012, 20(3): 319-337.

［43］ FRIEDMANN J, MILLER J. The urban field［J］. Journal of the American planning association, 1965, 31（4）: 312-320.

［44］ FRISVOLL S. Power in the production of spaces transformed by rural tourism ［J］. Journal of rural studies, 2012, 28（4）: 447-457.

［45］ GAUBATZ P. China's urban transformation: patterns and processes of morphological change in Beijing, Shanghai and Guangzhou［J］. Urban studies, 1999, 36（9）: 1495-1521.

［46］ GEAMASU T, ALECU I N. Conceptual approaches of the rural space［C］// Agrarian economy and rural development-realities and perspectives for Romania. Bucharest: The research institute for agricultural economy and rural development, 2014.

［47］ GOLDLUST J, RICHMOND A H. A multivariate model of immigrant adaptation ［J］. The international migration review, 1974, 8（2）: 193-225.

［48］ GOTTDIENER M, HUTCHISON, R. The new urban sociology boulder［M］. CO: Westview Press, 2011.

［49］ GREGORY D, JOHNSTON R, Pratt G, et al. The dictionary of human geography ［M］. 5th ed. New Jersey: Wiley-Blackwell, 2009.

［50］ GUSTAFSON P. Meanings of place: everyday experience and theoretical conceptualizations［J］. Journal of environmental psychology, 2001, 21(1): 5-16.

［51］ HAARSTAD H, FLØYSAND A. Globalization and the power of rescaled narratives: a case of opposition to mining in Tambogrande, Peru［J］. Political geography, 2007, 26（3）: 289-308.

［52］ HALFACREE K. Trial by space for a 'radical rural'：Introducing alternative localities, representations and lives［J］. Journal of rural studies, 2007, 23（2）：125-141.

［53］ HARVEY D. Between space and time：reflections on the geographical imaginations［J］. Annals of the association of American geographers, 1990, 80（3）：418-434.

［54］ HARVEY D. From managerialism to entrepreneurialism：the transformation in urban governance in late capitalism［J］. Geografiska annaler：series B, human geography, 1989, 71（1）：3-17.

［55］ HARVEY D. Social justice and the city［M］. London：Arnold, 1973.

［56］ HARVEY D. The urban process under capitalism：A framework for analysis［J］. International journal of urban & regional research, 1978, 2（1-4）：101-131.

［57］ HARVEY D. The urbanization of capital：studies in the history and theory of capitalist urbanization［M］. Baltimore, MD：Johns Hopkins University Press, 1985.

［58］ HEIDEGGER M. Poetry, language, thought［M］. New York：Harper and Row, 1971.

［59］ HIDALGO M C, Hernandez B. Place attachment：conceptual and empirical questions［J］. Journal of environmental psychology, 2001, 21：273-281.

［60］ HOOKS B. Yearning：race, gender, and cultural politics［M］. Boston：South End Press, 1990.

［61］ JESSOP B, SUM N L. An entrepreneurial city in action：Hong Kong's emerging strategies in and for（inter）urban competition［J］. Urban studies, 2000, 37（12）：2287-2313.

［62］ JESSOP B. Spatial fixes, temporal fixes and spatio-temporal fixes［M］// Castree N, Gregory D. David Harvey：A Critical Reader. Oxford：Blackwell Publishing, 2006.

［63］ JIANG Y P, WALEY P. Who builds cities in China? How urban investment and development companies have transformed Shanghai［J］. International journal of urban and regional research, 2020, 44 (4) : 636-651.

［64］ JOHANSSON K, JOSEPHSSON S, LILJA M. Creating possibilities for action in the presence of environmental barriers in the process of 'ageing in place' ［J］. Ageing & society, 2009, 29 (1) : 49-70.

［65］ JORGENSEN B S, STEDMAN R C. Sense of place as an attitude: Lakeshore owners attitudes towards their properties ［J］. Journal of environmental psychology, 2001, 21 (3) : 233-248.

［66］ KALLEN H M. Culture and democracy in the United States ［M］. Piscataway: Transaction Publishers, 1924.

［67］ KALYUKIN A, BORÉN T, BYERLEY A. The second generation of post-socialist change: Gorky park and public space in Moscow ［J］. Urban geography, 2015, 36 (5) : 674-695.

［68］ KEMPEN R, MARCUSE P. A new spatial order in cities? ［J］. American behavioral scientist, 1997, 41 (3) : 285-298.

［69］ KURTZ H E. Scale frames and counter-scale frames: constructing the problem of environmental injustice ［J］. Political geography, 2003, 22 (8) : 887-916.

［70］ LEFEBVRE H. Rhythmanalysis: space, time and everyday life ［M］. London: Continuum, 2004.

［71］ LEFEBVRE H. The production of space ［M］. Oxford: Blackwell, 1991.

［72］ LEES L, BAXTER R. A 'building event' of fear: thinking through the geography of architecture ［J］. Social and cultural geography, 2011, 12 (2): 107-122.

［73］ LIM K F. 'Socialism with Chinese characteristics': uneven development, variegated neoliberalization and the dialectical differentiation of state spatiality ［J］. Progress in human geography, 2013, 38 (2) : 1-27.

［74］ LIN S N, Piper G. Socio-spatial segregation in China and migrants' everyday life experiences: the case of Wenzhou ［J］. Urban geography, 2017, 38 (7): 1019-1038.

［75］ LOGAN J, MOLOTCH H. Urban fortunes: the political economy of place ［M］.

London: University of California Press, 1987.

[76] MALECKI E J. The R&D location decision of the firm and 'creative' regions-A survey [J] . Technovation, 1987 (6) : 205-222.

[77] MALECKI E J, NIJKAMP P. Technology and regional development: some thoughts on policy [J] . Environment and planning C: government and policy, 1988, 6 (4) : 383-399.

[78] MALMBERG A. Industrial location: agglomeration and local Milieu [J] . Progress in human geography, 1996, 20 (3) : 393-403.

[79] MASSEY D. A global sense of place [J] . Marxism today, 1991, 35 (6) : 24-29.

[80] MASSEY D. For space [M] . London: Sage Publications Ltd, 2005.

[81] MASSEY D. Politics and space/time [J] . New left review, 1992, 196: 65-84.

[82] MASSEY D. Space, place and gender [M] . Minneapolis: University of Minnesota Press, 1994.

[83] MEIR A, KARPLUS Y. Production of space, intercultural encounters and politics: dynamics of consummate space and spatial intensity among the Israeli Bedouin [J] . Transactions of the institute of British geographers, 2018, 43 (3) : 511-524.

[84] MEYER-STAMER J. Clustering and the creation of an innovation-oriented environment for industrial competitiveness: beware of overly optimistic expectations [R] . Conference paper: international high-level seminar on technological innovation United Nations, 2002: 1-21.

[85] MOLOTCH H. The city as a growth machine: toward a political economy of place [J] . The American journal of sociology, 1976, 82 (2) : 326-329.

[86] NEUMARK D, KOLKO J. Do enterprise zones create jobs? Evidence from California's enterprise zone program [J] . Journal of urban economics, 2010 (68) : 1-19.

[87] PARK R E, Burgess E W. Introduction to the science of sociology [M] . Chicago: The University of Chicago Press, 1921.

[88] PIORR A, RACETZ J, TOSCICS I. Peri-urbanization in Europe: towards

a European policies to sustain urban-rural futures ［R］. University of Copenhagen: academic books life sciences, 2011.

［89］ PRETTY J N. Agri-culture: reconnecting people, land and nature ［M］. London: Routledge, 2002.

［90］ PRYOR R J. Defining the rural-urban fringe［J］. Social forces, 1968, 47(2): 202-215.

［91］ RELPH E. Place and placelessness ［M］. London: Pion, 1976.

［92］ QIAN J X, AN N. Urban theory between political economy and everyday urbanism: desiring machine and power in a saga of urbanization ［J］. International journal of urban and regional research, 2021, 45 (4) : 679-695.

［93］ RELPH E. The modern urban landscape ［M］. Baltimore: Johns Hopkins University Press, 1987.

［94］ ROSE G. Feminism and geography: the limits of geographical knowledge［M］. Cambridge: Polity Press, 1993.

［95］ SCOTT A J. Industrial organization and the logic of intra-metropolitan location: theoretical considerations［J］. Economic geography, 1983, 59(3): 233-250.

［96］ SCOTT D. Creative destruction: early modernist planning in the South Durban industrial zone, South Africa ［J］. Journal of southern African studies, 2003, 29 (1) : 235-259.

［97］ SEAMON D. The geography of the lifeworld ［M］. New York: St. Martin's Press, 1979.

［98］ SEO B. Socio-spatial dialectics of crisis formation and the 1997 crisis in Korea ［J］. Geoforum, 2013 (45) : 156-167.

［99］ SHEPPARD E. Geographical political economy ［J］. Journal of economic geography, 2011, 11 (2) : 319-331.

［100］ SHINDE K A. Place-making and environmental change in a Hindu pilgrimage site in India ［J］. Geoforum, 2012 (43) : 116-127.

［101］ SHIRCLIFF J. E. Is Chinatown a place or space? A case study of Chinatown

Singapore［J］. Geoforum, 2020（117）: 225-233.

［102］ SMITH N. Gentrification and uneven development ［J］. Economic geography, 1982, 58（1）: 39-55.

［103］ SMITH N. Homeless/global: scaling places［M］//Bird J, Curtis B, Putnam T, et al. Mapping the futures: local cultures, global change. London: Routledge, 2012.

［104］ SMITH N. Toward a theory of gentrification: back to the city movement by capital, not people ［J］. Journal of the American planning association, 1979, 45（4）: 538-548.

［105］ SMITH N. Uneven development: nature, capital, and the production of space ［M］. Athens, Georgia: University of Georgia Press, 2008.

［106］ SOJA E. The socio-spatial dialectic ［J］. Annals of the association of American geographers, 1980, 70（2）: 207-225.

［107］ SOJA E. Postmodern geographies: the reassertion of space in critical social theory ［M］. London: Verso, 1989.

［108］ SOJA E. Thirdspace: journeys to Los Angeles and other real-and-imagined places ［M］. Oxford: Blackwell, 1996.

［109］ SOKOL M. Financialisation, financial chains and uneven geographical development: towards a research agenda ［J］. Research in international business and finance, 2017（39）: 678-685.

［110］ STANEK L. Space as concrete abstraction: Hegel, Marx, and modern urbanism in Henri Lefebvre ［M］//GOONEWARDENA K, KIPFER S, MILGROM R, et al. Everyday life: reading Henri Lefebvre. New York: Routledge, 2008.

［111］ STORPER M, WALKER R. The capitalist imperative: territory, technology and industrial growth ［M］. Oxford: Blackwell, 1989.

［112］ SWYNGEDOUW E. Technonatural revolutions: the scalar politics of Franco's hydro-social dream for Spain, 1939-1975 ［J］. Transactions of the institute of british geographers, 2007, 32（1）: 9-28.

［113］ TAJFEL H. Social categorization, social identity and social comparison ［M］// H.

Tajfel. Differentiation between social groups: studies in the social psychology of intergroup relations. London: Academic Press, 1978.

[114] TAYLOR P J. A materialist framework for political geography [J]. Transactions of the institute of British geographers, 1982, 7 (1): 15-34.

[115] THRIFT N. Space [J]. Theory, culture and society, 2006, 23 (2): 139-146.

[116] TONKISS F. Space, the city, and social theory: social relations and urban forms [M]. Cambridge: Polity, 2005.

[117] TRETTER E. Sustainability and neoliberal urban development: the environment, crime and remaking of Austin's downtown [J]. Urban studies, 2013, 50 (11): 2222-2237.

[118] TRIGG D. Place and non-place: a phenomenological perspective [M]. Switzerland: Springer International Publishing, 2017.

[119] TSAI Y L. Behind the economic success of Taiwan's Hsinchu science industrial park: zoning technologies under neo-liberal governmentality, ongoing primitive accumulation, and locals' resistance [J]. Journal of comparative Asian development, 2015, 14 (1): 47-75.

[120] TUAN Y F. Space and place: the perspectives of experience [M]. Minneapolis: University of Minnesota Press, 1977.

[121] TUAN Y F. Topophilia: a study of environmental perception [M]. Englewood Cliffs: Prentice Hall, 1974.

[122] URRY J. Sociology beyond societies: mobilities for the twenty-first century [M]. London: Routledge, 2000.

[123] WANG J. The economic impact of Special Economic Zones: evidence from Chinese municipalities [J]. China economic review, 2013, 101: 133-147.

[124] WANG W, FAN C. Migrant workers integration in urban China: experiences in employment, social adaptation, and self-identity [J]. Eurasian geography and economics, 2012, 53 (6): 731-749.

[125] WEBSTER D, MULLER L. Challenges of peri-urbanization in the lower Yangzi region: the case of Hangzhou-Ningbo corridor [R]. Discussion

Papers of Asia / Pacific Research Center, Stanford: Stanford University, 2002.

[126] WEGNER P E. Spatial criticism: critical geography, space, place and textuality [M]. Edinburgh: Edinburgh University Press, 2002.

[127] WRIGHT J, TERRAE I. The place of imagination in geography [J]. Annals of the association of American geographers, 1947, 37: 1-15.

[128] WU F L. How neoliberal is China's reform? The origins of change during transition [J]. Eurasian geography and economics, 2010, 51 (5): 619-631.

[129] WU F L. Adding new narratives to the urban imagination: an introduction to 'new directions of urban studies in China' [J]. Urban studies, 2020, 57(3): 459-472.

[130] WU F L. Planning centrality, market instruments: governing Chinese urban transformation under state entrepreneurialism [J]. Urban studies, 2018, 55 (7): 1383-1399.

[131] WYLIE J. Landscapes [M]. London: Routledge, 2007.

[132] XI Q M, SUN R D, MEI L. The impact of special economic zones on producer services productivity: evidence from China [J]. China economic review, 2021, 65: 131-146.

[133] YANG Z S, WANG Y X, LIU Z G. Improving socially inclusive development in fast urbanized area: investigate livelihoods of immigrants and non-immigrants in Nansha special economic zone in China [J]. Habitat international, 2019, 86: 10-18.

[134] YE C, CHEN M, CHEN R, et al. Multi-scalar separations: land use and production of space in Xianlin, a university town in Nanjing, China [J]. Habitat international, 2014, 42: 264-272.

[135] YE C, CHEN M, DUAN J, et al. Uneven development, urbanization and production of space in the middle-scale region based on the case of Jiangsu Province, China [J]. Habitat international, 2017, 66: 106-116.

[136] YE C, MA X Y, CAI Y L, et al. The countryside under multiple high-tension lines: a perspective on the rural construction of Heping Village,

Shanghai［J］. Journal of rural studies，2018，62：53-61.

［137］YIN C Z，QIAN X Y，SEO B. The spatial production of simulacrascape in urban China：economic function，local identity and cultural authenticity［J］. Cities，2020（104）：1-15.

［138］YIN G，LIU Y，WANG F. Emerging Chinese new towns：local government-directed capital switching in inland China［J］. Cities，2018，79：102-112.

［139］ZHOU Y，LIN G C S，ZHANG J. Urban China through the lens of neoliberalism：is a conceptual twist enough？［J］. Urban studies，2019，56（1）：33-43.

［140］艾少伟，苗长虹. 从"地方空间"、"流动空间"到"行动者网络空间"：ANT 视角［J］. 人文地理，2010，25（2）：43-49.

［141］安黎，冯健. "空间错配"视角下城中村流动人口职住关系研究：以北京市挂甲屯村、皮村为例［J］. 城市发展研究，2020，27（12）：123-131.

［142］安宁，钱俊希. 城市化的文学书写：基于社会—空间辩证法的《炸裂志》解析［J］. 人文地理，2017，32（1）：47-54.

［143］白凯，王晓娜. 社会氛围对旅游劳工移民地方融入的影响研究：以丽江古城为例［J］. 人文地理，2018，33（5）：133-142.

［144］班茂盛，方创琳，刘晓丽，等. 北京高新技术产业区土地利用绩效综合评价［J］. 地理学报，2008，63（2）：175-184.

［145］包亚明. 后现代性与地理学的政治［M］. 上海：上海教育出版社，2001.

［146］包亚明. 现代性与空间的生产［M］. 上海：上海教育出版社，2003.

［147］鲍曼. 怀旧的乌托邦［M］. 姚伟，等，译，北京：中国人民大学出版社，2018.

［148］博任纳. 城市、地域、星球：批判城市理论［M］. 李志刚，徐江，曹康，等，译. 北京：商务印书馆，2019.

［149］博任纳. 新国家空间：城市治理与国家形态的尺度重构［M］. 王晓阳，译. 江苏：江苏教育出版社，2020.

［150］布伦纳. 全球化与再地域化：欧盟城市管治的尺度重组［J］. 国际城市规划，2008，23（1）：4-14.

［151］蔡禾. 都市社会学研究范式之比较：人类生态学与新都市社会学［J］. 学

术论坛，2003（3）：110-116.

[152] 蔡晓梅，苏晓波.新文化地理学文献导读[M].北京：中国社会科学出版社，2020.

[153] 蔡晓梅，朱竑，刘晨.情境主题餐厅员工地方感特征及其形成原因：以广州味道云南食府为例[J].地理学报，2012，67（2）：239-252.

[154] 蔡运龙，叶超，马润潮，等.马克思主义地理学及其中国化："跨国、跨界、跨代"知识行动[J].地理研究，2016，35（7）：1205-1229.

[155] 蔡运龙，叶超，马润潮，等.马克思主义地理学及其中国化：规划与实践反思[J].地理研究，2016，35（8）：1399-1419.

[156] 曹姝君，罗小龙，王春程.开发区空间演进的制度解释[J].城市问题，2018（5）：79-84.

[157] 曹贤忠，曾刚.基于熵权TOPSIS法的经济技术开发区产业转型升级模式选择研究：以芜湖市为例[J].经济地理，2014，34（4）：13-18.

[158] 曾刚.我国高新技术产业开发区的现状及发展[J].地域研究与开发，1997（1）：49-53.

[159] 柴彦威，等.城市地理学思想与方法[M].北京：科学出版社，2012.

[160] 陈宏胜，王兴平，夏菁.供给侧改革背景下传统开发区社会化转型的理念、内涵与路径[J].城市规划学刊，2016（5）：66-72.

[161] 陈家熙，翁时秀，彭华.打工文学中的城市空间书写：基于索亚"第三空间"的分析[J].热带地理，2018，38（5）：629-640.

[162] 陈建华.中国城市空间生产与空间正义问题的资本逻辑[J].学术月刊，2018（7）：60-69.

[163] 陈明星，黄莘绒，黄耿志，等.新型城镇化与非正规就业：规模、格局及社会融合[J].地理科学进展，2021，40（1）：50-60.

[164] 陈品宇.资本、权力与空间：不平衡地理研究进展[J].热带地理，2017，37（1）：120-129.

[165] 陈升，王京雷.开发区创新转型整体水平测度[J].城市问题，2019（1）：70-77.

[166] 陈水生.中国城市公共空间生产的三重逻辑及其平衡[J].学术月刊，2018，50（5）：101-110.

［167］陈小卉，国子健，钟睿．开发区与城镇化互动发展的反思和展望：基于江苏的思考［J］.城市规划学刊，2019（1）：68-73.

［168］程慧，刘玉亭，何深静．开发区导向的中国特色"边缘城市"的发展［J］.城市规划学刊，2012，（6）：50-57.

［169］德波．景观社会［M］.张新木，译.南京：南京大学出版社，2017.

［170］邓慧慧，虞义华，赵家羚．中国区位导向性政策有效吗？：来自开发区的证据［J］.财经研究，2019，45（1）：4-18.

［171］丁成呈，张敏，姜莘，等．重构与扩张：转型期开发区空间生产研究［J］.城市规划，2019，43（7）：67-74，82.

［172］丁寿颐．"租差"理论视角的城市更新制度：以广州为例［J］.城市规划，2019，43（12）：69-77.

［173］董小君．如何认识新时代我国社会主要矛盾的变化［J］.理论探索，2020（3）：96-101.

［174］段义孚．恋地情结［M］.张新木，译.北京：商务印书馆，2018.

［175］段义孚．无边的恐惧［M］.徐文宁，译.北京：北京大学出版社，2011.

［176］方坚铭．"永嘉场"地域文化研究：以明代永嘉场为考察中心［M］.杭州：浙江大学出版社，2012.

［177］方远平，易颖，毕斗斗．传承与嬗变：广州市小洲村的空间转换［J］.地理研究，2018，37（11）：2318-2330.

［178］费恩斯坦．造城者：纽约和伦敦的房地产开发与城市规划［M］.侯丽，译.上海：同济大学出版社，2019.

［179］费孝通．乡土中国［M］.北京：商务印书馆，2020.

［180］弗里曼．巨兽：工厂与现代世界的形成［M］.李珂，译.上海：社会科学文献出版社，2020.

［181］葛澄清，熊伟．我国高新技术开发区经济效益动态综合评价［J］.科技进步与对策，2005（4）：63-65.

［182］耿甜伟，李九全．开发区建设与城市结构形态演变：以西安市为例［J］.资源开发与市场，2018（5）：665-669.

［183］顾朝林，赵令勋．中国高技术产业与园区［M］.北京：中信出版社，1998.

［184］官永彬.财政分权、地方政府竞争与区域基本公共服务差距［J］.重庆师范大学学报（哲学社会科学版），2014（2）：73-84.

［185］郭文，杨桂华.民族旅游村寨仪式实践演变中神圣空间的生产：对翁丁佤寨村民日常生活的观察［J］.旅游学刊，2018，33（5）：92-103.

［186］郭文."空间的生产"内涵、逻辑体系及对中国新型城镇化实践的思考［J］.经济地理，2014，34（6）：33-39.

［187］郭文.空间意义的叠写与地方认同：中国最后一个原始部落翁丁案例［J］.地理研究，2020，39（11）：2449-2465.

［188］哈布瓦赫.论集体记忆［M］.毕然，郭金华，译.上海：上海人民出版社，2002.

［189］哈维.后现代的状况：对文化变迁之缘起的探究［M］.阎嘉，译.北京：商务印书馆，2013.

［190］哈维.叛逆的城市：从拥有城市权利到城市革命［M］.叶齐茂，倪晓晖，译.北京：商务印书馆，2014.

［191］哈维.世界的逻辑：如何让我们生活的世界更理性、更可控［M］.周大昕，译.北京：中信出版社，2016.

［192］哈维.新帝国主义［M］.付克新，译.北京：中国人民大学出版社，2019.

［193］哈维.新自由主义简史［M］.王钦，译.上海：上海译文出版社，2016.

［194］哈维.正义、自然和差异地理学［M］.胡大平，译.上海：上海人民出版社，2015.

［195］哈维.资本之谜：人人需要知道的资本主义真相［M］.陈静，译.北京：电子工业出版社，2011.

［196］海德格尔.演讲与论文集［M］.孙周兴，译.上海：上海三联书店，2005.

［197］韩勇.武汉市新兴城区空间生产特征、机制及效应［D］.华中师范大学，2016.

［198］韩勇.英美国家关于列斐伏尔空间生产理论的新近研究进展及启示［J］.经济地理，2016，36（7）：19-26，37.

［199］何则，杨宇，刘毅，等.面向转型升级发展的开发区主导产业分布及其空

间集聚研究［J］.地理研究，2020，39（2）：337-353.

［200］洪世键，胡洲伟.资本转移的时空差异：租差理论视野下城市空间不平衡发展逻辑探讨［J］.城市发展研究，2019，26（6）：114-120.

［201］洪世键，姚超，张衔春.租差理论视野下城市空间的再开发［J］.城市问题，2016（12）：43-50.

［202］洪世键.企业化地方政府与中国城市空间演化：基于租差理论的分析视角［J］.城市规划，2017，41（12）：9-16.

［203］胡大平.从空间进化转向空间变异：警惕当代中国城市的"底特律化"［J］.探索与争鸣，2015（3）：50-53.

［204］胡大平.在商品生产之外寻找革命的落脚点：20世纪西方马克思主义之社会批判的逻辑转向和意义［J］.马克思主义与现实，2009（5）：138-150.

［205］胡方松，林坚强.温州模式再研究［M］.北京：社会科学文献出版社，2018.

［206］胡丽燕，王开泳.开发区托管的不良后果与改革路径［J］.城市发展研究，2016，23（11）：10-12，18.

［207］胡丽燕.开发区托管行政区：因果透视与改革思路：基于法律地位与性质分析的视角［J］.经济地理，2016，36（11）：62-68.

［208］胡森林，曾刚，滕堂伟，等.长江经济带产业的集聚与演化：基于开发区的视角［J］.地理研究，2020，39（3）：611-626.

［209］胡森林，周亮，滕堂伟，等.中国省级以上开发区空间分布特征及影响因素［J］.经济地理，2019，39（1）：21-28.

［210］胡雅萍，刘越，王承宽.流动老人社会融合影响因素研究［J］.人口与经济，2018（6）：77-88.

［211］胡毅，张京祥.中国城市住区更新的解读与重构：走向空间正义的空间生产［M］.北京：中国建筑工业出版社，2015.

［212］黄建洪.国家级开发区转型升级中的治理体制机制创新：向度与题域［J］.中国行政管理，2019（5）：52-59.

［213］黄琦珂.民族与宗教因素对旅游劳工移民地方融入的影响研究［D］.西安：陕西师范大学，2018.

［214］黄宗智.国家—市场—社会:中西国力现代化路径的不同［J］.探索与争鸣, 2019（11）:42-56, 66.

［215］吉登斯.社会的构成:结构化理论大纲［M］.李康,李猛,译.北京:生活·读书·新知三联书店, 1998.

［216］焦贝贝,张治河,肖新军,等.中国开发区发展阶段与时空分布特征研究［J］.科研管理, 2018, 39（10）:50-60.

［217］卡斯特.网络社会的崛起［M］.夏铸九,等,译.北京:社会科学文献出版社, 2001.

［218］科宾,施特劳斯.质性研究的基础:形成扎根理论的程序与方法（第3版）［M］.朱光明,译.3版.重庆:重庆大学出版社, 2015.

［219］科斯,王宁.变革中国:市场经济的中国之路［M］.徐尧,李哲民,译.北京:中信出版社, 2013.

［220］克雷斯韦尔.地方:记忆、想象与认同［M］.王志弘,徐苔玲,译.台北:群学出版社, 2006.

［221］克罗农.自然的大都市:芝加哥与大西部［M］.黄焰结,等,译.南京:江苏人民出版社, 2020.

［222］孔翔,陈丹.城郊开发区建设对东道区域地方性消解的影响研究:以长沙经济技术开发区为例［J］.人文地理, 2016（4）:26-32.

［223］孔翔,等.中国开发区周边社会空间研究［M］.北京:科学出版社, 2021.

［224］孔翔,顾子恒.中国开发区"产城分离"的机理研究［J］.城市发展研究, 2017（3）:31-37.

［225］孔翔,宋志贤.开发区周边新建社区内卷化现象研究:以昆山市蓬曦社区为例［J］.城市问题, 2018（5）:4-14.

［226］孔翔,张宇飞.开发区建设中的居民地方感研究:基于上海闵行开发区周边社区的调研［J］.城市发展研究, 2014（6）:92-98.

［227］郎朗,林森.结构化理论在"地方"研究中的应用:以北京三里屯的演变为例［J］.地理研究, 2017, 36（6）:1065-1080.

［228］李稻葵.中国的经验:改革开放四十年的经济总结［M］.上海:上海三联书店, 2020.

［229］李凯，任晓艳，向涛．产业集群效应对技术创新能力的贡献：基于国家高新区的实证研究［J］．科学学研究，2007（3）：448-452.

［230］李凯，王凯．新马克思主义视野下中国开发区空间生产的内在逻辑［J］．国际城市规划，2019，34（5）：50-58.

［231］李玲君，郑皓，孙飞．非完全融合型"区镇合一"发展策略研究：以武进国家高新区与其周边乡镇为例［J］．苏州科技大学学报（工程技术版），2017，30（3）：49-55.

［232］李鲁奇，马学广，鹿宇．飞地经济的空间生产与治理结构：基于国家空间重构视角［J］．地理科学进展，2019，38（3）：346-356.

［233］李倩菁，蔡晓梅．新文化地理学视角下景观研究综述与展望［J］．人文地理，2017（1）：23-28，98.

［234］李如铁，朱竑，唐蕾．城乡迁移背景下"消极"地方感研究：以广州市棠下村为例［J］．人文地理，2017，32（3）：27-35.

［235］李一曼，孔翔．中国高新区空间生产及多维割裂特征［J］．科学学研究，2020，38（5）：806-812，825.

［236］李云新，文娇慧．开发区与行政区融合发展的制度逻辑与实践过程：以武汉经济技术开发区为例［J］．北京行政学院学报，2018（1）：21-27.

［238］李志鹏．拉萨八廓街旅游劳工移民地方融入研究［D］．西安：陕西师范大学，2019.

［239］里茨尔．虚无的全球化［M］．王云桥，宋兴无，译．上海：上海译文出版社，2006.

［240］廉军伟．嵌入高新区创新网络的企业研究院创新溢出研究：以新昌高新技术产业园为例［J］．科技进步与对策，2016（17）：8-13.

［241］列斐伏尔．日常生活批判［M］．叶齐茂，倪晓晖，译．北京：社会科学文献出版社，2018.

［242］列维-斯特劳斯．种族与历史 种族与文化［M］．于秀英，译．北京：中国人民大学出版社，2006.

［243］林李月，朱宇，许丽芳．流动人口对流入地的环境感知及其对定居意愿的影响：基于福州市的调查［J］．人文地理，2016，31（1）：65-72.

［244］林密．空间转向与马克思政治经济学批判的空间化：以列斐伏尔、哈维为

中心［J］.江西社会科学，2017（9）：47-54.

［245］林赛南，李志刚，郭炎.流动人口的"临时性"特征与居住满意度研究：以温州市为例［J］.现代城市研究，2018（12）：125-132.

［246］林雄斌，马学广，李贵才.全球化背景下封闭社区形成的影响因素与空间效应［J］.地理科学进展，2013，32（3）：354-360.

［247］刘鹤.两次全球大危机的比较［J］.管理世界，2013（3）：1-7.

［248］刘怀玉，鲁宝.历史唯物主义视野中的城市哲学总问题：列斐伏尔的《马克思主义思想与城市》解析［J］.南京大学学报（哲学·人文科学·社会科学），2020，57（3）：26-37.

［249］刘怀玉.列斐伏尔与20世纪西方的几种日常生活批判倾向［J］.求是学刊，2003，30（5）：44-50.

［250］刘京，仲伟周.我国高新区扩散功能不足的表征、原因及对策研究［J］.科技进步与对策，2011（7）：39-42.

［251］刘瑞明，赵仁杰.国家高新区推动了地区经济发展吗？：基于双重差分方法的验证［J］.管理世界，2015（8）：30-38.

［252］刘润，杨永春，王梅梅，等.转型期中国城市更新背景下旅游地视觉景观生产研究：以成都宽窄巷为例［J］.人文地理，2016，31（3）：136-144.

［253］刘星南，吴志峰，骆仁波，等.基于多源数据和深度学习的城市边缘区判定［J］.地理研究，2020，39（2）：243-256.

［254］刘玉亭，邱君丽.企业主义视角下大城市保障房建设的策略选择及其社会空间后果［J］.人文地理，2018（4）：52-59，87.

［255］刘云刚，王丰龙.尺度的人文地理内涵与尺度政治：基于1980年代以来英语圈人文地理学的尺度研究［J］.人文地理，2011，26（3）：1-6.

［256］刘云刚，叶清露，许晓霞.空间、权力与领域：领域的政治地理研究综述与展望［J］.人文地理，2015，30（3）：1-6.

［257］龙迪勇.空间问题的凸显与空间叙事学的兴起［J］.上海师范大学学报（哲学社会科学版），2008，37（6）：64-71.

［258］龙湾区史志编纂委员会.温州市龙湾区志［M］.北京：中华书局，2013.

［259］陆希刚，王德，庞磊.半城市地区空间模式初探：基于"六普"数据的上海市嘉定区案例研究［J］.城市规划学刊，2020（06）：72-78.

［260］陆扬.空间理论和文学空间［J］.外国文学研究，2004（4）：31-37.

［261］罗小龙，梁晶，郑焕友.开发区的第三次创业：从产业园区到城市新区［M］.北京：中国建筑工业出版社，2015.

［262］罗小龙，郑焕友，殷洁.开发区的"第三次创业"：从工业园走向新城：以苏州工业园转型为例［J］.长江流域资源与环境，2011（7）：819-824.

［263］马克思，恩格斯.共产党宣言［M］.北京：人民出版社，2018.

［264］马克思，恩格斯.马克思恩格斯全集［M］.北京：人民出版社，1995.

［265］马仁锋，王腾飞，张文忠.创意再生视域宁波老工业区绅士化动力机制［J］.地理学报，2019，74（4）：780-796.

［266］马西.保卫空间［M］.王爱松，译.南京：江苏教育出版社，2013.

［267］马学广，李鲁奇.国外人文地理学尺度政治理论研究进展［J］.人文地理，2016，31（2）：6-12，160.

［268］马学广.城中村空间的社会生产与治理机制研究：以广州市海珠区为例［J］.城市发展研究，2010，17（2）：126-133.

［269］马学广.全球城市区域的空间生产与跨界治理研究［M］.北京：科学出版社，2017.

［270］毛熙彦，贺灿飞.区域发展的"全球—地方"互动机制研究［J］.地理科学进展，2019，38（10）：1449-1461.

［271］孟美侠，曹希广，张学良.开发区政策影响中国产业空间集聚吗：基于跨越行政边界的集聚视角［J］.中国工业经济，2019（11）：79-97.

［272］苗长虹.变革中的西方经济地理学：制度、文化、关系与尺度转向［J］.人文地理，2004，4（19）：68-76.

［273］倪星，黄天梁.从"共谋"到"共演"：高新区管理体制的变迁逻辑：基于东莞市S高新区的案例研究［J］.江汉论坛，2019（8）：17-22.

［274］宁越敏，杨传开.新型城镇化背景下城市外来人口的社会融合［J］.地理研究，2019，38（1）：23-32.

［275］欧光军，杨青，雷霖.国家高新区产业集群创新生态能力评价研究［J］.科研管理，2018，39（8）：63-71.

［276］彭浩，曾刚.上海市开发区土地集约利用评价［J］.经济地理，2009，29（7）：1177-1181.

［277］钱俊希，钱丽芸，朱竑."全球的地方感"理论述评与广州案例解读［J］.
人文地理，2011（6）：40-44.

［278］钱振明.城镇化发展过程中的开发区管理体制改革：问题与对策［J］.中
国行政管理，2016（6）：11-15.

［279］强乃社.空间辩证法视野中的封闭住宅小区及其问题［J］.探索与争鸣，
2016（11）：71-75.

［280］任平.当代视野中的马克思［M］.南京：江苏人民出版社，2003.

［281］任平.空间的正义：当代中国可持续城市化的基本走向［J］.城市发展研
究，2006（5）：1-4.

［282］任平.论空间生产与马克思主义的出场路径［J］.江海学刊，2007（2）：
27-31.

［283］任政.空间正义论：正义的重构与空间生产的批判［J］.上海：上海社会
科学院出版社，2018.

［284］荣玥芳，郭思维，张云峰.城市边缘区研究综述［J］.城市规划学刊，
2011（4）：93-100.

［285］石楠.情感［J］.城市规划，2020，44（1）：1.

［286］史晋川，金祥荣，赵伟，等.制度变迁与经济发展：温州模式研究［M］.3
版.杭州：浙江大学出版社，2020.

［287］史密斯.新城市前沿：士绅化与恢复土地运动者之城［M］.李晔国，译.南
京：译林出版社，2018.

［288］史兴民，刘戎.煤矿区居民的环境污染感知：以陕西省韩城矿区为例［J］.
地理研究，2012，31（4）：641-651.

［289］宋洪远.中国农村改革40年：回顾与思考［J］.南京农业大学学报（社
会科学版），2018，18（3）：1-11.

［290］苏贾.后现代地理学：重申批判社会理论中的空间［M］.王文斌，译.北
京：商务印书馆，2004.

［291］苏贾.寻求空间正义［M］.高春花，强乃社，译.北京：社会科学文献出版社，
2016.

［292］苏文松，方创琳.京津冀城市群高科技园区协同发展动力机制与合作共建
模式：以中关村科技园为例［J］.地理科学进展，2017，36（6）：657-666.

［293］孙斌栋.大国城镇化空间格局的战略选择［J］.国家治理，2018（22）：19-23.

［294］孙崇明，叶继红.转型进程中开发区管理体制何以"内卷化"？：基于行政生态学的分析［J］.行政论坛，2020，157（1）：42-48.

［295］孙九霞，黄秀波，王学基.旅游地特色街区的"非地方化"：制度脱嵌视角的解释［J］.旅游学刊，2017，32（9）：24-33.

［296］孙九霞，苏静.旅游影响下传统社区空间变迁的理论探讨：基于空间生产理论的反思［J］.旅游学刊，2014（5）：78-86.

［297］孙九霞，许泳霞，王学基.旅游背景下传统仪式空间生产的三元互动实践［J］.地理学报，2020，75（8）：1742-1756.

［298］孙九霞，周尚意，王宁，等.跨学科聚焦的新领域：流动的时间、空间与社会［J］.地理研究，2016，35（10）：1801-1818.

［299］孙施文，冷方兴.上海城市边缘区空间形态演变研究：以闵行区莘庄镇为例［J］.城市规划学刊，2017（6）：16-24.

［300］孙世界，熊恩锐.空间生产视角下旧城文化空间更新过程与机制：以南京大行宫地区为例［J］.城市规划，2021，45（8）：87-95.

［301］孙志燕，侯永志.对我国区域不平衡发展的多视角观察和政策应对［J］.管理世界，2019，35（8）：1-8.

［302］唐承丽，陈伟杨，吴佳敏，等.长江经济带开发区空间分布与产业集聚特征研究［J］.地理科学，2020，40（4）：657-664.

［303］特纳.社会理论指南［M］.李康，译.上海：上海人民出版社，2003.

［304］滕堂伟，曾刚.集群创新与高新区转型［M］.北京：科学出版社，2009.

［305］田毅鹏，张金荣.马克思社会空间理论及其当代价值［J］.社会科学研究，2007（2）：14-19.

［306］涂尔干.社会分工论［M］.渠东，译.北京：生活·读书·新知三联书店，2000.

［307］汪芳，吕舟，张兵，等.迁移中的记忆与乡愁：城乡记忆的演变机制和空间逻辑［J］.地理研究，2017，36（1）：3-25.

［308］汪明峰，程红，宁越敏.上海城中村外来人口的社会融合及其影响因素［J］.地理学报，2015，70（8）：1243-1255.

［309］王丰龙，刘云刚.尺度政治理论框架［J］.地理科学进展，2017，36（12）：1500-1509.

［310］王丰龙，刘云刚.空间的生产研究综述与展望［J］.人文地理，2011，26（2）：13-19，30.

［311］王国平.如何在全球产业转移中跨越"中等收入陷阱"［J］.探索与争鸣，2013（5）：64-69.

［312］王缉慈.高新技术产业开发区对区域发展影响的分析构架［J］.中国工业经济，1998（3）：54-57.

［313］王立，薛德升.解绑—嵌入：广州天河北全球化空间的跨国生产［J］.地理研究，2018，37（1）：81-91.

［314］王曼曼，张敏.表演性视角下音乐节的空间生产：以太湖迷笛音乐节为例［J］.地理研究，2017，36（2）：294-306.

［315］王胜光，朱常海.中国国家高新区的30年建设与新时代发展：纪念国家高新区建设30周年［J］.中国科学院院刊，2018（7）：693-706.

［316］王曙光.中国农村：北大"燕京学堂"课堂讲录［M］.北京：北京大学出版社，2017.

［317］王腾飞，马仁锋.宁波老工业区创意空间孕育机制研究［J］.地理科学进展，2018，37（11）：1567-1580.

［318］王兴民，吴静，孙翊.破解中国"千城一面"之谜：一个新制度经济学的解释框架［J］.城市发展研究，2020，27（2）：84-90.

［319］王兴平，崔功豪.中国城市开发区的区位效益规律研究［J］.城市规划汇刊，2003（3）：69-73.

［320］王兴平.中国城市新产业空间：发展机制与空间组织［M］.北京：科学出版社，2005.

［321］王璇，邻艳丽."飞地经济"空间生产的治理逻辑探析：以深汕特别合作区为例［J］.中国行政管理，2021（2）：76-83.

［322］王毅.西安国家级开发区持续发展的投资环境改善研究［J］.人文地理，2005，81（1）：95-98.

［323］王战和，许玲.高新技术产业开发区与城市社会空间结构演变［J］.人文地理，2006（2）：65-66.

［324］王志刚．后现代批判地理学：谱系、问题域与未来走向［J］．马克思主义与现实，2016（1）：198-204．

［325］王志弘，多重的辩证：列斐伏尔空间生产概念三元组演绎与引申［J］．（台湾大学）地理学报，2009（55）：1-24．

［326］王志弘．空间作为方法：社会与物的空间存有论[J]．（台湾大学）地理学报，2018（90）：1-26．

［327］魏成，沈静，范建红．尺度重组：全球化时代的国家角色转化与区域空间生产策略［J］．城市规划，2011，35（6）：28-35．

［328］魏航，石楠．非正式"恋地情结"：流动空间的人地依恋：形成过程、权力生产与规划转向［J］．城市规划，2020，44（10）：20-29．

［329］魏萍，蔺宝钢，张晓瑞．基于空间三元辩证法的城市周边旅游型乡村公共空间生产研究：以西安地区清水头村为例[J]．人文地理，2021，36（5）：177-183．

［330］魏宗财，王开泳，陈婷婷．新型城镇化背景下开发区转型研究：以广州民营科技园为例［J］．地理科学进展，2015，34（9）：1195-1208．

［331］温铁军．八次危机：中国的真实经验1949—2009［M］．北京：东方出版社，2013．

［332］温铁军．全球资本化与制度性致贫[J]．中国农业大学学报（社会科学版），2012，29（1）：14-27．

［333］文贯中．吾民无地：城市化、土地制度与户籍制度的内在逻辑[M]．北京：东方出版社，2014．

［334］吴缚龙，宁越敏．转型期中国城市的社会融合［M］．北京：科学出版社，2018．

［335］吴缚龙，沈洁．中国城市的郊区开发和治理［J］．国际城市规划，2015，30（6）：27-33．

［336］吴金群．网络抑或统合：开发区管委会体制下的府际关系研究［J］．政治学研究，2019（5）：97-108．

［337］吴水龙，卢泰宏．基于关键因素法的高新区投资环境评价研究［J］．科技进步与对策，2009，2（26）：38-40．

［338］习近平．国家中长期经济社会发展战略若干重大问题［J］．求是，2020

（21）：1-3.

［339］夏建中.新城市社会学的主要理论［J］.社会学研究，1998（4）：47-53.

［340］肖子华，徐水源.人口流动与社会融合：理论、指标与方法［M］.北京：社会科学文献出版社，2018.

［341］肖子华.中国城市流动人口社会融合评估报告［M］.北京：社会科学文献出版社，2021.

［342］谢富胜，巩潇然.资本积累驱动下不同尺度地理空间的不平衡发展：史密斯马克思主义空间理论探讨［J］.地理学报，2018，73（8）：1407-1420.

［343］熊军，胡涛.经济技术开发区发展模式分析［J］.科技进步与对策，2001（1）：22-23.

［344］许中波.日常生活批判视角下城市更新中的空间治理：以武昌内城马房菜市场动迁为例［J］.城市问题，2019（4）：4-11.

［345］薛东前，陈棋，吕玉倩.土地流转背景下渭北旱塬农村居民土地依赖与地方依恋：基于黄陵县失地和未失地农民的比较研究［J］.陕西师范大学学报（自然科学版），2019，47（4）：31-39.

［346］薛稷.21世纪以来国外马克思主义空间批判理论的发展格局、理论形态与当代反思［J］.南京社会科学，2019（8）：42-48.

［347］闫志明，蒲春玲，孟梅，等.基于城市总规的基本农田空间优化调整研究：以乌鲁木齐市高新区（新市区）为例［J］.中国人口·资源与环境，2016，26（6）：155-159.

［348］杨茜好，朱竑.西方人文地理学的"流动性"研究进展与启示［J］.华南师范大学学报（自然科学版），2015，47（2）：1-11.

［349］杨宇振.焦饰的欢颜：全球流动空间中的中国城市美化［J］.国际城市规划，2010，25（1）：33-43.

［350］杨宇振.权力，资本与空间：中国城市化1908—2008年：写在《城镇乡地方自治章程》颁布百年［J］.城市规划学刊，2009（1）：66-77.

［351］杨宇振.资本空间化：资本积累、城镇化与空间生产［M］.南京：东南大学出版社，2016.

［352］仰海峰.列斐伏尔与现代世界的日常生活批判［J］.现代哲学，2003（1）：57-64，102.

［353］姚华松,黄耿,陈昆仑,等.超越"星球城市化":中国城市研究的新方向［J］.
经济地理,2020,40（4）:119-124.

［354］叶超,柴彦威,张小林."空间的生产"理论研究进展及其对中国城市研
究的启示［J］.经济地理,2011,31（3）:409-413.

［355］叶超.空间正义与新型城镇化研究的方法论［J］.地理研究,2019,38（1）:
146-154.

［356］阴劼,司南,张文佳.租隙理论视角下的中国城市更新模式研究:基于深
圳市的实证［J］.城市规划,2021,45（01）:39-45.

［357］尹才祥.全球化中的地方重建:以哈维为例［J］.天津社会科学,2014（6）:
48-52.

［358］英伍德.海德格尔［M］.刘华文,译.南京:译林出版社,2009.

［359］俞孔坚.论景观概念及其研究的发展［J］.北京林业大学学报,1987,9（4）:
433-439.

［360］袁超.城市空间正义论［M］.北京:中国社会科学出版社,2020.

［361］袁超.马克思主义城市空间正义理论在西方的发展脉络及其理论贡献［J］.
伦理学研究,2020（3）:13-18.

［362］袁航,朱承亮.国家高新区推动了中国产业结构转型升级吗［J］.中国工
业经济,2018（8）:60-77.

［363］袁久红,陈妍冰.以资本自由化与空间化逻辑误读中国:评大卫·哈维对
中国道路的分析［J］.马克思主义与现实,2018（5）:107-112.

［364］战炤磊,韩莉.全面深化改革背景下高新区转型发展路径选择［J］.科技
进步与对策,2015（14）:31-35.

［365］张道刚."产城融合"的新理念［J］.决策,2011（1）:1.

［366］张佳.全球空间生产的资本积累批判:略论大卫·哈维的全球化理论及其
当代价值［J］.哲学研究,2011（06）:22-27.

［367］张娇.丽江旅游劳工移民的地方融入研究［D］.西安:陕西师范大学,
2018.

［368］张京祥,邓化媛.解读城市近现代风貌型消费空间的塑造:基于空间生产
理论的分析视角［J］.国际城市规划,2009,24（1）:43-47.

［369］张京祥,耿磊,殷洁,等.基于区域空间生产视角的区域合作治理:以江

阴经济开发区靖江园区为例［J］.人文地理，2011，26（1）：5-9.

［370］张京祥，庄林德.大都市阴影区演化机理及对策研究［J］.南京大学学报（自然科学版），2000（06）：687-692.

［371］张鹏.城市里的陌生人：中国流动人口的空间、权力与社会网络的重构［M］.袁长庚，译.南京：江苏人民出版社，2014.

［372］张娜，高小康.后全球化时代空间与地方的关系演进及其内在理路：兼论一种地方美学的构建［J］.探索与争鸣，2020（7）：87-97.

［373］张柠.土地的黄昏：中国乡村经验的微观权力分析［M］.北京：中国人民大学出版社，2013.

［374］张伟，顾朝林，陈田，等.中国高新技术区的综合评价［J］.地理研究，1998，17（3）：233-234.

［375］张文忠，刘继生.关于区位论发展的探讨［J］.人文地理，1992，7（3）：7-13.

［376］张衔春，唐承辉，许顺才，等.中国城市群空间规划的历史演化与空间逻辑：基于新国家空间视角［J］.城市规划，2021，45（5）：21-29.

［377］张祥智，崔栋.新加坡封闭公寓社区的演变特征及其社会空间效应：兼论对我国居住区规划的启示［J］.国际城市规划，2020，35（3）：62-70.

［378］张一兵.社会批判理论纪事：第1辑［M］.北京：中央编译出版社，2006.

［379］张勇，何深静.城市企业主义视角下的政府转型：中部小城济源的发展路径［J］.人文地理，2015，30（2）：65-71.

［380］张玥.城市碎片：北京、芝加哥、巴黎城市保护中的政治［M］.北京：北京大学出版社，2018.

［381］赵海月，赫曦滢.大卫·哈维"时空修复"理论的建构与考量［J］.北京行政学院学报，2012（5）：68-72.

［382］赵建吉，曾刚.基于技术守门员的产业集群技术流动研究：以张江集成电路产业为例［J］.经济地理，2013，33（2）：111-116.

［383］郑昌辉.在城镇化背景下重新认识地方感：概念与研究进展综述［J］.城市发展研究，2020，27（5）：116-124.

［384］郑国，孟婧.边缘城市的北京案例研究［J］.城市规划，2012，36（4）：32-36.

［385］郑震.列斐伏尔日常生活批判理论的社会学意义：迈向一种日常生活的社
　　　会学［J］.社会学研究，2011，26（3）：191-217，246.

［386］郑智，等.经济技术开发区建设对中国经济格局的影响［J］.经济地理，
　　　2019，39（6）：26-35.

［387］中共中央马克思恩格斯列宁斯大林著作编译局.马克思恩格斯选集：第四
　　　卷［M］.北京：人民出版社，2012.

［388］钟顺昌，王德起.产城分离视野下对增长极理论的重新审视［J］.现代经
　　　济探讨，2015（11）：65-68.

［389］周婕，谢波.中外城市边缘区相关概念辨析与学科发展趋势［J］.国际城
　　　市规划，2014，29（4）：14-20.

［390］周黎安.转型中的地方政府：官员激励与治理［M］.2版.北京：格致出
　　　版社，2017.

［391］周立斌.空间政治经济学：区域经济学研究的一个批判视角［M］.北京：
　　　经济科学出版社，2014.

［392］周尚意，吴莉萍，苑伟超.景观表征权力与地方文化演替的关系：以北京
　　　前门—大栅栏商业区景观改造为例［J］.人文地理，2010（5）：1-5.

［393］周尚意，杨鸿雁，孔翔.地方性形成机制的结构主义与人文主义分析：以
　　　798和M50两个艺术区在城市地方性塑造中的作用为例［J］.地理研究，
　　　2011，30（9）：1566-1576.

［394］周尚意.区域三大本性与主体性［J］.地理教育，2015（6）：1.

［395］周尚意.人文主义地理学家眼中的"地方"［J］.旅游学刊，2013，28（4）：
　　　6-7.

［396］周志强.景观化的中国：都市想象与都市异居者［J］.文艺研究，2011（4）：
　　　88-98.

［397］朱传军，卢新海，韩长生，等.基于模糊积分的开发区土地经济效益评价［J］.
　　　中国土地科学，2009，23（5）：53-58.

［398］朱竑，刘博.地方感、地方依恋与地方认同等概念的辨析及研究启示［J］.
　　　华南师范大学学报（自然科学版），2011（1）：1-8.

［399］朱介鸣.假说需要实证：论大卫·哈维的资本论对城市空间重构的解释［J］.
　　　国际城市规划，2020，36（1）：120-123.

［400］朱津. 权力地景：从底特律到迪士尼世界［M］. 王志弘，王玥民，徐苔玲，译. 台北：群学出版社，2010.

［401］朱美光. 高新技术产业开发区创新发展内涵挖掘［J］. 科技进步与对策，2014（20）：47-52.

［402］庄良，叶超，马卫，等. 中国城镇化进程中新区的空间生产及其演化逻辑[J]. 地理学报，2019，74（8）：1548-1562.

后 记

本书是以我的同名博士学位论文为基础修订而成的，它是我在攻读博士学位期间关注中国开发区空间生产的阶段性学习与思考的成果。城市边缘开发区"区镇割裂"是一个多尺度、多面向的社会空间议题，我试图借由列斐伏尔等人的空间生产理论，从"社会—空间—时间"辩证统一的角度去解构温州国家级经济技术开发区"区镇割裂"现象。虽然做了大量探索，但是受限于个人知识结构与能力水平，本书研究与预期目标仍存在较大差距。

从 2011 年硕士毕业进入规划行业摸爬滚打，到 2017 年进入华东师范大学"回炉再造"攻读全日制博士研究生，再到 2021 年博士顺利毕业，整整十年，光影流年，感慨这一路走来实属不易。在本书付梓之际，我要向家人及诸多师友表达自己诚挚的谢意。首先，要真挚感谢的是我的博士生导师孔翔教授。孔老师是国内文化地理学领域的知名学者，学术造诣深厚，理论水平高超，研究方向为全球化下的地方产业与文化空间演变、传统村落社会生态系统。在华东师范大学的这四年，孔老师真诚的待人原则、严谨的治学态度、独特的思想方式以及对学术问题的敏锐洞察力都深深地影响着我的学习与生活，如多次组会报告上的"研究在学科树的什么位置、对话什么理论、解决什么问题"等"灵魂式发问"，不断鞭策着我思考与前行。在孔老师的指导下，我习得人文地理学马克思主义转向，以及制度、文化、关系与尺度等多维转向下的前沿理论与方法，从而确定以马克思主义地理学（又称新马克思主义城市学派、批判地理学）为学理主干，开展开发区空间生产相关议题研究，我的博士论文即为重要研究成果之一，并受到孔老师的华东师范大学共享交叉基金重大项目"中国开发区可持续发展能力建设及对城市竞争力提升的影响研究"课题资助。论文从研究选题、搭建框架、撰写内容、写作规范到最终定稿，每一环节无不得到孔老师的耐心细致指导。在此，非常感谢孔老师长期以来不倦的教诲，以及把您这么多的"看家本领"传授于我。

其次，要由衷感谢的是我的硕士生导师修春亮教授。修老师是国内人文地理学、城市与区域规划学领域的知名学者，目前任职东北大学江河建筑学院院长。在东北师范大学期间，修老师将我领进城市与区域规划学术殿堂，让我尽情领略该学科的无尽魅力，这促使我埋下如果有机会就继续读博深造的种子，但遗憾的是出于个人原因，当时没能直接读博。硕士毕业就业后，修老师也一直关心着我的工作与生活情况，特别是这几年在华东师范大学读博期间，会经常询问学习状况、论文进度、毕业去向等，还特地邮寄《大城市安全发展与规划的应用地理学研究》等专著供我学习，这里几句话很难道尽。谢谢您多年来无微不至的关怀，在此深表感谢！当然，还要感谢东北师范大学地理科学学院的王士君教授、杨青山教授、李诚固教授、梅林教授、房艳刚教授、庞瑞秋教授、李宁副教授、赵伟老师、宋飏老师……你们教授我知识，让我对人文地理学、城市与区域规划研习产生了浓厚兴趣。

再次，要真诚感谢华东师范大学城市与区域科学学院的曾刚教授、宁越敏教授、杜德斌教授、谷人旭教授、滕堂伟教授、汪明峰教授、刘承良教授、姜炎鹏研究员、司月芳副教授、申悦副教授、曹贤忠副教授，以及地理科学学院叶超教授等名师硕儒对我的授业解惑。当然，其中特别要感谢曾刚教授，您关怀学生在校的学习生活，而作为经济地理学系"团魂"的您，又经常邀请国内外名师大咖，举办各类学术会议，这些都让我感受到了学术共同体的力量与温暖。同时，非常感谢三位匿名专家对论文的盲审，以及华东师范大学谷人旭教授和上海社会科学院林兰研究员对论文的评阅，你们的评审建议为论文修改完善增色良多；亦非常感谢答辩委员会华东师范大学曾刚教授、谷人旭教授和滕堂伟教授，以及上海财经大学张学良教授和上海社会科学院林兰研究员，诸位专家提出的中肯建议为论文的进一步完善指明了方向。在此一并深表感谢！

然后，特别感谢曾经的东北师范大学师兄们在我博士求学期间给予的无私帮助与指导，包括中国科学院东北地理所刘大千助理研究员、东北师范大学魏冶副教授、西南大学孙平军教授、陕西师范大学程林副教授、重庆师范大学高鑫副教授等。再则，感谢左迪、李鲁奇、袁超、陈品宇、李亚婷、赵弋徵、代燕、李昶嵘、宋志贤、许杨博文、陈开航、吴栋、王磊、林铭亮、吴劲草、胡泽鹏、刘晓艺等同门，以及毕学成、肖鸿元、王腾飞、汪凡等博士生同学的相伴而行，你们给我校园"时空惯例"学习生活增添了不少色彩。另外，还要感谢温州浙南沿海先进装备产业集聚区（温州经济技术开发区）管委会、温州市经济建设规划院、浙江国宏工程咨询有限公司等单位领导和前同事对我调研的支持，感谢所有配合我认真完成问卷与访谈的被调查者。

2020年新冠疫情让人甚是体悟亲密关系的重要性，无比感恩我年迈的父母多年来的含辛茹苦培养，也感谢我的爱人叶枫枫女士和儿子，以及我的亲友，你们为我在读博路上砥砺前行提供了坚强的后盾，而家更是我的避风港湾。特别是我的爱人，博士四年，我在家的时间太少，教育儿子，孝敬父母，以及诸多家庭琐事，都需你一人承担，感谢你的默默付出，能与你携手是我前世修来的福分。

最后，衷心感谢为本书出版付出辛勤劳动的温州大学张一力教授、任宗强副教授、杨黎慧老师，以及浙江大学出版社闻晓虹编辑等人。同时，感谢浙江省哲学社会科学重点研究基地——温州人经济研究中心（温州大学）出版基金对本书的资助。

李一曼

2022 年 1 月于温州南瓯景园

图书在版编目（CIP）数据

城市边缘开发区"区镇割裂"演化与机理：以温州经开
区为例 / 李一曼著. —杭州：浙江大学出版社，2022.6
　ISBN 978-7-308-22438-3

　Ⅰ．①城… Ⅱ．①李… Ⅲ．①人文地理学 Ⅳ．①K901

中国版本图书馆CIP数据核字（2022）第082672号

城市边缘开发区"区镇割裂"演化与机理：以温州经开区为例
李一曼　著

责任编辑	闻晓虹
责任校对	汪淑芳　王建英
封面设计	周　灵
出版发行	浙江大学出版社
	（杭州市天目山路148号　　邮政编码　310007）
	（网址：http://www.zjupress.com）
排　　版	杭州林智广告有限公司
印　　刷	杭州高腾印务有限公司
开　　本	710mm×1000mm　1/16
印　　张	12.75
字　　数	204千
版印次	2022年6月第1版　2022年6月第1次印刷
书　　号	ISBN 978-7-308-22438-3
定　　价	52.00元